Das Kunsthochschullehrernebentätigkeitsrecht

ERLANGER SCHRIFTEN ZUM ÖFFENTLICHEN RECHT

Herausgegeben von Andreas Funke, Max-Emanuel Geis,
Heinrich de Wall, Markus Krajewski , Jan-Reinard Sieckmann
und Bernhard W. Wegener

Band 6

Heidrun M.-L. Meier

Das Kunsthochschullehrernebentätigkeitsrecht

Der Hochschullehrer im Spannungsverhältnis zwischen Dienstrecht und grundrechtlicher Freiheit

Bibliografische Information der Deutschen Nationalbibliothek
Die Deutsche Nationalbibliothek verzeichnet diese Publikation
in der Deutschen Nationalbibliografie; detaillierte bibliografische
Daten sind im Internet über http://dnb.d-nb.de abrufbar.

Zugl.: Erlangen-Nürnberg, Univ., Diss., 2014

Umschlagabbildung:
Historisches Siegel der Universität Erlangen-Nürnberg.

Gedruckt auf alterungsbeständigem,
säurefreiem Papier.

D 29 (n 2)
ISSN 2192-8460
ISBN 978-3-631-65969-4 (Print)
E-ISBN 978-3-653-05418-7 (E-Book)
DOI 10.3726/978-3-653-05418-7

© Peter Lang GmbH
Internationaler Verlag der Wissenschaften
Frankfurt am Main 2015
Alle Rechte vorbehalten.
PL Academic Research ist ein Imprint der Peter Lang GmbH.

Peter Lang – Frankfurt am Main · Bern · Bruxelles · New York ·
Oxford · Warszawa · Wien

Das Werk einschließlich aller seiner Teile ist urheberrechtlich
geschützt. Jede Verwertung außerhalb der engen Grenzen des
Urheberrechtsgesetzes ist ohne Zustimmung des Verlages
unzulässig und strafbar. Das gilt insbesondere für
Vervielfältigungen, Übersetzungen, Mikroverfilmungen und die
Einspeicherung und Verarbeitung in elektronischen Systemen.

Diese Publikation wurde begutachtet.

www.peterlang.com

Meiner Familie

Vorwort

Die vorliegende Arbeit wurde im Jahre 2014 von der Friedrich-Alexander-Universität Erlangen-Nürnberg als Dissertation angenommen.
Dank gilt meinem Doktorvater, Herrn Prof. Dr. Max-Emanuel Geis, für die Betreuung dieser Arbeit. Ebenso bedanke ich mich bei Herrn Prof. Dr. Heinrich de Wall für die äußerst zügige Erstattung des Zweitgutachtens. Herrn Prof. Dr. Michael Lynen und Herrn Dr. Atli Magnus Seelow danke ich für die wertvollen Anregungen.

Herzlicher Dank gilt Herrn Rechtsanwalt Alexander Horlamus, der mich mit aufmunternden Worten und guten Gesprächen zum Abschluss dieser Arbeit motivierte. Mein herzlichster Dank gilt allerdings meiner Familie, die nicht nur diese Arbeit korrekturgelesen, sondern mich während meiner ganzen Ausbildung unterstützt hat und mir stets mit Rat, Verständnis und Liebe zur Seite stand.

Heidrun M.-L. Meier
Erlangen, Juni 2015

Inhaltsverzeichnis

A. Gegenstand und Gang der Untersuchung 1

1. **Kapitel – Grundlagen des Nebentätigkeitsrechts** 5
   - I. Neuere Entwicklungen im Beamtenrecht 5
   - II. Entwicklungen und Grundprinzipien des allgemeinen Nebentätigkeitsrechts 7
     1. Die historische Entwicklung des Nebentätigkeitsrechts 7
     2. Die Zielsetzung des Nebentätigkeitsrechts 9
     3. Die „volle Hingabe an das Amt" als Grundprinzip des Nebentätigkeitsrechts 10
   - III. Das Nebentätigkeitsrecht unter dem Blickwinkel der Grundrechte 12
     1. Die Wirkung des Art. 12 Abs. 1 GG 13
     2. Die Wirkung des Art. 14 Abs. 1 GG 14
     3. Die Wirkung von Art. 5 GG 15

2. **Kapitel – Kunsthochschulen als Teil staatlicher Kulturförderung** 17
   - I. Die Entwicklung des Hochschulwesens 17
   - II. Die Entwicklung der Kunsthochschulen 18
     1. Die Eckpfeiler der Kulturförderung 19
        - a) Die allgemeine Zielsetzung der öffentlichen Kunstförderung 21
        - b) Das Erfordernis der staatlichen Kunstförderung 23
        - aa) Die Notwendigkeit zur Sicherung der Freiheitsentfaltung 24
        - bb) Die Gefährdung der grundrechtlichen Freiheit durch Kunstförderung 25
        - cc) Die Pflicht zur Kunstförderung 27

		c)	Die dogmatische Grundlage der staatlichen Kulturförderung 28
	2.		Die historische Entwicklung der Kunsthochschulen 31
	3.		Die Bewältigung aktueller Herausforderungen am Beispiel des KunstHG NRW 35
		a)	Institutionell-organisatorische Besonderheiten 35
		b)	Weitere rechtliche Besonderheiten 37
		c)	Die Legitimation der Kunsthochschulen durch praxisrelevante Ausbildung 39
III.	Zusammenfassung 41

3. Kapitel – „Die Kunst" 43

I. Anknüpfungspunkte 44

II. Definitionsansätze 46

III. Besonders relevante Abgrenzungsfragen 48
    1. Kunsthandwerk 48
    2. Gewerbliche Tätigkeit 49
    3. Engagierte Kunst 49

4. Kapitel – Das Nebentätigkeitsrecht der Hochschullehrer 51

I. Die grundrechtlich bedingte Sonderstellung des Hochschullehrers 52
    1. Betroffene Verfassungsnormen 52
    2. Der Hochschullehrer als Staatsdiener und Grundrechtsträger 52
    3. Auswirkungen der Doppelstellung auf das Nebentätigkeitsrecht 56

II. Die Abgrenzung von Hauptamt und Nebentätigkeit 59
    1. Problemaufriss 59
        a) Relevanz der Abgrenzung 59

		b)	Begriffsbestimmung des allgemeinen Beamtenrechts als Ausgangspunkt 60
		c)	Übertragungsmöglichkeit auf das Nebentätigkeitsrecht der Hochschullehrer 62
	2.	Die Bestimmung der Dienstaufgaben des Kunsthochschullehrers 65	
		a)	Grundlegende Aufgabenzuweisung 66
		aa)	Grenze der Konkretisierung durch Art. 5 Abs. 3 GG 68
		bb)	Nachträgliche Veränderung der Dienstaufgaben durch den Dienstherrn 70
		cc)	Begriffsbestimmung des Aufgabenkreises der Kunsthochschullehrer 72
		(1)	Die Pflege der Kunst und die Kunstausübung 73
		(2)	Die künstlerische Lehre 74
		(3)	Künstlerische Entwicklungsvorhaben und Forschung 75
		b)	Entgeltlichkeit und wirtschaftliche Tendenz 77
		c)	Das Wahlrecht des Hochschullehrers 79
	3.	Einzelfälle 81	
		a)	Veröffentlichung künstlerischer Arbeiten 81
		b)	Die Auftragskunst 85
		aa)	Die Abgrenzungskriterien für das Vorliegen von Auftragstätigkeiten 86
		bb)	Besondere Problemstellung bei künstlerischen Auftragsarbeiten 89
		cc)	Zusammenfassung 90
		c)	Drittmittelförderung 92
		(1)	Relevanz der Drittmittelförderung 92
		(2)	Initiative des Drittmittelgebers 93
		(3)	Initiative des Hochschullehrers oder der Hochschule 96
		d)	Engagierte Kunst 97
III.	Allgemeine Grundsätze für künstlerische Nebentätigkeiten 98		
	1.	Grundlagen 98	
	2.	Relevanz der Abgrenzung 99	
	3.	Beeinträchtigung der dienstlichen Interessen 100	

	a)	Beurteilungsmaßstab	102
	b)	Der Rechtsbegriff der dienstlichen Interessen	104
	c)	Einzelprobleme	106
	aa)	Überbeanspruchung der Arbeitskraft	106
	bb)	Beeinträchtigung aufgrund der Höhe des erzielten Entgelts	110
	cc)	Verstöße gegen das Mäßigungs- und Zurückhaltungsgebot	111
	(1)	Das Mäßigungs- und Zurückhaltungsgebot im Beamtenrecht	112
	(2)	Das Mäßigungs- und Zurückhaltungsgebot des Hochschullehrers	114
	(3)	Zusammenfassung	116

IV. Die Abgrenzungsfragen im grundrechtlich bedingten Stufenverhältnis 116

1. Genehmigungsfreie Nebentätigkeiten 116
   a) Begriff der künstlerischen Tätigkeit 117
   b) Die Verfassungsmäßigkeit der Anzeigepflicht 121
   c) Einzelfälle 125
   aa) Gewerbliche Tätigkeit und entgeltliche Verwertung 125
   bb) Auftragstätigkeiten 131
   (1) Die genehmigungsfreie Nebentätigkeit 132
   (2) Die genehmigungspflichtige Nebentätigkeit 134
   (3) Zusammenfassung 135
   cc) Engagierte Kunst 135
2. Genehmigungspflichtige Nebentätigkeit 136
3. Allgemein genehmigte Nebentätigkeiten 137
4. Die Nebentätigkeiten im öffentlichen Dienst 139
   a) Begriff des öffentlichen Dienstes 139
   b) Relevanz der künstlerischen Nebentätigkeiten im öffentlichen Dienst 142
   c) Besonderheiten von Nebentätigkeiten im öffentlichen Dienst 143
   aa) Übernahmeverpflichtung 143

		bb)	Vergütung.. 144
		cc)	Ausnahmen vom Verbot der Doppelalimentation 149
		(1)	Auftragskunst... 151
		(2)	Kunstgewerbliche Tätigkeiten 152
		(3)	Gelegentliche entgeltliche Verwertung....................... 152
	5.	\multicolumn{2}{l}{Inanspruchnahme von Einrichtungen, Personal und Material .... 156}
		a)	Möglichkeit der Genehmigung der Inanspruchnahme 159
		aa)	Kein Rechtsanspruch auf Genehmigungserteilung............ 159
		bb)	Öffentliches oder wissenschaftliches Interesse................ 161
		cc)	Allgemeine Genehmigung für förderungswürdige Nebentätigkeiten................ 161
		b)	Die Pflicht zur Entrichtung eines Nutzungsentgelts 163
		c)	Befreiung von der Entrichtung eines Nutzungsentgelts 165
V.	\multicolumn{3}{l}{Der Sonderfall der Baukunst .... 166}
	1.	\multicolumn{2}{l}{Die Begriffsbestimmung anhand des Art. 5 Abs. 3 GG............... 166}
		a)	Die Zweckorientierung der Architektur............................. 167
		b)	Die Beschränkung des Schutzbereichs des Art. 5 Abs. 3 GG.. 168
		c)	Die Abgrenzungsmerkmale 169
		aa)	Die Funktionsorientierung der Architektur 170
		bb)	Weitere Indizien 171
		cc)	Zusammenfassung 172
	2.	\multicolumn{2}{l}{Die dienstlichen Aufgaben... 173}
	3.	\multicolumn{2}{l}{Anforderungen an die Ausübung der Nebentätigkeit................. 174}

5. Kapitel – Zusammenfassende Bewertung 177

B. Thesen 185

C. Literaturverzeichnis 189

A. Gegenstand und Gang der Untersuchung

Felix Mendelssohn-Bartholdy beschwerte sich im Herbst 1839 bei der Stadt Leipzig über die magere finanzielle Ausstattung des Orchesters, dessen Leiter er war. Mendelssohn-Bartholdy schilderte die untragbaren Umstände, die seine Musiker zwingen würden, abends in Gasthäusern Walzer und Märsche zu spielen, da sie dort das Doppelte verdienen würden, als ihnen ein Konzert einbringen könnte.[1] Wenngleich Kunsthochschullehrer heute nicht mehr auf einen zusätzlichen Nebenverdienst angewiesen sind, um ihren Lebensunterhalt zu sichern, sind die Fragen des Nebentätigkeitsrechts weiterhin von erheblicher Aktualität, weshalb in dieser Untersuchung das Recht der Nebentätigkeit unter Berücksichtigung der besonderen Gegebenheiten an Kunsthochschulen im Fokus steht.

Unter den Oberbegriff der Kunsthochschulen werden sowohl die Hochschulen für bildende und freie Kunst, die für Schauspielkunst, die Filmhochschulen, die Hochschulen für Medien und Tanz und die Musikhochschulen gefasst. Die Studiengänge Architektur und angewandte Kunst sind demgegenüber entweder den Kunsthochschulen oder den Universitäten angegliedert.

Während das Nebentätigkeitsrecht der wissenschaftlichen Hochschullehrer weitgehend durch die Wissenschaft aufgearbeitet wurde,[2] handelt es sich bei der rechtlichen Bewertung und Einordnung künstlerischer Nebentätigkeiten immer noch um eine „terra incognita".[3] Dies ist umso erstaunlicher, wenn man berücksichtigt, dass das Recht der Kunsthochschulen in den Landeshochschulgesetzen weitgehend integriert ist und den Kunsthochschulen gerade in Deutschland ein hoher traditioneller Stellenwert zukommt.

---

1   „Briefe von Felix Mendelssohn-Bartholdy", Jan Brachmann, FAZ.net v. 24.08.2010.
2   So etwa von Blümel/Scheven, HbdWissR, S. 443 ff; Post, Das Nebentätigkeitsrecht der Professoren und des übrigen wissenschaftlichen und künstlerischen Hochschulpersonals in Nordrhein-Westfalen, 1990; Scheven, MittHV 1986, S. 75 f; Störle, Das Nebentätigkeitsrecht der Hochschullehrer in Bayern, 2007 m.w.N.; Geis, Nebentätigkeitsrecht, in: HSchR-Bayern, 2009, S. 370 ff.
3   Vgl. Lynen, Kunsthochschulen, in: HRG-Kommentar, RN 1. Diesen Ausdruck verwendet auch Krüper, NWVBl. 2009, 170. Ausnahmen hierzu stellen die als grundlegend anzusehenden Arbeiten von Kilian, Die staatlichen Hochschulen für bildende Künste, 1967, und Hufen, Die Freiheit der Kunst in staatlichen Institutionen, 1982, dar. Zu den künstlerischen Nebentätigkeiten auch Schneider/Schumacher, MittHV 1979, 48 ff; Sembdner, PersV 1981, 305 ff; Thiele, DÖD 1957, 7 ff.

Die mangelnde wissenschaftliche Aufarbeitung mag primär auf die schwer fassbare Eigengesetzlichkeit künstlerischer Handlungsabläufe[4] zurückzuführen sein, die konsequenterweise auch auf das Kunst- und Musikhochschulrecht Einfluss haben muss. Zwar mag das Recht der Kunsthochschulen und das der wissenschaftlichen Hochschulen grundsätzlich normativ gleich gesetzt werden. Die Unterschiede sind mit Blick auf die divergierenden Bedürfnisse allerdings sehr groß.

Dies gilt selbstverständlich nicht nur für den Bereich des Nebentätigkeitsrechts:

Typisch für Kunsthochschulen sind etwa die besonderen Voraussetzungen für die Zulassung von Studierenden, deren Eignung in strengen Aufnahmeprüfungen festgestellt wird.[5] Anders als an vielen wissenschaftlichen Hochschulen handelt es sich gerade nicht um eine Massenlernanstalt. Die meisten Musik- und Kunsthochschulen haben weniger als tausend Studierende. Sie zeichnen sich durch die Arbeit in Kleingruppen oder durch Einzelunterricht und damit durch ein besonders enges Verhältnis von Lehrenden und Lernenden aus. Da Kunsthochschulen wesentlich kleiner als die meisten wissenschaftlichen Hochschulen sind, liegt es in der Natur der Sache, dass auch die Verwaltungsaufgaben und das Management einen anderen Stellenwert einnehmen als an den Universitäten. Die Entfaltung der Individualität und Kreativität steht demgegenüber weitgehend im Vordergrund.[6] Darüber hinaus ist zu bedenken, dass Kunst- und Musikhochschullehrer, auch nach ihrer Berufung an die Hochschule, häufig außerhalb des Hochschulbetriebes „Kunst als Beruf" weiter ausüben. Die Verbindung von Theorie und Praxis ist bei den Kunsthochschulen daher traditionell wesentlich stärker ausgeprägt als in vielen wissenschaftlichen Fächern.

Wie diese wenigen Beispiele zeigen, ist es nur konsequent, dass die Eigengesetzlichkeit der Kunst eine maßgebliche Auswirkung auf die Struktur und Organisation der Kunsthochschulen hat. Dennoch werden diese rechtlich mit den wissenschaftlichen Hochschulen weitgehend gleichgesetzt.[7] Signifikante Unterschiede zwischen dem Nebentätigkeitsrecht für künstlerische und wissenschaftliche Tätigkeiten gibt es – rein normativ betrachtet – nicht. Die mangelnde

---

4 Zum Begriff Hufen, Die Freiheit der Kunst in staatlichen Institutionen, 1982, S. 180 ff.
5 Zu den Verfahren und den damit verbundenen Herausforderungen, vgl. Lynen, Typisierung von Hochschulen, in: Hartmer/Detmer, RN 32.
6 Lynen, Kunsthochschulen, in: HRG-Kommentar, RN 2.
7 Eine Ausnahme dazu bildet das neue KunstHG NRW. Gesetz über die Kunsthochschulen des Landes Nordrhein-Westfalen, KuntsHG NRW vom 13. März 2008 (GV. NRW. S. 195).

Differenzierung zwischen wissenschaftlichen und künstlerischen Einrichtungen ist auf den ersten Blick befremdlich, da sich die jeweiligen Besonderheiten eigentlich im rechtlichen Rahmen wieder finden müssten.

Jedenfalls ist ersichtlich, dass aufgrund der Besonderheiten an Kunsthochschulen eine ungeprüfte Übertragung der von Rechtsprechung und Literatur entwickelten Lösungsansätze für die wissenschaftlichen Nebentätigkeiten nicht erfolgen kann und darf.

Die vorliegende Untersuchung wird sich zunächst mit den Grundprinzipien und Zielsetzungen des allgemeinen Nebentätigkeitsrechts befassen (Kapitel 1), um im Folgenden die Besonderheiten der Kunsthochschulen gegenüber den Universitäten näher zu beleuchten (Kapitel 2). Neben den historischen Entwicklungen und den aktuellen Herausforderungen, mit denen sich diese Hochschulart konfrontiert sieht, wird auch die Rolle der Kunsthochschulen im Gesamtkonzept der staatlichen Kulturförderung eine besondere Berücksichtigung finden. Anschließend wird es erforderlich sein, sich mit dem Kunstbegriff näher auseinander zu setzen (Kapitel 3), ist er doch wesentlich für die Bestimmung des Umfangs der Dienstaufgaben und für alle sonstigen Abgrenzungsfragen im Nebentätigkeitsrecht. Nachdem diese Grundlagen aufgearbeitet wurden, wird sich diese Untersuchung ihrem eigentlichen Kern, den einzelnen Abgrenzungsfragen im Nebentätigkeitsrecht, widmen (Kapitel 4). Ausgehend von der gesetzlich vorgegebenen Systematik des Hochschullehrernebentätigkeitsrechts, werden hier zunächst die Abgrenzung von Nebentätigkeit und Hauptamt und dem anschließend die Voraussetzungen der Beeinträchtigung dienstlicher Belange abgehandelt. Sodann werden die einzelnen Erscheinungsformen der Ausübung von Nebentätigkeiten voneinander abgegrenzt und gesetzessystematisch geordnet. Auf die Besonderheiten von Architektenleistungen wird zudem überblickartig einzugehen sein. Abschließend finden sich eine zusammenfassende Bewertung der erarbeiteten Ergebnisse und ein Gestaltungsvorschlag für den Umgang mit Extremfällen (Kapitel 5).

1. Kapitel – Grundlagen des Nebentätigkeitsrechts

Bereits aufgrund ihrer Sonderstellung ist offensichtlich, dass kein Gleichlauf des Nebentätigkeitsrechts der Hochschullehrer und des der sonstigen Beamten vorliegen kann.

Dennoch liegen die Grundlagen des Hochschullehrernebentätigkeitsrechts im allgemeinen Beamtenrecht, weshalb eine Beleuchtung des Nebentätigkeitsrechts der sonstigen Beamten zum Verständnis der Besonderheiten des Rechts der Hochschullehrernebentätigkeit zwingend erforderlich ist.

I. Neuere Entwicklungen im Beamtenrecht

Während es im Rahmen der Föderalismusreformen I und II zu erheblichen Veränderungen in der dienstrechtlichen Landschaft kam,[8] blieb das Recht der Nebentätigkeit von dem gesetzgeberischen Neuerungen inhaltlich weitgehend unberührt.

Obgleich von einer inhaltlichen Neugestaltung weitgehend Abstand genommen wurde, sieht sich der öffentliche Dienst aufgrund der zunehmenden Ökonomisierung, Flexibilisierung und Leistungsorientierung selbst erheblichen Veränderungen ausgesetzt. Zur Sicherung einer effizienten, entbürokratisierten und wettbewerbsfähigen Verwaltung wurden beispielsweise die Gesetzgebungskompetenzen modernisiert und neu geordnet.[9]

Diese Zielsetzungen manifestieren sich auch in der Neufassung des Art. 33 Abs. 5 GG, der hergebrachten Grundsätze des Beamtentums, um die „Fortentwicklungsklausel", ohne aber die Kernaussagen des Art. 33 Abs. 5 GG in Frage zu stellen.[10] Der

---

8 Vgl. BT-Drs. 16/813, S. 1.
9 Nach Battis handelt es sich weniger um Modernisierung als vielmehr um eine Neuordnung, vgl. ders., NVwZ 2009, 409; Lorse, DÖV 2010, 829 ff. Kritisch zur „Modernisierungsrhetorik", Ziekow, DÖV 2008, 569 ff.
10 Das BVerfG hat allerdings festgestellt, dass die hergebrachten Grundsätze durch die Fortentwicklungsklausel unangetastet bleiben sollen, da sich jene allein auf das Recht des Öffentlichen Dienstes bezieht, nicht aber den Maßstab der hergebrachten Grundsätze des Berufsbeamtentums berührt, BVerfGE 119, 247 (272f.); 121, 205 (232). Nachdem die Fortentwicklungsklausel keine oder nur eine geringe eigenständige Bedeutung hat, wird ihr gar ein bloßer deklaratorischer Charakter zugesprochen. Vgl. dazu Werres, Beamtenverfassungsrecht, 2011, S. 22 ff m.w.N; Höfling/Burkiczak, DÖV 2007, 328 ff.

Grundsatz des Berufsbeamtentums, sowie der des Lebenszeit- oder Alimentationsprinzips blieben unangetastet.[11]

Zur Erreichung dieser Zielsetzungen war es nötig, die weitreichenden Verflechtungen zwischen Bund und Ländern durch die Neustrukturierung der Gesetzgebungskompetenzen zu entzerren. Bis zum Inkrafttreten des Dienstrechtsneuordnungsgesetzes (DNeuG)[12] war das öffentliche Dienstrecht des Bundes und der Länder weitgehend als einheitliches System ausgestaltet. Mit der Verabschiedung des DNeuG, des BeamtStG[13] und der BLV[14] wurde durch eine verfassungsrechtliche Neustrukturierung ein neues dienstrechtliches Gesamtkonzept auf Bundesebene geschaffen.[15] Nach Art. 73 Nr. 8 GG hat der Bund die ausschließliche Gesetzgebungskompetenz hinsichtlich der Rechtsverhältnisse der Bundesbeamten, so dass der Bund für seine eigenen Beamten nicht nur die Statusfrage, sondern auch die Besoldung und Versorgung regelt. Während Art. 73 Nr. 8 GG von den Änderungen im Wege der Föderalismusreform I unverändert blieb, ist die Rahmengesetzgebungskompetenz des Bundes für die Rechtsverhältnisse der im öffentlichen Dienst der Länder, Gemeinden und sonstigen Körperschaften stehenden Beamten entfallen. Die Kompetenz für die Besoldung und Versorgung wurde mit dem weitgehenden Wegfall der konkurrierenden Gesetzgebungskompetenz des Bundes auf die Bundesländer übertragen. Mit der erheblichen Kompetenzübertragung auf die Länder geht zudem die Stärkung der Organisations- und Personalhoheit und damit der Steuerungsmöglichkeit der Personalaufgaben zur Förderung der Wettbewerbsfähigkeit einher.[16]

Dem Bund ist gem. Art. 74 Abs. 1 Nr. 27 GG die konkurrierende Gesetzgebungskompetenz für die Statusrechte und -pflichten der Beamten der Länder, der Gemeinden und sonstigen Körperschaften geblieben. Von dieser Kompetenz hat er durch die Schaffung des Beamtenstatusgesetzes (BeamtStG)[17] Gebrauch gemacht. Von dieser wurden allerdings wiederum die Bereiche des Laufbahn-, des

---

11 Dazu Auerbach, ZBR 2009, 217.
12 Dienstrechtneuordnungsgesetz (DNeuG) v. 5.2.2009, BGBl. I, S. 160.
13 Das Beamtenstatusgesetz (BeamtStG) v. 17.6.2008, BGBl. I, S. 1010 ist zum 1.4.2009 in Kraft getreten. Zu den Abweichungen im bayerischen Recht, vgl. Reich, BayVBl. 2010, 684 ff.
14 Bundeslaufbahnverordnung (BLV) v. 12.2.2009, BGBl. I, S. 284.
15 Lorse, BayVBl. 2009, 449.
16 Frank/Heinicke, ZBR 2009, 34; Wolff, ZBR 2009, 73; Lorse, ZRP 2010, 119 ff; ders., ZBR 2011, 1 ff; speziell für Bayern, Kathke/Vogel, ZBR 2009, 9 (12 ff).
17 Beamtenstatusgesetz (BeamtStG) v. 17.6.2008, BGBl. I, S. 1010.

Besoldungs- und des Versorgungsrechts ausgenommen. Durch die Neuregelung der Kompetenzen können die bundes- und landesrechtlichen Regelungen erheblich divergieren. Dennoch kommt dem BeamtStG eine Vorbildfunktion für die entsprechenden Landesgesetze zu.

Daher wurde befürchtet, dass durch die Systemänderung eine Verstärkung der Konkurrenzsituation unter den Ländern entsteht. Es besteht die Besorgnis, dass die finanzstarken Bundesländer durch den Anreiz einer höheren Besoldung die Spitzenbeamten für sich gewinnen, während die finanzschwachen Bundesländer nur weniger fähige Beamte anwerben können.[18] Mehr Flexibilität und Marktorientierung würden dazu führen, dass den sowieso schon gebeutelten finanzschwachen Ländern zusätzlich noch das Problem auferlegt werden würde, von weniger qualifizierten Beamten verwaltet zu werden. Dieser „Wettbewerbsföderalismus" würde zwangsläufig zu Lasten der Schwachen gehen.[19] Zwar ist zuzugeben, dass der Konkurrenzkampf um Spitzenkräfte zwischen den Ländern zugenommen hat, was das Beispiel des Versuchs der (Ab-)Werbung von Lehrern aus dem finanzschwachen Berlin durch eine Anzeigenkampagne des Landes Baden-Württemberg verdeutlicht.[20] Es bleibt aber abzuwarten, ob sich die genannte Besorgnis auch tatsächlich durch statistische Erhebungen nachweisen lässt und sich eine etwaige „Beamtenflucht" aus den finanzarmen Bundesländern praktisch bemerkbar macht. Bisweilen ist zumindest nicht zu befürchten, dass das öffentliche Verwaltungssystem finanzschwacher Länder mangels Spitzenbeamten zusammenbrechen würde.

II. Entwicklungen und Grundprinzipien des allgemeinen Nebentätigkeitsrechts

1. Die historische Entwicklung des Nebentätigkeitsrechts

Obwohl das Nebentätigkeitsrecht von den grundlegenden Neustrukturierungen durch die Föderalismusreform I in weiten Teilen unberührt geblieben ist, ist die Kenntnis der grundlegenden historischen Entwicklungen dieses Rechtsgebiets für die weitere Betrachtung wesentlich. Dies insbesondere deshalb, weil sich die Legitimation der Grundrechtsbeschränkung des Beamten oftmals auf Traditionsargumente stützt. Rechtlich sind diese insbesondere in Art. 33 Abs. 5

---

18 Kritisch Jestaedt, ZBR 2006, 135; Frank/Heinicke, ZBR 2009, 34 (35).
19 Eingehend Frank/Heinicke, ZBR 2009, 34 ff.
20 Nach Battis, NVwZ 2009, 409 (412).

GG, also in der Figur der „hergebrachten Grundsätze des Berufsbeamtentums", verankert.[21]

Betrachtet man zunächst die Entwicklung von 1871 bis 1953, so lässt sich feststellen, dass Nebentätigkeiten zunächst nur in eng begrenzten Ausnahmefällen zulässig waren. Danach wurde das Nebentätigkeitsrecht aber zunehmend liberaler ausgestaltet.[22] Waren Nebentätigkeiten ursprünglich nahezu ausnahmslos unzulässig, wurden sie vom Deutschen Beamtengesetz (DBG)[23] grundsätzlich als genehmigungsfrei angesehen. Dieser Liberalisierung des Nebentätigkeitsrechts wurde in den letzten Jahren jedoch gezielt entgegengewirkt. Hintergrund dieser Entwicklung war u. a. die Erwägung, dass so die Arbeitslosigkeit bekämpft und durch das Entfallen von Wettbewerb der Mittelstand gestärkt werden könne.[24]

Daher wurde durch das erste Nebentätigkeitsbegrenzungsgesetz vom 21. Februar 1985[25] eine generelle Genehmigungspflicht für die Ausübung von Nebentätigkeiten eingeführt, so dass das bis dahin bestehende Regel-Ausnahme-Verhältnis umgedreht wurde. Der Gesetzgeber gestaltete die Beeinträchtigung dienstlicher Interessen als zwingenden Versagungsgrund aus und konkretisierte diese durch die Normierung von Regelbeispielen.[26] Ferner führte er eine gesetzliche Vermutung für die Beeinträchtigung dienstlicher Interessen für den Fall ein, dass die Dauer der Nebentätigkeit ein Fünftel der regelmäßigen wöchentlichen Arbeitszeit übersteigt.

Nachdem mehrere Missbrauchs- und Korruptionsfälle das Vertrauen der Bevölkerung in eine „saubere" Verwaltung erschüttert hatten, wurde das Nebentätigkeitsrecht durch das zweite Nebentätigkeitsbegrenzungsgesetz vom 9. 9. 1997 noch weiter verschärft.[27] Gleichzeitig wurde die Steigerung der Leistungsfähigkeit der Verwaltung bezweckt.[28] Die meisten noch immer aktuellen

---

21 Ossenbühl/Cornils, Nebentätigkeit und Grundrechtsschutz, 1999, S. 6.
22 Zur Entwicklung des Nebentätigkeitsrechts, Geis, in: Fürst, GKÖD, L Vor §§ 97–105, RN 1 ff.
23 Deutsches Beamtengesetz (DBG) v. 26. 1. 1937, RGBl. I S. 39.
24 Vgl. 1. Kap. II 2.
25 Vgl. 6. Gesetz zur Änderung dienstrechtlicher Vorschriften, BGBl. I S. 371.
26 Geis, in: Fürst, GKÖD, L Vor §§ 97–105, RN 8.
27 Ein allgemeiner Überblick über die ergriffenen Maßnahmen zur Korruption findet sich bei Korte, NJW 1997, 2556 ff. Zur Korruptionsbekämpfung vgl. bspw. die Verwaltungsvorschrift der Landesregierung Baden-Württemberg (VwV Korruptionsverhütung und -bekämpfung) GABL. v. 25. 1. 2006, S. 125 ff.
28 BT-Drs. 13/8079, S. 14.

Regelungen, wie beispielsweise die Höchstdauer einer erteilten Genehmigung auf fünf Jahre (§ 99 Abs. 4 BBG) oder die Einführung einer allgemeinen Anzeigepflicht auch für genehmigungsfreie Nebentätigkeiten,[29] sind darauf zurückzuführen.

Die neueste Entwicklung setzt diesen Trend weiter fort; so wurde durch das Dienstrechtsneuordnungsgesetz (DNeuG)[30] mit § 99 Abs. 3 S. 3 BBG ein weiterer Versagungsgrund für die Ausübung von Nebentätigkeiten eingeführt. Danach ist eine Nebentätigkeitsgenehmigung zu versagen, wenn „der Gesamtbetrag der Vergütungen für eine oder mehrere Nebentätigkeiten 40 Prozent des jährlichen Endgrundgehalts übersteigt."

Zwar wurde hinsichtlich der Statusrechte und Pflichten der Beamten der Länder in § 40 BeamtStG, anders als im Gesetzesentwurf noch vorgesehen, keine grundsätzliche Genehmigungspflicht mehr normiert, sondern „nur" noch eine allgemeine Anzeigepflicht. Den Ländern verbleibt allerdings die Befugnis, die Ausübung der Nebentätigkeit unter Erlaubnis- und Verbotsvorbehalt zu stellen. Von dieser Möglichkeit haben alle regen Gebrauch gemacht.[31]

Da nicht nur in der Gesetzgebung, sondern auch in der Rechtsprechung die Tendenz zur weiteren Eindämmung von Nebentätigkeiten erkennbar ist, wird das Nebentätigkeitsrecht gar als „Verhinderungsrecht" bezeichnet, da offensichtlich eine allgemeine Vermutung gegen die Gemeinwohlverträglichkeit von Nebentätigkeiten bestehe.[32]

2. Die Zielsetzung des Nebentätigkeitsrechts

Die rigide Regelungsstruktur des Nebentätigkeitsrechts der allgemeinen Beamten lässt sich auf mehrere Grundgedanken zurückführen. Ausgangspunkt der Betrachtung ist die Pflicht des Beamten „zur vollen Hingabe an das Amt", die sich als hergebrachter Grundsatz des Berufsbeamtentums aus Art. 33 Abs. 5 GG ergibt. Durch die Ausübung von Nebentätigkeiten soll diese nicht beeinträchtigt werden.

Mit *Baßlsperger* ist grundsätzlich von einer dreifachen Zweckrichtung der Versagungsgründe auszugehen:

---

29 Zur verfassungsrechtlich bedenklichen Anzeigepflicht und Regelung des § 52 HRG, vgl. 4. Kap. IV 1 b).
30 Dienstrechtneuordnungsgesetz (DNeuG) v. 5.2.2009, BGBl. I, S. 160.
31 BT-Drs. 16/4027 v. 12.01.2007, S. 15. Hierzu Auerbach, ZBR 2009, 217 (221).
32 Ausdrücklich Gärditz, ZBR 2009, 145; Battis, NVwZ 2008, 379 (382).

- Die Sicherung der Einsatz- und Leistungsfähigkeit der Beamten,
- die Sicherung der Unparteilichkeit und Unbefangenheit des Beamten und
- die Stärkung des Ansehens der öffentlichen Verwaltung.[33]

Die Einschränkung einer Nebentätigkeit aus arbeitsmarkt- oder wettbewerbspolitischen Gründen wird dagegen zu Recht überwiegend abgelehnt. Art. 33 Abs. 5 GG stellt gerade keine ausreichende verfassungsrechtliche Grundlage für jede Art von Grundrechtsbeschränkungen dar. Diese sind nur zulässig, wenn dienstliche Interessen es erfordern, so dass die Begrenzung der Betätigungsfreiheit des Beamten ohne einen solchen anerkennenswerten Grund verfassungswidrig ist. Die dienstlichen Interessen dienen gerade nicht dem Schutz Dritter, die vom Wettbewerb durch Beamte betroffen sein könnten. Diese können aus den dienstrechtlichen Bindungen des Beamten keine schützenswerte subjektiv-individuelle Rechtsposition herleiten. Arbeitsmarkt- oder wettbewerbspolitische Überlegungen können als Rechtfertigungsgrund folglich nicht herangezogen werden.[34]

3. Die „volle Hingabe an das Amt" als Grundprinzip des Nebentätigkeitsrechts

Die sich aus Art. 33 Abs. 5 GG ergebende Pflicht zur „vollen Hingabe an das Amt" ist als grundlegendes Strukturprinzip des Beamtenrechts im Allgemeinen und im Nebentätigkeitsrecht im Speziellen anzusehen.[35]

Die Ausübung von Nebentätigkeiten wird primär als ein Risikofaktor für die unvoreingenommene Diensterfüllung gesehen. Auch heute gilt noch das Leitbild des loyalen und gesetzestreuen Beamten, der sich mit voller Hingabe und frei von privaten Interessen seinem Amt widmet.[36] Übt ein Beamter uneingeschränkt eine Nebentätigkeit als eine Art Zweitberuf aus, wird dies von der Öffentlichkeit

---

33 Baßlsperger, Begrenzung der Nebentätigkeiten, S. 201; ders, ZBR 2004, 369 (278). Diese entsprechen den allgemeinen (Treue-)pflichten der Beamten, vgl. Günther, DÖD 1988, 78 (83 ff), ders., ZBR 1989, 164 (168).
34 BVerfGE 55, 207 (238); BVerwGE 31, 241 (245); 41, 316 (319); 60, 254 (255 f.); 84, 299 (303); Fürst, ZBR 1990, 305 (306); Schnellenbach, NVwZ 1985, 327 (328); Jansen, Nebentätigkeit im Beamtenrecht, 1981, S. 88 ff; Battis, Zur verfassungsrechtlichen Zulässigkeit, 1982, S. 15; Badura, ZBR 2000, 109 ff; Papier, DÖV 1984, 539; Schwandt, ZBR 1985, 141 (145); Wendt, DÖV 1984, 601 (607); Ehlers, DVBl. 1985, 879 (881). Zur Verortung der dienstlichen Pflichten im Grundgesetz, vgl. Günther, DÖD 1988, 78 (81 f.).
35 Dazu Siburg, PersV 1989, 200 ff; Günther, DÖD 1988, 78 (83); BVerfGE 55, 207 (240).
36 Geis, Nebentätigkeitsrecht, in: HSchR-Bayern, 2009, S. 370; Wahlers, PersV 1988, 153 (154); ders., ZBR 1988, 269 ff..

häufig mit Misstrauen verfolgt. Der Beamte soll gerade nicht „Diener zweier Herren"[37] sein, was die Vermutung nahelegen könnte, dass seine Neutralität oder Einsatzbereitschaft beeinträchtigt ist bzw. es zu Interessenkonflikten kommen könnte. Dies ist insbesondere dann der Fall, wenn die ausgeübte Nebentätigkeit unmittelbare Bezüge zu den Dienstaufgaben aufweist.[38] Die Beschränkung des Nebentätigkeitsrechts dient somit der Sicherung staatlicher Interessen und damit auch der des Gemeinwohls.

Der hergebrachte Grundsatz der „vollen Hingabe an das Amt" ist heute aber insoweit zu relativieren, als die volle Hingabe an das Amt zunächst die volle Hingabe während der Arbeitszeit bedeutet.[39] Der Beamte befindet sich nicht stets im Dienst. Die Rechtsprechung[40] hat zutreffend festgestellt, dass nicht die ganze Arbeitskraft des Beamten dem Dienstherrn gehöre. Zwar habe sich der Beamte der Erfüllung seiner Dienstaufgaben mit voller Hingabe zu widmen. Dies gelte allerdings grundsätzlich nur während der Arbeitszeit. Deren zunehmende Verkürzung hat zwar nicht das Ziel, die Arbeitskraft des Bediensteten für eine weitere Erwerbstätigkeit freizustellen, soll sie doch primär dessen Erholung dienen, um die volle Leistungsfähigkeit und Arbeitsbereitschaft zu erhalten.[41] Solange der vorrangige Erholungszweck des Beamten aber nicht nur unerheblich tangiert wird, kann nach dem Willen des Bundesverwaltungsgerichts der Beamte seine Freizeit ebenfalls zur Wahrnehmung von (auch entgeltlichen) Nebentätigkeiten nutzen.[42] Dies folgt aus den Grundrechten des Beamten, insbesondere aus Art. 2 Abs. 1 GG. Vor dem Hintergrund der immer fortschreitenden Verringerung der Arbeitszeit, die die Möglichkeit zur Ausübung von (entgeltlichen oder unentgeltlichen) Nebentätigkeiten eröffnet, wäre deren völliges Verbot nicht angemessen und damit verfassungswidrig.

---

37 BVerfGE 119, 247 (264, 272).
38 BVerfG NVwZ 2007, 1396 (1399); BVerfG JZ 2007, 519 (520).
39 Battis, BBG, § 97, RN 5; Geis, in: Fürst, GKÖD, L Vor §§ 97–105, RN 25.
40 BVerwG, ZBR 1970, 295 ff; BVerwGE 60, 254 (256); 67, 287. Dazu im Weiteren auch Battis, ZBR 1982, 166 (169).
41 BVerfGE 55, 207 (240 f.).
42 BVerwGE 41, 316 (321 f.); 60, 254 (256); BVerfGE 55, 207 (243); Weiß, ZBR 1972, 289 (295); Drescher, ZBR 1973, 105 (106); Günther, DÖD 1988, 78 (84); Schwandt, ZBR 1985, 141 (142 f.). Ob daneben auch Art. 12 Abs. 1 GG greift ist streitig, vgl. Jansen, Nebentätigkeit im Beamtenrecht, 1983, S. 54 ff; Wendt, DÖV 1984, 607; Papier, DVBl. 1984, 804; Ehlers, DVBl. 1985, 879 (883); Noftz, ZBR 1974, 209 (210 f.).

III. Das Nebentätigkeitsrecht unter dem Blickwinkel der Grundrechte

Wie festgestellt, steht das Nebentätigkeitsrecht in einem offensichtlichen Spannungsverhältnis zu den Grundrechten des Beamten. Mit der Berufung in das Beamtenverhältnis korrespondiert die Pflicht, sich für die Belange des Dienstherrn einzusetzen und diesem die volle Arbeitskraft zur Verfügung zu stellen.[43]

Das öffentlich-rechtliche Dienst- und Treueverhältnis unterwirft den Beamten dienstrechtlichen Bindungen, die im Einzelfall freiheitsverkürzend wirken können. Allerdings gelten mit der Abkehr von der „Theorie des besonderen Gewaltverhältnisses" nach heutiger einhelliger Ansicht die Grundrechte auch für den Beamten.[44] Obwohl dieser selbst außerhalb des Dienstes dem Gebot der Zurückhaltung und Rücksichtnahme unterworfen ist, gilt gleichwohl der Grundsatz, dass ihm so viel grundrechtliche Freiheit wie möglich zugesprochen werden muss.[45] Mit dem Bundesverfassungsgericht kann von zwei in der Person des Beamten „kollidierenden Grundentscheidungen des Grundgesetzes" gesprochen werden, nämlich einerseits von dem verlässlichen und die freiheitliche demokratische Grundordnung sichernden Beamtenkörper und andererseits von der Garantie der individuellen Freiheitsrechte.[46]

Von den Einschränkungen des Nebentätigkeitsrechts namentlich betroffene Grundrechte sind neben Art. 2 Abs. 1 GG auch die speziell verbürgten Rechte der Art. 12 Abs. 1 GG, Art. 14 Abs. 1 GG und 5 Abs. 3 GG.

Die Begrenzung der Ausübung von Nebentätigkeiten findet ihre Grundlage in den hergebrachten Grundsätzen des Berufsbeamtentums. Art. 33 Abs. 5 GG ist als verfassungsimmanente Schranke heranzuziehen. Obgleich der Gesetzgeber keine unbegrenzte Regelungsfreiheit hat, ist ihm ein weiter Ermessensspielraum zuzusprechen, wie er das Beamtenrecht den Erfordernissen eines sich stetig entwickelnden Rechtsstaats fortentwickeln und anpassen will.[47] Daraus ergibt sich, dass nur solche Beschränkungen grundrechtlicher Freiheit zulässig sind, die zur Gewährleistung der Funktionsfähigkeit des Berufsbeamtentums erforderlich

---

43 BVerfGE 55, 207 (236 f.) m.w.N.
44 Grundlegend BVerfGE 33, 1 (9 ff).
45 Lindner, ZBR 2006, 1 ff; Rottmann, ZBR 1983, 77 ff; Schwandt, ZBR 1985, 141 (143) m.w.N.
46 BVerfGE 39, 334 (366); Schwandt, ZBR 1985, 141 (143).
47 BVerfGE 39, 334 (336); 55, 207 (238); Schwandt, ZBR 1985, 141 (143). Nach Gärditz handelt es sich lediglich um einen (verfassungsimmanenten) Regelungsauftrag, vgl. ders., ZBR 2009, 145 (146).

sind. Aufgrund der zunehmenden Verkürzung der Arbeitszeit vermag die Begründung eines Beamtenverhältnisses ein generelles Verbot von Nebentätigkeiten nicht mehr zu rechtfertigen.

Da die Verfassung als ein „Sinnganzes"[48] zu verstehen ist, sind bei der Anwendung des Art. 33 Abs. 5 GG den sich aus den anderen Verfassungsnormen, respektive den Grundrechten, ergebenden Wertentscheidungen ausreichend Rechnung zu tragen. Die individuellen Interessen des Beamten sind bei der Auslegung nebentätigkeitsrechtlicher Fragen genauso zu berücksichtigen wie die öffentlichen Belange. Ist im Einzelfall aus dienstlichen Gründen eine Beschränkung der Ausübung einer Nebentätigkeit erforderlich, muss eine Interessensabwägung zwischen den dienstlichen Belangen und den privaten Interessen des Beamten erfolgen. Der Einfluss des Art. 33 Abs. 5 GG führt folglich dazu, dass im Rahmen der Interessensabwägung nicht automatisch dienstliche Interessen zurücktreten, sondern den grundrechtlich geschützten Interessen des Beamten im Wesentlichen ebenbürtig sind.[49]

Dem Gesetzgeber ist es bei der Bewertung der Beeinträchtigung dienstlicher Interessen grundsätzlich möglich, sich einer generalisierenden Betrachtungsweise zu bedienen.[50] Da sich der Beamte mit Eintritt in den Staatsdienst den dienstrechtlichen Bindungen bewusst unterworfen hat, darf die Einschränkung seiner Grundrechte jedoch tendenziell weiter gehen, um die Funktionsfähigkeit der öffentlichen Verwaltung zu sichern.[51]

1. Die Wirkung des Art. 12 Abs. 1 GG

Ob die entgeltliche Verwertung der Arbeitskraft den Schutz des Art. 2 Abs. 1 GG genießt oder unter den Schutzbereich der Berufsfreiheit subsumiert werden kann, ist streitig.

Nach früherer höchstrichterlicher Rechtsprechung sollten Nebentätigkeiten nicht von Art. 12 Abs. 1 GG geschützt sein, da sie keinen eigenständigen Beruf darstellen würden.[52] Dem wurde entgegengehalten, dass auch eine nicht nur vorübergehende Nebentätigkeit durch Art. 12 Abs. 1 GG grundrechtlich geschützt

---

48 Schwandt, ZBR 1985, 141 (143).
49 Vgl. hierzu auch Geis, § 52 HRG, in: HRG-Kommentar, RN 12.
50 BVerfGE 31, 241 (244). So auch Geis, in: Fürst, GKÖD, L Vor §§ 97–105, RN 46.
51 Geis, in: Fürst, GKÖD, L Vor §§ 97–105, RN 41; Rottmann, Der Beamte als Staatsbürger, 1981, S. 226; Schwandt, ZBR 1985, 141 (144); BVerwGE 60, 254 (256) m.w.N.
52 BVerfGE 33, 44 (48); 52, 303 (345); BVerwGE 25, 210 (219 f.); 60, 254 (256); 67, 287 (294 f.).

sein könne, wenn sie auf Dauer angelegt und dazu geeignet sei, eine individuelle Lebensgrundlage zu schaffen und zu erhalten. Vor dem Hintergrund der geänderten gesellschaftlichen Verhältnisse, die dem Beschäftigten immer mehr Flexibilität abverlangen, sowie der steigenden Anzahl von Doppelberufstätigen, kann die Ablehnung der Berufseigenschaft mit der Begründung, dass eine Nebentätigkeit einem vollalimentierten Beamten nicht als Lebensgrundlage dient, nicht gänzlich überzeugen. *Jansen* weist daher zu Recht darauf hin, dass keine allzu hohen Anforderungen an die Funktion des Berufes als „Lebensaufgabe" und „Lebensgrundlage" zu stellen sind.[53] Aus den genannten Gründen ist eine außerdienstliche Nebentätigkeit, die eine gewisse Nachhaltigkeit und Ausmaß erreicht, dem Schutz des Art. 12 Abs. 1 GG zu unterstellen, während einmalige oder Nebentätigkeiten mit geringem Ausmaß unter den Schutz des Art. 2 Abs. 1 GG zu subsumieren sind.[54] Dieser Ansicht ist das BVerwG grundsätzlich gefolgt.[55]

Im Ergebnis kann aber offen bleiben, ob solche Nebentätigkeiten dem Schutz des Art. 12 Abs. 1 GG unterliegen, da sie jedenfalls dem des Art. 2 Abs. 1 GG unterfallen und die Schranken beider Grundrechte auf eine Verhältnismäßigkeitsprüfung hinauslaufen. Dort ist eine mögliche Kollision mit den dienstlichen Pflichten zu prüfen.[56]

2. Die Wirkung des Art. 14 Abs. 1 GG

Auch der Schutzbereich des Art. 14 GG könnte grundsätzlich eröffnet sein. Allerdings betrifft die Missbrauchsaufsicht (Untersagung oder Widerruf einer Nebentätigkeit) nicht den Schutzbereich, da es sich meist nur um bloße Verdienst*möglichkeiten* handeln wird. Diese unterfällt – sofern es sich um eine

---

53 Jansen, Nebentätigkeit im Beamtenrecht, 1983, S. 55. Ob die nebentätigkeitsrechtlichen Beschränkungen wegen fehlender Berufsbezogenheit tatsächlich nicht dem Prüfungsmaßstab des Art. 12 Abs. 1 GG unterliegen, ist dagegen fraglich. So aber ders., Nebentätigkeit im Beamtenrecht, 1983, S. 56.
54 Papier, DÖV 1984, 536; ders., DVBl. 1984, 804; Kahl, ZBR 2001, 225 (227); Benndorf, ZBR 1981, 84; Wendt, DÖV 1984, 607; Ehlers, DVBl. 1985, 879 (883); Noftz, ZBR 1974, 209 (210 f.); Ossenbühl/Cornils, Nebentätigkeit und Grundrechtsschutz, 1999, S. 36 f.
55 BVerwGE 84, 194 (197).
56 Die vom BVerfG im Apotheken-Urteil (BVerfGE 7, 377 ff.) entwickelte Drei-Stufen-Theorie ist nur eine besondere Ausprägung des Verhältnismäßigkeitsprinzips, vgl. Meesen, JuS 1982, 397 (398); Schwandt, ZBR 1985, 141 (144); Battis, Zur verfassungsrechtlichen Zulässigkeit, 1982, S. 7.

nebentätigkeitsrechtliche Regelung mit berufsregelnder Tendenz handelt – dem Schutzbereich des Art. 12 Abs. 1 GG oder jedenfalls dem des Art. 2 Abs. 1 GG. Art. 14 Abs. 1 GG kann darüber hinaus nicht als Beurteilungsgrundlage für die Ablieferung von im öffentlichen Dienst erzielten Nebentätigkeitsvergütungen herangezogen werden, da für den Schutz vermögensrechtlicher Ansprüche aus Nebentätigkeiten nach der Rechtsprechung die Sonderregelung des Art. 33 Abs. 5 GG dem Art. 14 GG vorgeht.[57]

3. Die Wirkung von Art. 5 GG

Bei der Ausübung von Nebentätigkeiten ist selbstverständlich auch Art. 5 GG zu beachten. Insbesondere Art. 5 Abs. 3 GG hat auf die Beurteilung nebentätigkeitsrechtlicher Fragestellungen eine maßgebliche Auswirkung. Dies gilt nicht nur für den hier besonders relevanten Fall des Nebentätigkeitsrechts von Hochschullehrern, sondern auch für das der sonstigen Beamten. Üben sie eine wissenschaftliche oder künstlerische Nebentätigkeit aus, sind diese gegenüber den sonstigen Nebentätigkeiten aufgrund des Einflusses des Art. 5 Abs. 3 GG erheblich zu privilegieren, da die Kunstfreiheit nur durch kollidierendes Verfassungsrecht eingeschränkt werden kann. Ein solches kollidierendes Verfassungsrecht ergibt sich aus Art. 33 Abs. 5 GG und den hergebrachten Grundsätze des Berufsbeamtentums.[58] Es ist daher eine praktische Konkordanz zwischen der Kunstfreiheit und diesen hergebrachten Grundsätzen des Berufsbeamtentums herzustellen.

Die Gründe für die relativ restriktive Ausgestaltung des allgemeinen Nebentätigkeitsrechts sind vielfältiger Natur. Bei der Beantwortung von Streitfragen oder bei der Auslegung von unbestimmten Rechtsbegriffen sind die Motive des Gesetzgebers stets zu vergegenwärtigen. Aufgrund der Doppelstellung des Beamten als Staatsdiener und Grundrechtsträger ergibt sich ein natürliches Spannungsfeld zwischen den Bedürfnissen des Dienstherrn und denen des Beamten. Die widerstreitenden Interessen sind in einen gerechten Ausgleich zu bringen.

---

57 BVerfGE 52, 303 (344); BVerwGE 41, 316 (324 f.).
58 1. Kap. III.

2. Kapitel – Kunsthochschulen als Teil staatlicher Kulturförderung

Die Kunsthochschulen sind neben Universitäten ein traditioneller Bestandteil der deutschen Hochschullandschaft, wenngleich ihnen angesichts ihrer historischen Entwicklung eine Sonderstellung zukommt.

Alle Hochschularten sehen sich durch die zunehmende Finanznot öffentlicher Kassen und des gesellschaftlichen Wandels zuletzt erheblichen Veränderungen ausgesetzt. Vor dem Hintergrund des globalen Wettbewerbs wird auch in Zukunft an sie der Anspruch gestellt werden, sich durch Flexibilisierung und Leistungsorientierung den neuen Gegebenheiten schneller anzupassen.

I. Die Entwicklung des Hochschulwesens

Durch die Föderalismusreform I wurde den Bundesländern eine weitgehende Verantwortung für das Hochschul-, Bildungs- und Beamtenwesen übertragen.

Der Kompetenzübertragung auf die Länder folgte die konsequente Fortschreibung der schon in den vorherigen Novellierungen der Hochschulgesetze angebahnten Umstrukturierung der Hochschulorganisation. Zu den Leitlinien der jüngsten Reformbewegungen gehörten folglich die Ökonomisierung und Professionalisierung des Hochschulwesens, welche durch die Gewährung von mehr Autonomie erreicht werden sollten.[59]

Gemessen an den weitreichenden aktuellen Entwicklungen markierte der Wandel von der Ordinarienuniversität zur Gruppenuniversität in den 60er und 70er Jahren des vorigen Jahrhunderts daher nur einen vergleichsweise kleinen Schritt.[60] Die mit deren Umwandlung verbundenen Nachteile, wie beispielsweise die Entwicklung zur Gruppen- und Massenuniversität mit einer schwerfälligen Bürokratie, sollten durch die Reformen der letzten Jahre beseitigt werden. Die Hochschule sollte zu ihrer Stärkung im nationalen und internationalen Wettbewerb

---

59 Vgl. Smeddinck, DÖV 2007, 269 (270 m. Anm. 14), der darauf hinweist, dass die Regelungsfülle tatsächlich vielfach zugenommen hat. Anders als der Begriff der „Hochschulautonomie" suggeriert, besteht indes keine grenzenlose Selbstverantwortung der Universitäten. Vielmehr beschränkt sich die Hochschulautonomie auf eine „Organisationsautonomie", dazu Knopp/Schröder, LKV 2009, 145 (146). Zur Hochschulreform auch Löwer, WissR 33 (2000), 302 ff; Sieweke, DÖV 2011, 472 ff; Kilian, LKV 2005, 195 ff.
60 Vgl. dazu Smeddinck, DÖV 2007, 269 (270).

„entfesselt" werden.[61] Die erhoffte Wandlung spiegelt sich zudem in den verwendeten Begrifflichkeiten wider, die für die neu strukturierten oder neu geschaffenen Hochschulorgane gebraucht werden. Beispielsweise wurde in Baden-Württemberg das bisherige Rektorat zu einem nunmehr mit weit reichenden Kompetenzen ausgestatteten Vorstand entwickelt, der Rektor zum Vorstandsvorsitzenden und der Kanzler zum Vorstandsmitglied für den Bereich der Wirtschafts- und Personalverwaltung, § 15 LHG B-W, deklariert. Daneben existiert das einflussreiche Organ des Hochschulrats,[62] das in Baden-Württemberg als Aufsichtsrat bezeichnet wird. Schon die Termini erinnern mehr an die „Managementstrukturen" einer Aktiengesellschaft als an eine Universität und sind Sinnbild für die fortschreitende Ökonomisierung der Hochschule.[63] Die Gewährung von mehr Autonomie spiegelt sich zudem darin wider, dass den Hochschulen mittlerweile auch statusrechtlich gestattet wird, eine andere Rechtsform als die einer Körperschaft des öffentlichen Rechts zu wählen. Die niedersächsische Stiftungsuniversität nahm hier beispielsweise eine Vorreiterrolle ein.[64]

II. Die Entwicklung der Kunsthochschulen

Von den weitreichenden Erneuerungen in der Hochschullandschaft sind die Kunsthochschulen gleichfalls betroffen, wenngleich es bei diesen aufgrund ihrer divergierenden historischen Entstehung und Aufgabenstellung zu Abweichungen kommt.

- Kunsthochschulen dienen zunächst der Ausbildung von Nachwuchskünstlern. Neben der Vermittlung künstlerischer Fertigkeiten hat die Ausbildung auch das weitergehende Ziel, „Künstlerpersönlichkeiten" hervorzubringen.[65]

---

61 Zum Ganzen Müller-Böling, Die entfesselte Hochschule, 2000, S. 15 ff. Dazu auch Oppermann, WissR 2005, (Beiheft 15), 1 (6); Knopp, NVwZ 2006, 1216 ff; ders./Schröder, LKV 2009, 145 f; Battis, DÖV 2006, 498 ff; Schenke, NVwZ 2005, 1000 ff; Binswanger, F & L 2011, 504 ff; Fehling, Die Verwaltung 35 (2002), 399 ff; Münch, F & L 2011, 512 ff; Stürner, F & L 2011, 506 ff.
62 Zu den Streitpunkten Horst, Zur Verfassungsmäßigkeit der Regelungen des Hochschulgesetzes NRW über den Hochschulrat, 2010, S. 35 ff, S. 53 ff; Battis, DÖV 2006, 498 (501 ff); Schenke, NVwZ 2005, 1000 (1004 ff).
63 Knopp, DÖD 2008, 1 (2). Nachdem die Termini vielfach als unpassend angesehen werden, zeichnet sich nun eine Rückkehr zu den alten Begrifflichkeiten zunehmend ab.
64 Vgl. hierzu etwa Kaluza, NdsVBl 2007, 233 ff; Thiele, RdjB 2011, 336 ff.
65 Vgl. die klare Regelung des § 50 Abs. 1 KunstHG NRW.

- Zudem soll den an ihnen als Lehrende tätig werdenden Künstlern die Möglichkeit geboten werden, selbst künstlerisch aktiv zu sein.
- Neben dieser eher als Individualförderung von Lehrenden und Lernenden zu bezeichnenden Aufgabenzuweisung, verfolgt die staatliche Unterhaltung von Kunsthochschulen zugleich den übergeordneten Zweck der öffentlichen Kunstvermittlung.

Die aufgezeigten Aufgaben sind grundsätzlich von gleicher Gewichtung und stellen jeweils für sich bereits ein tragendes Element im Rahmen eines Gesamtkonzepts staatlicher Kunst- und Kulturförderung dar.

1. Die Eckpfeiler der Kulturförderung

Die Kunsthochschulen im engeren Sinne, und im weiteren Sinne die Pflege und Förderung der Künste an sich hat eine lange Tradition und erfolgt bis heute größtenteils durch die öffentliche Hand. Die Möglichkeiten der Kunstförderung sind vielfältiger Natur. Ein sehr probates Mittel und ein wesentlicher Bestandteil erfolgreicher staatlicher Kulturförderung ist die Unterhaltung staatlicher Kunsthochschulen.

Dies darf indes nicht darüber hinweg täuschen, dass der Staat kein Monopol in Sachen Kunst- und Kulturförderung hat, sondern tatsächlich ein Dualismus zwischen staatlicher und privater Kunst- und Kulturförderung vorliegt. Zurückzuführen ist dies auf die stetige Verknappung der Finanzmittel in der kommunalen Kulturpolitik, obwohl gerade die Gemeinden den größten Anteil der Ausgaben in dem (kultur-)föderalen Staat bestreiten.[66] Daher ist die zunehmende Einbindung privater Akteure in den Bereich der Kulturförderung zwingend, weshalb kulturelle Einrichtungen, Veranstaltungen und Projekte oder gar Kunsthochschulen bzw. Akademien inzwischen in wachsendem Umfang privatisiert oder ganz aus privaten Mitteln finanziert werden. Die Pflege und Förderung der Kultur soll im Übrigen nicht ausschließlich in staatlicher Hand liegen, will sie ihren Facettenreichtum behalten. Zur Wahrung ihrer Pluralität ist das Engagement kommerzieller oder gemeinnütziger Institutionen ein sehr effektives und begrüßenswertes Mittel. Dies gilt auch für den Fall, dass diese an die Kunsthochschulen mit Auftragsarbeiten oder Sponsoring herantreten.

Der vermehrte Einfluss privater Kunstförderung spiegelt sich in der staatlichen Kulturpolitik wider: In jüngerer Vergangenheit verzichtet der Staat zunehmend auf die Übernahme der unmittelbaren Trägerschaft von Kultureinrichtungen,

---

66 Scheytt, Kommunales Kulturrecht, 2005, RN 49 ff, RN 67.

wie etwa von Theatern oder Museen. Obwohl bei der Institutionalisierung neuer Kultureinrichtungen vermehrt Gesellschaftsformen des Privatrechts als Trägerschaftsmodelle gewählt werden, ist damit nicht zwingend der Rückzug aus der Finanzierungsverantwortung der öffentlichen Hand verbunden. Die fortschreitende Privatisierung kultureller Einrichtungen ist indes eine konsequente Fortschreibung der zu beobachtenden Privatisierung staatlicher Institutionen.

Eine weitere Tendenz zeigt sich in einer zunehmenden Einbindung des zahlreichen Engagements der Bürgerschaft, die in ihrer Form stark divergieren kann. Darunter fallen sowohl die finanzielle Unterstützung als auch jede Form des ehrenamtlichen Engagements und organisatorischen Unterstützungsleistungen.[67] Ein Beispiel für die erfolgreiche Einbindung der Bürger ist deren finanzielle Unterstützung, die den Umbau des Städel Museums in Frankfurt erst mit ermöglicht hat. Im Jahre 1815 vermachte der Bankier Johann Friedrich Städel seine Bildersammlung und große Teile seines Vermögens der Stadt Frankfurt und verband dies mit der Auflage, diese Sammlung in einem Kunstinstitut der Öffentlichkeit zugänglich zu machen. Zudem sollte eine Ausbildungsstätte für den künstlerischen Nachwuchs in Form der Gründung der Städelschule eingerichtet werden. Die Schenkung eines Bürgerlichen war in jener Zeit ungewöhnlich, da Kunst überwiegend von Adeligen und dem Klerus gefördert wurde. Durch das fortdauernde private Engagement der ersten bürgerlichen Museumsstiftung, in der Spenden gesammelt wurden, konnte der – auch architektonisch wertvolle – Erweiterungsbau erst verwirklicht werden.

Wie weitere Beispiele zeigen, liegt insbesondere nicht nur ein Nebeneinander von staatlicher und privater Kulturförderung vor. Vielmehr greifen diese oftmals sehr erfolgreich ineinander, wie das Beispiel der „Documenta" in Kassel beweist. Auf Initiative des von den Nationalsozialisten verfolgten Kassler Malers Arnold Bode wurde 1955 zusammen mit engagierten Bürgern die Documenta in Kassel gegründet. Aus dem riesigen Erfolg entwickelte sich eine im Fünf-Jahres-Rhythmus stattfindende Weltausstellung mit international geachteten Künstlern. Die mittlerweile auch von Bund und Land unterstütze Documenta ist sicherlich eines der Paradebeispiele eines erfolgreichen Synergieeffektes von staatlicher und privater Kunstförderung.

---

67 Beispiele zu den Möglichkeiten privater Kunstförderung bei Lynen, Kunst im Recht, 1994, S. 244 ff; Schlussbericht der Enquête-Kommission des Bundestages „Kultur in Deutschland", 2007, S. 233; Klein, Kulturpolitik, 2009, S. 166 ff; Gerlach-March, Kulturfinanzierung, 2010, S. 49 ff; Mihatsch, Öffentliche Kunstsubventionierung, 1989, S. 171 f.

Das Sponsoring durch private Unternehmen spielt aufgrund der angespannten Finanzlage der öffentlichen Hand neben der staatlichen Kulturförderung ebenfalls eine zunehmend wichtige Rolle. Nachdem in den vergangenen Jahren zahlreiche Partnerschaftsmodelle zwischen öffentlichen Kulturinstitutionen und privaten Trägern entstanden sind, ist auch hier die Grenze zwischen privaten Trägern und öffentlichen Kultureinrichtungen oftmals fließend.[68] Zudem hat sich auch ein „dritter Sektor" gebildet, in dem viele Organisationen im „non-profit-Bereich", also solche, die sich weder als staatliche Institution noch als markt- bzw. gewinnorientiertes Unternehmen einordnen lassen, Kunst- und Kulturförderung betreiben.[69] Wichtige Impulse in diese Richtung gehen dazu von den Reformen des Stiftungs-, des Spendens- und des Steuerrechts aus, die privates Mäzenatentum ermutigen sollen. Die Zahl der Stiftungen ist tatsächlich angestiegen und die in diesem sogenannten „dritten Sektor" verfügbaren Mittel erhöhen sich stetig.[70]

Wenngleich die fortschreitende Einbindung privater Träger in das System staatlicher Kulturförderung aus den genannten Gründen ein essentieller Bestandteil zur Sicherung des nationalen Kulturgutes ist, gilt es im Folgenden die staatliche Kunst- und Kulturförderung näher zu beleuchten, sind sie doch wesentlicher Gegenstand dieser Untersuchung.

a) Die allgemeine Zielsetzung der öffentlichen Kunstförderung

Aufgrund der vielfältigen Gestaltungsmöglichkeiten[71] der Kunst- und Kulturförderung ergeben sich auch sehr unterschiedliche Ziele, die Berücksichtigung finden müssen. Die öffentliche Kunstförderung hat mehrere Zielrichtungen:
 Sie dient zunächst dem Künstler als Individuum. Durch die staatliche Unterstützung werden die Bedingungen, unter denen ein Kunstwerk entsteht, essentiell verbessert. Ein originäres Leistungsrecht des Einzelnen auf öffentliche Förderung ist im Grundgesetz indes nicht vorgesehen.[72] Ein einklagbarer

---

68 Müller/Singer, Rahmenbedingungen der Kultur, S. 51 f.; Wolf-Csanády, Kunstsponsoring, 1994, S. 25 ff.
69 Zur rechtlichen Einordnung und Legitimation des „Dritten Sektors", vgl. Lynen, Kunst im Recht, 1994, S. 98 f.; ders., Kunstrecht I, 2013, S. 111 ff; Reinhard, DÖV 1988, 363 ff.
70 Vgl. das Gesetz zur steuerlichen Förderung von Kunst, Kultur und Stiftungen v. 13.12.1990, BGBl I 1990, S. 2775; Müller/Singer, Rahmenbedingungen der Kultur, S. 51 f.
71 Mit weiteren Beispielen Lynen, Kunst im Recht, 1994, S. 104.
72 BVerfGE 36, 321 (332 f.); BVerwG NJW 1980, 718 ff; BGH DÖV 1975, 823 (824); OVG Lüneburg DÖV 1969, 386; v. Arnauld, Freiheit der Kunst, HbdStR, § 167, RN 79;

Anspruch existiert nicht. Dies gilt selbst vor dem Hintergrund, dass sich die meisten Landesverfassungen zur Kunst- und Kulturförderung verpflichten, da es sich hierbei lediglich um Staatszielbestimmungen handelt. Aus diesen folgt aber – wenn überhaupt – nur eine institutionelle Verpflichtung.[73]

Art. 5 Abs. 3 S. 1 GG beinhaltet allerdings ein derivatives Teilhaberecht, so dass der Staat unter Beachtung des Gleichheitssatzes dazu verpflichtet wird, jedem Künstler die gleiche Chance auf Teilhabe an der staatlichen Förderung einzuräumen.[74]

Die Kunstförderung dient jedoch nicht nur dem individuellen Künstler, sondern auch dem potentiellen Rezipienten und damit letztlich dem Gemeinwesen. Diese Zielrichtung staatlicher Kunstförderung hat sich im Laufe der Jahrhunderte stetig gewandelt. Besonders in der italienischen Renaissance oder am französischen Hof galt die Förderung von Kunst als Statussymbol und Machtdemonstration. Die Zurschaustellung künstlerischer Werke war aber auch in Deutschland Ausfluss des Selbstdarstellungsdrangs des jeweiligen Auftraggebers.[75] Dies gilt partiell im Falle des „joint-ventures" oder des „Sponsorings" zwischen Künstler und einem privaten Unternehmen auch heute noch. Der Einsatz privater Unternehmen für die Kulturpflege zur Imageförderung wird trotz positiver Auswirkungen gleichwohl als eine kunstfremde Instrumentalisierung angesehen.[76]

Zur Umsetzung dieses Ziels war es für den Auftraggeber selbstverständlich erforderlich, auch eine individuelle Künstlerförderung zu betreiben, so dass die Nachwuchsförderung durch die Gratifikation von Auslandsstipendien für junge Nachwuchskünstler bereits im 14. Jahrhundert an den europäischen Höfen

---

Lindner, Theorie der Grundrechtsdogmatik, 2005, S. 342; Geißler, Staatliche Kunstförderung, S. 46 ff; Hufen, NJW 1997, 1112 ff; Kadelbach, NJW 1997, 1114 (1115); Weck, Verfassungsrechtliche Legitimationsprobleme öffentlicher Kunstförderung, 2001, S. 130; Palm, Öffentliche Kunstförderung, S. 171 f.; differenzierend Geis, Kulturstaat, S. 253 ff.

73 Bsp. Art. 6 Verf Nds; Art. 18 Abs. 1 Verf NRW. Dazu auch Kap. 2 II 1 c).
74 Graul, DÖV 1972, 124 ff; v. Arnauld, Freiheit der Kunst, HbdStR, § 167, RN 79; Scholz, in: Maunz/Dürig, GG, Art. 5 Abs. 3 GG, RN 40; Denninger, Freiheit der Kunst, in: HbdStR, 1989, § 146, RN 31.
75 Schack, Kunst und Recht, 2004, RN 81 m.w.N.
76 Palm, Öffentliche Kunstförderung, S. 30. Dabei wird indes vergessen, dass der äußere „Input" auch immer eine kunstfördernde Komponente hat, die auf „die" Kunst an sich keinen Einfluss hat und die weniger kunstfremd als vielmehr kunsttypisch ist. Dies gilt selbst für den Fall, dass derjenige, der den Anstoß gibt, offensichtlich kunstfremde Interessen mit der Fördermaßnahme verfolgen mag.

praktiziert wurde.[77] Zugleich entstanden auch die ersten Kunsthochschulen, um die zukünftigen Künstlergenerationen fachgerecht auszubilden. Die Entwicklung spiegelt beispielsweise die bereits im Jahre 1764 in Dresden als „Allgemeine Kunst-Akademie der Malerei, Bildhauer-Kunst, Kupferstecher- und Baukunst", gegründete Hochschule wider.[78]

Der Bau von Kunsthochschulen war aber nicht primärer Zweck, sondern lediglich eine Voraussetzung, um das vorrangige Ziel der Machtdarstellung überhaupt zu ermöglichen. Der breiten Öffentlichkeit blieben die Kunstwerke häufig vorenthalten, weshalb auch beispielsweise das Ergebnis der Sammelleidenschaft des Kurfürsten von Sachsen erst viel später der Bevölkerung zugänglich gemacht wurde. Nach dem gewandelten Verständnis einer modernen Demokratie muss aber die staatliche Kunstförderung allen Bevölkerungsschichten zugänglich sein, da es ihr andernfalls an Legitimität fehlen würde.[79] Es handelt sich dabei um eine Hauptaufgabe des Staates und gerade nicht um einen bloßen Förderungsreflex. Die dritte Zielsetzung staatlicher Förderpraxis ist daher die öffentliche Kunstvermittlung.

b) Das Erfordernis der staatlichen Kunstförderung

Im Zusammenhang mit der Kunstförderung ist allerdings nicht nur die juristische Herleitung der Pflicht des Staates zur Kunstförderung problematisch. Auch ihre Notwendigkeit und ihre negativen Folgen sind regelmäßig Gegenstand der Diskussion. So fragen etwa *Biskop* und *Kahnel*:[80]

> „Wieviel Markt(-wirtschaft) verträgt die Kunst? Wieviel Plan(-wirtschaft) braucht die Kunst? Wieviel (Un-)Sicherheit hält Kunst aus? Darf oder muss man Kunst und künstlerische Ausbildung zukünftig nach Kriterien des Marktes bewerten? Oder wird die Kunst nicht spätestens seit dem antiken «Agon» wesentlich vom Wettbewerb und daher auch vom wirtschaftlichen Markt regiert? Verkommt die im Grundgesetz der Bundesrepublik garantierte Freiheit der Kunst ohne ökonomische Sicherung zum verlorenen Mythos?"

---

77 Palm, Öffentliche Kunstförderung, S. 30; Warnke, Hofkünstler. Zur Vorgeschichte des modernen Künstlers, 1996, S. 137 f.
78 Zur historischen Entwicklung der Kunsthochschulen vgl. Kap. 2 II 2.
79 Zur Öffnung der Museen für die Öffentlichkeit, Schack, Kunst und Recht, 2004, RN 83 ff.
80 Biskop/Kanehl, Journal HMT Leipzig, Januar 2005, S. 27, abrufbar unter: http://www.hmt-leipzig.de/ArtikelMTJournal/nr18/J18_S27.pdf.

aa) Die Notwendigkeit zur Sicherung der Freiheitsentfaltung
Die staatliche Kunstpflege ist, wie *Heuer* richtigerweise feststellt, für den Freiheitsgebrauch nicht konstituierend. Dem Künstler ist es möglich, auch ohne staatliche Finanzhilfen und Organisation sein Grundrecht zu verwirklichen. Anders als die Mehrzahl der Wissenschaftler, die auf die staatliche Finanzierung zur Wahrung ihrer Unabhängigkeit angewiesen sind, sind staatliche Institutionen häufig auf den nachschaffenden Künstler zugeschnitten.[81]

Der Ansicht von *Heuer* ist entgegenzuhalten, dass trotz vereinzelter Ausnahmen die Realität ein anderes Bild zeichnet. Obgleich sich ein Künstler „sozialdarwinistisch" allen gesellschaftlichen Widerständen stellen und unter schwierigen Gegebenheiten „Großes" vollbringen kann, verklärt die Orientierung an dem genialen Einzelnen die Realität. Richtigerweise steht die Ausübung der Kunstfreiheit in einem Rückkopplungsverhältnis zur finanziellen Situation.[82] Letztere beeinflusst die Möglichkeit der Freiheitsentfaltung erheblich, denn nur derjenige kann sich frei von den Einflüssen Dritter künstlerisch entfalten, dessen Existenzgrundlage dauerhaft gesichert ist. Ohne entsprechende Förderung wären weltberühmte Kunstwerke wie die von da Vinci und Michelangelo, Mozart oder Beethoven sicher nicht oder nur unter erschwerten Bedingungen entstanden. Wenngleich vertreten wird, dass die Kunstfreiheit ein vollständiges staatliches „Desinteresse" durchaus vertragen könnte,[83] hat der Staat die Kunstförderung faktisch von den privaten Mäzenen übernommen. Aus den veränderten Rahmenbedingungen, die insbesondere durch den weitgehenden Wegfall des privaten Mäzenatentums gekennzeichnet sind, ergibt sich nach *Graul* sogar die Notwendigkeit staatlicher Kunstförderung.[84] Art. 5 Abs. 3 GG sichert nicht nur die grundrechtliche Freiheit vor staatlichen Eingriffen, sondern verpflichtet in ihrer Funktion als objektive Wertentscheidung des Staates, die Wissenschaft (und Kunst) aktiv zu gewährleisten.[85]

---

81 Heuer, Besteuerung der Kunst, S. 88. Umfassend auch Palm, Öffentliche Kunstförderung, S. 30. Zum Recht auf Teilhabe Schmitt-Glaeser, WissR 7 (1974), 107 (121 f.); Ossenbühl, in: FS Schiedermair, S. 509 f.
82 Treffend Palm, Öffentliche Kunstförderung, S. 83.
83 Vgl. Herzog, in: FS Maunz, S. 153 m. Anm. 14.
84 Graul, Künstlerische Urteile, S. 49 ff. Kritisch Fohrbeck, Renaissance der Mäzene?, S. 114 ff; Palm, Öffentliche Kunstförderung, S. 30, S. 119; Oppermann, Kulturverwaltung, 1969, S. 442 f; Schäuble, Rechtsprobleme der staatlichen Kunstförderung, 1965, S. 98 ff; Hewig, BayVBl. 1977, 37.
85 Zur Wissenschaftsfreiheit vgl. BVerfG 35, 79 (114 ff.); 111, 333 (353); Sieweke, WissR 56 (2013), 54 (63 f.).

bb) Die Gefährdung der grundrechtlichen Freiheit durch Kunstförderung
Kehrseite der staatlichen Kunstförderung ist die latente Gefahr einer mittelbaren Lenkung ganzer Kunstbereiche. Obgleich in vielen Fällen das Miteinander von Staat und Kunst auf fruchtbaren Boden fällt, wurde – um neben dem sozialistischen Realismus ein weiteres Extrembeispiel zu nennen – im Dritten Reich die Pervertierung und Instrumentalisierung der Kunstförderung nahezu perfektioniert. Die ideologische Vereinnahmung und Gleichschaltung aller Bereiche des künstlerischen Lebens wurde durch die Gründung der Reichskulturkammer erzielt.[86] Nur wer deren Mitglied war und nicht durch „entartete" Arbeiten gebrandmarkt wurde, durfte weiter als Künstler tätig sein. Staatliche Kunstförderung wird deshalb nicht selten kritisch beurteilt. *Mihatsch* sieht etwa die Gefahr, dass der Staat durch den gezielten Einsatz von Geldern steuernd wirken kann. Im Extremfall bestehe sogar „die Möglichkeit, dass er der von ihm missbilligten Kunst die Existenzgrundlage entzieht sowie unliebsame Meinungen und Richtungen abwürgt. Es drohen Lenkung und Kontrolle, Manipulation und Dirigismus, wobei die Hauptbedrohung der Kunstfreiheit in der heutigen Zeit zumeist nicht mehr im unmittelbaren staatlichen Eingriff, sondern vielmehr im Ausschluss von staatlichen Förderungsmaßnahmen gesehen wird."[87]

Nachdem die staatliche Kunst- und Kulturförderung nicht unbedingt eine Minderung der künstlerischen Freiheit bedeutet, sondern häufig erst die Voraussetzung der künstlerischen Freiheitsentfaltung schafft, ist sie grundsätzlich begrüßenswert. Gleichzeitig ist allerdings dafür Gewähr zu tragen, dass die Autonomie der Kunstszene gewahrt bleibt. Erst wenn künstlerische Freiheit gegenüber rechtswidrigen staatlichen Eingriffen gewährleistet ist, können leistungsstaatliche Maßnahmen als Teil einer verfassungsgemäßen Kunstförderung verstanden werden.[88] Wie besonders die deutsche Geschichte bewiesen hat, ist dies keineswegs eine Selbstverständlichkeit.

Bei der Ausgestaltung der Kunstförderung ist somit auf deren Ausgewogenheit und die Wahrung der künstlerischen Unabhängigkeit zu achten. Beim rechtlichen Umgang mit der Eigengesetzlichkeit künstlerischer Handlungsabläufe, etwa bei der Auswahl förderungswürdiger Projekte oder bei der Berufung von Professoren, ist mit größter Sensibilität vorzugehen, um ein Abdriften in verbotenes „Kunstrichtertum" zu vermeiden.

---

86 § 5 des Gesetzes über die Reichskulturkammer v. 22.9.1933, RGBl I, S. 661.
87 Mihatsch, Öffentliche Kunstsubventionierung, 1989, S. 45.
88 So auch Palm, Öffentliche Kunstförderung, S. 33.

Vor diesem Hintergrund beschreibt die Formel von *Schütz* „in Freundschaft zueinander – in Freiheit voneinander" treffend das Verhältnis von staatlicher Förderung und künstlerischer Freiheit.[89] So sehr die staatliche Förderung begrüßenswert oder zur Freiheitsverwirklichung erforderlich erscheint, so sehr darf kein Abhängigkeitsverhältnis entstehen. Die umfassende wirtschaftliche Fürsorge mit dem Resultat, dass der geförderte Künstler „in der Jugend zum Staatsbeamten, in seinem Alter zum Staatsrenter, die Kultur selbst am Ende zu einer nicht nur geschützten, sondern gestützten Kultur wird", würde für die Demokratie und die in ihrem Bereich lebende Kultur eine „tödliche Gefahr" darstellen.[90]

Die Förderung durch den Staat darf zudem nicht in die grundrechtlich gewährleistete Freiheit eines konkurrierenden Künstlers in nicht zu rechtfertigender Weise eingreifen. Auch bei der Verteilung von Fördermitteln sind die Grundrechte, insbesondere Art. 12 Abs. 1 GG, Art. 5 Abs. 3 S. 1 GG und Art. 3 Abs. 1 GG, zu berücksichtigen.[91] Diffizil und rechtlich nicht zufriedenstellend lösbar ist die Gefahr der Selbstzensur durch den Künstler selbst. Dieser wird naturgemäß versuchen, den Vorstellungen seines Geldgebers – sei es nun ein privater Mäzen oder eine staatliche Stelle – gerecht zu werden, um so an die Fördermittel zu gelangen. Die rechtlich und tatsächlich nicht abschließend fassbare Gefährdung der künstlerischen Vielfalt ist allerdings eine unumgängliche Nebenerscheinung jeder Form des Mäzenatentums. Sie ist solange in Kauf zu nehmen, wie bei der Auswahlentscheidung die Aspekte der Chancengleichheit und der Pluralität gewahrt bleiben.[92]

---

89 Schütz, Staat und Kunst, 1962, S. 19 f.; Lynen, Kunst im Recht, 1994, S. 81 ff.
90 Schütz, Staat und Kunst, 1962, S. 19 f. Zum Gefahrpotential eindringlich auch Lynen, Kunst im Recht, 1994, S. 102.
91 Dem steht aber nicht entgenen, dass eine wertende Entscheidung (selbst wenn diese Entscheidung in die Hände von Sachverständigen gelegt wird) über förderungswürdige Kunst erforderlich und notwendig ist. Hierzu Heckel, Staat, Kirche, Kunst. S. 83f; Lerche, BayVBl. 1974, 177 (179). Vgl. aber Knies, AfP 1978, 57 (64 ff); Steiner, VVDtRL 42 (1984), 7 (15); Graul, Künstlerische Urteile, S. 72 ff; S. 87 f.
92 Zum Problem der „Schere im Kopf", vgl. Vorländer, NJW 1983, 1175 f.

cc) Die Pflicht zur Kunstförderung

Aus den oben genannten Gründen ergibt sich, dass der Staat zur Kunstförderung zumindest berechtigt ist. Ob er dazu verpflichtet ist, ist dagegen mit Zurückhaltung zu beurteilen.[93]

Relevant wird dies insbesondere, wenn den Leistungsempfängern die staatlichen Zuschüsse später entzogen oder gekürzt werden. Typisches Beispiel ist die Schließung oder Zusammenlegung von Kunsthochschulen, öffentlicher Theater und Museen oder allgemein die Verringerung der zur Verfügung gestellten finanziellen Mittel.

An dieses Problem, das mit der Finanznot öffentlicher Kassen zunehmend an Bedeutung gewinnt, ist zweistufig heranzugehen: Zunächst ist festzustellen, ob sich die fragliche kulturelle Einrichtung auf die Grundrechte stützen, resp. ob sich eine öffentlich-rechtliche Einrichtung überhaupt auf Art. 5 Abs. 3 GG berufen kann. Voraussetzung ist, dass das Grundrecht dem Wesen nach auf diese anwendbar ist, Art. 19 Abs. 3 GG. Dies ist nur der Fall, wenn die Kunst- oder Musikhochschule selbst Kunst vermittelt, pflegt oder präsentiert. Kann dies bejaht werden, partizipiert sie auch am geschützten Wirkbereich der Kunstfreiheitsgarantie. Andernfalls kann sich die Einrichtung nicht auf die Grundrechte berufen, da sie als Abwehrrechte grundsätzlich nur dem Individuum zustehen.[94] Sodann ist nach der Grundrechtsverletzung selbst zu fragen. Hier bleibt festzuhalten, dass im Ernstfall Art. 5 Abs. 3 GG in Verbindung mit der Kulturstaatlichkeit keinen ausreichenden Schutz vor der Schließung oder Entziehung der finanziellen Mittel gewährt.[95] Nach *Stern* gewährt diese Verbindung aber einen Schutz bei Unterfinanzierung der Einrichtungen durch den Träger, da die öffentlich-rechtliche Kunsteinrichtung so auszustatten ist, dass sie ihre Funktion auch erfüllen kann.[96]

---

93 Maihofer, Kulturelle Aufgaben des modernen Staates, in: HbdVerfR, 953 (989); Heckel, Staat, Kirche, Kunst. Rechtsfragen kirchlicher Kulturdenkmäler, 1968, 76 ff; ablehnend Steiner, VVDStRL 42 (1984), 7 (19 ff).

94 Stern, § 117 V 2 b, S. 668 m.w.N.; Palm, Öffentliche Kunstförderung, S. 87; Schmidt-Aßmann, NVwZ 1998, 1225 (1233); BVerwGE 102, 304 (309). Die Tatsache, dass es sich um öffentliche Einrichtungen handelt, steht zumindest bei den Kunsthochschulen der Berufung auf die Grundrechte nicht entgegen. Auf die Kunstfreiheitsgarantie kann sich auch die Kunsthochschule als juristische Person berufen. Zum vergleichbaren Problemfeld der Rundfunkfreiheit und der Wissenschaftsfreiheit BVerfGE 15, 256 (261f.); 21, 362 (373f.); 31, 314 (322); 59, 231 (255).

95 Für den Fall der öffentlichen Museen und Theater, Stern, § 117 V 2 b, S. 668 m.w.N.; Kadelbach, NJW 1997, 1114 (1115 f.).

96 Stern, § 117 V 2b, S. 670. Starck, in: Mangoldt/Klein/Starck, GG I, Art. 5 GG, RN 22.

c) Die dogmatische Grundlage der staatlichen Kulturförderung

Anders als die meisten Landesverfassungen und die Weimarer Reichsverfassung, welche in Art. 142 WRV konstatierte, dass die Kunst, die Wissenschaft und ihre Lehre frei sei und der Staat ihnen Schutz zu gewähren und an ihrer Pflege teilzunehmen habe,[97] enthält das Grundgesetz keine Regelung aus der sich ausdrücklich ein Förderauftrag des Staates ergeben würde.

Der einzelne Künstler hat indes nicht nur ein unstreitiges, aus Art. 5 Abs. 3 GG fließendes subjektiv-individuelles Abwehrrecht gegen staatliche Eingriffe. Nach nahezu einhelliger Auffassung hat der Staat einen darüber hinaus gehenden objektiven Auftrag, die Kunst und ein freiheitliches Kunstleben zu sichern und zu fördern.[98]

Vielfach wird Art. 5 Abs. 3 GG als Begründungsmaßstab herangezogen. Dieser beinhalte nicht nur ein subjektives Abwehrrecht, sondern zugleich eine wertentscheidende Grundsatznorm, die auf die Gewährleistung des Lebenssachverhalts Kunst abzielt. Die staatliche Freiheitsgewährleistung bezweckt neben dem individuellen Abwehrrecht gegenüber staatlichen Eingriffen auch die Erfüllung unabdingbarer Gemeinwohlfunktionen.[99] Gleichwohl wird ein sich allein aus Art. 5 Abs. 3 GG ergebender Förderauftrag abgelehnt und ein solcher dafür partiell aus dem Sozialstaatsprinzip hergeleitet. Dieses verpflichte keineswegs nur die Erhaltung menschenwürdiger Lebensbedingungen, sondern begründe vielmehr auch die Verpflichtung zur Gewährleistung der kulturellen Daseinsvorsorge.[100] Obwohl der Sozialstaatsklausel, in der soziale Sicherheit und Gerechtigkeit Eingang gefunden haben, für die Problematik der staatlichen Kunstförderung eine besondere Bedeutung zukommt, kann sie nach überwiegender Meinung nicht als die alleinige dogmatische Grundlage herangezogen werden.[101] Das Prinzip

---

97 Dennoch ging es praktisch weniger um die Kunstpflege und -förderung als vielmehr um die Schranken der Kunstfreiheit vgl. hierzu Stern, § 117 I 2, S. 606 m.w.N.
98 Anstatt vieler Denninger, Freiheit der Kunst, in: HStR, § 146, RN 28 ff. m.w.N.
99 Vgl. Hewig, BayVBl. 1977, 37 f.; Ossenbühl, DÖV 1983, 785(789); Graul, Künstlerische Urteile, S. 49 ff; Lerche, BayVBl. 1974, 177 (178 f.); Palm, Öffentliche Kunstförderung, S. 121. Zur sozialen Funktion der Kunst v. Arnauld, HdbStR, § 167, RN 87.
100 Vgl. Korinek, der von einer „Überfrachtung des Grundrechts" ausgeht, ders., in: Schönburger Gespräche, S. 17. Palm, Öffentliche Kunstförderung, S. 83. Zur Herleitung aus dem Sozialstaatsprinzip, Ott, Kunst und Staat. Der Künstler zwischen Freiheit und Zensur, 1986, S. 166. Für eine Verbindung von Art. 5 Abs. 3 GG und dem Sozialstaatsprinzip spricht sich Kükelmann, UFITA, 1971, 115 (127) aus.
101 Stern, Band I, § 21 I 5c, S. 890; Badura, DÖV 1989, 491 ff; Knies, Schranken der Kunst als verfassungsrechtliches Problem, 1967, S. 213, S. 224 f.; Müller, Freiheit der Kunst

des Kulturstaates dürfe nicht nur ein Auswuchs des Sozialstaates sein, da sonst ideelle und qualitative Dimensionen der Kultur gefährdet werden könnten. Dies würde der Eigengesetzlichkeit der Kunst, ihrer Dynamik und Individualität nicht gerecht werden.[102] Zudem werden Bedenken dahingehend geäußert, dass eine vorrangige Ausrichtung staatlicher Förderung an der gesellschaftlichen Breitenwirkung einer vielseitigen Kunstpflege widersprechen würde. Die Abhängigkeit des Künstlers von dem öffentlichen Ästhetikgefühl gilt es zu verhindern. Im Übrigen sei der Kulturstaat mehr als ein bloßer Kulturversorgungsstaat.[103] Daher sei die Zielsetzung der staatlichen Kunstförderung eine andere als die des Sozialstaatsprinzips. Wenngleich es durchaus zu Überschneidungen kommen kann, ist letztere um sozialen Ausgleich bemüht. Die staatliche Förderpraxis muss sich ebenfalls an der künstlerischen Leistung orientieren, um nicht ihre Legitimation verlieren.[104]

Einen anderen Lösungsweg sucht daher das Bundesverfassungsgericht, das in einer vielfach zitierten Entscheidung von einer Staatszielbestimmung „Kulturstaat" ausgeht.[105]

„Die Verfassungsnorm [Art. 5 Abs. 3 GG][106] hat nicht nur die negative Bedeutung eines Schutzes vor Eingriffen der öffentlichen Gewalt in den künstlerischen Bereich. Als objektive Wertentscheidung für die Freiheit der Kunst stellt sie dem modernen Staat, der sich im Sinne einer Staatszielbestimmung auch als Kulturstaat versteht, zugleich die Aufgabe, ein freiheitliches Kunstleben zu erhalten und zu fördern."

Obwohl nicht nur über die Begrifflichkeit des „Kulturstaats" und die Existenz eines solchen Staatsziels gestritten wird,[107] sondern ebenfalls über seinen

---

als Problem der Grundrechtsdogmatik, 1969, S. 128 ff; Vogel, Künstlerförderung. bpb 1980, 24 (25); Palm, Öffentliche Kunstförderung, S. 125.

102 So Schmidt-Glaeser, AöR 1982, 337 (363 ff.); Palm, Öffentliche Kunstförderung, S. 124. Bär, FuR 1983, 366 (640); Vesper, RdJB 1983, 126 (127).
103 Steiner, VVDStRL 42 (1984), 7 (34 f.). Kritisch zum Rückschluss von der Tradition auf die Begrifflichkeit Geis, Kulturstaat, S. 221.
104 Zustimmend Heuer, Besteuerung der Kunst, S. 125; Palm, Öffentliche Kunstförderung, S. 125. Wiesand geht von einer Untrennbarkeit von Sozialstaats- und Kulturstaatsprinzip aus, vgl. ders., Sozialpolitik statt Kulturpolitik, S. 72.
105 Zur „partiellen Kulturstaatsklausel" BVerfGE 36, 321 (331). Für die Wissenschaftsfreiheit BVerfGE 35, 79 (114 f.).
106 Anm. der Verf.
107 Zur Kritik an dem verfassungsrechtlichen Kulturstaatsbegriff bereits Geis, der auch der Einfügung einer Kulturstaatsklausel in das Grundgesetz ablehnend gegenüber steht, ders., Kulturstaat und kulturelle Freiheit, 1990, S. 241 ff, S. 262 ff; Naucke, Der Kulturbegriff in der Rechtsprechung des Bundesverfassungsgerichts, 2000. Zum

konkreten Inhalt und seine dogmatische Grundlage, geht auch die Literatur verbreitet von einer Staatszielbestimmung bzw. einem Verfassungsauftrag aus.[108] Daher gab es die Forderung, eine Klausurstaatsklausel im Sinne einer Staatszielbestimmung im Grundgesetz zu verankern, um dieses Staatsziel zu verstärken. Von der ausdrücklichen Aufnahme einer solchen Staatszielbestimmung wurde durch den Gesetzgeber indes abgesehen.[109]

Trotz vorhandener Schnittmengen, kann die Kulturstaatlichkeit wohl nicht alleine Art. 5 Abs. 3 GG entnommen werden, da die Norm allein von Kunst handelt, welche aber nicht mit dem weitergehenden Begriff der Kultur gleichgesetzt werden kann.[110]

Interessengerechter ist es wohl – unter der Einbeziehung des föderalen Kontextes – Art. 5 Abs. 3 S. 1 GG mit anderen Verfassungsnormen des Grundgesetzes und den Kultur- und Kunstförderpflichten der Landesverfassungen zu kombinieren. Nahezu alle Länder verpflichten sich durch das Landesverfassungsrecht dem Schutz, der Pflege und der Förderung von Kunst und Kultur. Während in einigen Verfassungen die Aufgabe der Kulturförderung knapp und allgemein beschrieben ist, benennen andere Landesverfassungen konkret den Adressatenkreis[111] oder den Aufgabenumfang.[112]

Streitstand bzgl. der dogmatischen Grundlage, vgl. Germelmann, Kultur und staatliches Handeln, 2013, S. 31 ff. Maihofer, in: HbdVerfR, S. 989; Heckel, Staat, Kirche, Kunst., S. 76 ff; Heuer, Besteuerung der Kunst, S. 114 ff; Hewig, BayVBl. 1977, 38 (39); Steiner, Kulturauftrag im staatlichen Gemeinwesen, VVDStRL 42 (1984), 7 (38 ff); Grimm, Kulturauftrag im staatlichen Gemeinwesen, VVDStRL 42 (1984), 46 (63 ff.); Roellecke, DÖV 1983, 653 (658 f.).

108 V. Arnauld, in: HbdStR, § 167, RN 86 f.; Scholz, in: Maunz/Dürig, GG, Art. 5 Abs. 3 GG, RN 8.
109 Zum Bericht der Enquête-Kommission, Kultur in Deutschland, BT-Drs. 16/7000 v. 11.12.2007; dazu auch Bischoff, ZRP 32 (1999), 240 ff; Geis, Kulturstaat, 1990, S. 18; Palm, Öffentliche Kunstförderung, S. 129; BT-Drs. 12/6000, S. 15 f., S. 65 ff.
110 Weiterführend v. Arnauld, in: HbdStR, § 167, RN 86 f.
111 Vgl. etwa Art. 18 Abs. 1 der Verfassung von NRW. „Kunst, Kultur und Wissenschaft sind durch Land und Gemeinden zu fördern". Zu den Kulturstaatsklauseln in Bund und Ländern Germelmann, Kultur und staatliches Handeln, 2013, S. 40 ff.
112 Art. 11 Abs. 2 Landesverfassung Sachsen: „Die Teilnahme an der Kultur in ihrer Vielfalt und am Sport ist dem gesamten Volk zu ermöglichen. Zu diesem Zweck werden öffentlich zugängliche Museen, Bibliotheken, Archive, Gedenkstätten, Theater, Sportstätten, musikalische und weitere kulturelle Einrichtungen sowie allgemein zugängliche Universitäten, Hochschulen, Schulen und andere Bildungseinrichtungen unterhalten."

Wenngleich die dogmatische Grundlage im Einzelnen umstritten ist, darf aus der objektiv-rechtlichen Verbürgung der Kunstfreiheit das grundsätzliche Mandat zur Kunstpflege und Kunstförderung abgeleitet werden. Art. 5 Abs. 3 GG beinhaltet jedenfalls kein Gebot einer absolut staatsfreien Kunst im Sinne einer radikalen Distanzierung des Staates von der Kunst,[113] so dass der Staat faktisch die Rolle des privaten Mäzenatentums der letzten Jahrhunderte auch in verfassungsrechtlich zulässiger Weise übernehmen darf. Der Staat hat bei der Ausfüllung dieses verfassungsrechtlich gebotenen Auftrages[114] einen beträchtlichen Gestaltungsspielraum an unmittelbaren und mittelbaren Fördermöglichkeiten. Er kann etwa Museen oder Theatern unterhalten, also solche Einrichtungen die primär dem Rezipienten dienen. Er kann indes auch solchen Einrichtungen, die die individuelle Förderung des Kunstschaffenden, z.b. durch Ausbildung des künstlerischen Nachwuchses, zum Gegenstand haben, fördern. Dies kann auch durch die Bewilligung von Steuerbegünstigungen[115] oder durch die Gewährung von Subventionen erfolgen. Eine weitere Art mittelbarer Förderung stellt den Hauptgegenstand dieser Untersuchung dar: Durch die Privilegierung künstlerischer Nebentätigkeiten wird Kunstförderung durch das besondere Verwaltungsrecht erfolgreich betrieben.

2. Die historische Entwicklung der Kunsthochschulen

Vor diesem Hintergrund sind die historischen Entwicklungen der Kunsthochschulen zu betrachten.

Die Zeit der systematischen staatlichen Förderung von Kunstakademien begann bereits in der zweiten Hälfte des 17. Jahrhunderts und erreichte einen ersten Höhepunkt Mitte des 18. Jahrhunderts. Exemplarisch sei hier die älteste Kunstakademie im deutschsprachigen Raum genannt. Diese wurde im Jahre 1662 durch Joachim Nützel von Sundersbühl und Jacob von Sandrart in Nürnberg gegründet. Finanziell unterstützt wurde sie zunächst von reichen Adeligen, Bürgern und Patriziern.

---

113 Knies, Schranken der Kunstfreiheit als verfassungsrechtliches Problem, 1967, S. 213; Scholz, in: Maunz/Dürig, GG, Art. 5 Abs. 3 GG, RN 4 f.; Stern, § 117 IV 5 a, S. 657.
114 Zu den Kompetenzen in einem föderalen Kulturstaat, vgl. Hufen, BayVBl. 1985, 1 ff; Robbers, DVBl. 2011, 140 ff; Heinrichs, Kulturpolitik, S. 42. Bzgl. der Aufgabenfelder staatlicher Kulturförderung, ders., Einführung in das Kulturmanagement, 1993, S. 48; Lynen, Kunst im Recht, 1994, S. 102 ff.
115 Hierzu Heuer, NJW 1985, 232 ff; Kirchhof, NJW 1985, S. 225 ff.

Obwohl die Kunstakademien schon im 17. und 18. Jahrhundert Grundzüge von Hochschulverfassungen zeigten, unterschieden sie sich bedeutend von den heutigen Kunsthochschulen, da ihr Status lange nicht mit dem der Universitäten vergleichbar war und dem Landesherrn Gehorsam geschuldet wurde.[116] Dieser Gehorsam spiegelte sich insbesondere in der schulmäßigen Ausbildung wider, die häufig einen starren, vom Klassizismus geprägten Lehrplan aufbaute. Die meist einseitige, die Kreativität des Künstlers nicht unbedingt fördernde oder gar im Keim erstickende Ausbildung führte Ende des 18. Jahrhunderts dazu, dass sich viele Künstler gegen die offiziellen Lehrpläne aussprachen. Damit vollzog sich die Entwicklung der Kunst außerhalb der staatlichen Akademien. Dies führte wiederum lange zu einem Nebeneinander der traditionellen Kunstauffassung, die an den Kunstakademien gelehrt wurde, und der zunehmend liberalisierter Kunst.[117] Um 1900 kam es zu einer fortschreitenden Privatisierung des Kulturlebens. Innerhalb weniger Jahre wurde dieses mit Ausnahme von Schulen und Hochschulen weitgehend entstaatlicht und auf private Förderer übertragen.[118] Die staatliche Kulturgestaltungsmacht sah sich einer bürgerlichen Gesellschaft gegenüber, die im Kulturbereich gleichfalls Freiheitlichkeit einforderte.[119] Folge der gewonnen Unabhängigkeit des Kunstlebens von kirchlichen und höfischen Einflüssen war allerdings, dass die Kunstmäzene wegfielen, so dass sich die finanzielle Lage der Künstler weiter anspannte. Die daraus resultierenden Konkurrenzkämpfe untereinander trugen weiter dazu bei, dass viele von ihnen in soziale Not gerieten. Daher war es paradoxerweise häufig nicht mehr möglich, die gewonnene künstlerische Freiheit praktisch zu nutzen. Konsequenz war, dass erneut staatliche Unterstützung gefordert wurde. Damit war die „Dualität" des staatsfernen Kunstlebens und der damals noch fortbestehenden staatlichen Kontrolle schulischer und universitärer Kunsterziehung teilweise wieder aufgehoben.[120]

Wenngleich die Akademien auch in dieser Zeit statusrechtlich weiterhin dem Staat zugeordnet blieben, waren die Entwicklungen des Kunst- und Kulturlebens im 19. Jahrhundert doch wegweisend: Wie es für den gesamten Bildungssektor

---

116 Lynen, Kunsthochschulen, in: HRG-Kommentar, RN 9.
117 Umfassend Pevsner, Die Geschichte der Kunstakademien, 1986, S. 187 ff.
118 Vgl. Hauser, Sozialgeschichte der Kunst und Literatur, 1953, Bd. 2, S. 335 f.; Huber, Deutsche Verfassungsgeschichte seit 1789, Bd. 1, S. 265.
119 Zur Erreichung dieses Ziels trugen insbesondere die Aufklärung, der Liberalismus und der Idealismus bei, Stern, § 117 I 2, S. 606 m.w.N.
120 Zu dieser Entwicklung Hufen, Die Freiheit der Kunst in staatlichen Institutionen, 1982, S. 80 ff; Lynen, Kunsthochschulen, in: HRG-Kommentar, RN 10.

galt, brachte jene Zeit auch für die Kunstakademien Reformen, obgleich diese nicht annähernd dasselbe Ausmaß wie an den Universitäten erreichten. Der Staat, der sich schon damals als Kulturstaat verstand, wollte aus seinen Kunstakademien namhafte Künstlerpersönlichkeiten hervorbringen. Zwar blieb der Konflikt zwischen künstlerisch-technischem Zwang einerseits und freier künstlerischer Entfaltung des Individuums andererseits weiterhin ungelöst; die veralteten Strukturen an den Kunsthochschulen wurden aber weiter gelockert. Neu war insbesondere das engere, „absichtslose" Zusammenwirken von Lehrer und fortgeschrittenen Schülern in Kleingruppen oder im Einzelunterricht.[121]

Während sich die Freiheitsbewegung an den Universitäten wesentlich früher vollzog, nahm die Kunstfreiheitsgarantie zum ersten Mal auf nationaler Ebene in der Weimarer Reichsverfassung in Art. 142 WRV als Teil eines aufeinander abgestimmten „geschlossenen Kultursystems",[122] bestehend aus Bildung, Schule, Wissenschaft und Kunst, Einzug. Sie verlor jedoch mit der Machtergreifung der Nationalsozialisten jedwede Bedeutung. „Art. 142 WRV war toter Buchstabe geworden".[123]

Die jüngere Vergangenheit war neben der Weiterentwicklung des Kunst- und Musikhochschulrechts geprägt von einer Vergrößerung des Fächerangebots. Zugleich standen sie unter dem Zeichen der Veränderung und rechtlichen Aufwertung des Status der Kunsthochschulen gegenüber den Universitäten. Die Vielfalt der möglichen Fachrichtungen und Kombinationsmöglichkeiten ist zwischenzeitlich so groß, dass sie nahezu nicht mehr überschaubar ist. Im Sommersemester 2012 gab es an den 56 deutschen Kunst- und Musikhochschulen insgesamt 902 Studiengänge, davon 297 Bachelor-Studiengänge und 328 Masterstudiengänge.[124] Ende der 1990er Jahre kam es zudem zu einer

---

121 Umfassend zu dieser Entwicklung Lynen, Kunsthochschulen, in: HRG-Kommentar, RN 10 f.; Pevsner, Die Geschichte der Kunstakademien, 1986, S. 187 ff.
122 Zur historischen Entwicklung, Stern, § 117 I 3 b, S. 610f; Hensel, AöR 14 (1928), S. 321 ff; Heuer, Besteuerung der Kunst, 1983, S. 51 ff.
123 Stern, § 117 I 3 c, S. 612.
124 Jeweils mit steigender Tendenz. Vgl. HRK-Hochschulkompass vom 1.3.2012 (SoSe 2012). Ein Überblick findet sich etwa bei der Hochschule für Musik und Tanz (HfMT) Köln. Der dort mögliche Studiengang Bachelor of Music (Gesang) beinhaltete 2011 alleine in den ersten zwei Studienjahren eine Grundausbildung mit Hauptfachunterricht in Gesang, Lied- und Arieninterpretation, allgemeiner musikalischer Bildung und Klavierspiel, Bewegungstraining, Körperarbeit, szenischem Grundunterricht sowie Sprecherziehung und Italienisch. Dazu kommt eine Unterweisung in anatomischen, stimmphysiologischen und fachdidaktischen Grundkenntnissen. Die Fächer des 3. und 4. Studienjahres vertiefen je nach Schwerpunktwahl den künstlerischen

bundesweiten Tendenz mit dem Ziel der Vereinheitlichung des Hochschulwesens. Die unterschiedlichen Hochschularten wurden zunehmend als Teile eines einheitlichen Hochschulsystems betrachtet. Daher erstreckt sich der Anwendungsbereich der Hochschulgesetze bis heute grundsätzlich auch noch auf die Kunsthochschulen.[125] Während diese bis dahin unselbstständige Einrichtungen bzw. „Anstalten" des Landes ohne den Status einer juristischen Person des öffentlichen Rechts waren, besaßen die Universitäten statusrechtlich bereits eine Doppelnatur. Sie waren einerseits als Körperschaft des öffentlichen Rechts und andererseits als staatliche Einrichtung ausgestaltet.[126] Wenngleich die Kunsthochschulen faktisch bereits vorher körperschaftsähnliche Strukturen hatten, fehlte es bis dahin an einer normativen Grundlage. Hauptkritikpunkt war beispielsweise, dass sie kein eigenes Satzungsrecht besaßen. Daher wurden den Kunsthochschulen schrittweise der Status einer Körperschaft des öffentlichen Rechts und zugleich der einer staatlichen Einrichtung verliehen (vgl. § 58 Abs. 1 S. 1 HRG a.F.), so dass sie das Selbstverwaltungsrecht erhielten. Die Kunsthochschulen wurden so den wissenschaftlichen Hochschulen gleichgestellt und erfuhren damit die seit langem gewünschte Aufwertung ihres Status, ohne dass sie ihre Eigenständigkeit verloren hätten.[127] Eine Eingliederung der Kunsthochschulen in die Universitäten wurde aufgrund ihrer Eigenheiten dagegen nicht weiter verfolgt.[128]

Mit den Kunsthochschulen ist im Laufe der Jahre eine eigenständige Hochschulart entstanden, die mit der Eingliederung in die Landeshochschulgesetze den gleichen Rang und Status wie die Universitäten aufweisen können,[129] ohne dass sie aber nach Struktur und Aufgabenstellung mit diesen vergleichbar wären.

Ausbildungsbereich Oper/Konzert oder den gesangspädagogischen Bereich der Lehrbefähigung mit entsprechenden fachspezifischen Ausbildungsfächern und berufsorientierten Lehrinhalten, vgl. www.hfmt-koeln.de/studiengaenge/ueberblickalle.html.

125 Lenk, DÖV 2009, 320 (321); Löwer, in: ders/Tettinger, LVerf NRW 2002, Art. 16, RN 24. Eine Ausnahme hierzu stellt das KunstHG NRW dar.
126 Vgl. Lynen, WissR 41 (2008), 124 (127).
127 Lynen, WissR 41 (2008), 124 (127f.).
128 Lynen, WissR 41 (2008), 214 (217f.); ders., Kunsthochschulen, in: HRG-Kommentar, RN 14.
129 Hufen, Die Freiheit der Kunst in staatlichen Institutionen, 1982, S. 80; Lynen, Kunsthochschulen, in: HRG-Kommentar, RN 14.

3. Die Bewältigung aktueller Herausforderungen am Beispiel des KunstHG NRW

Trotz der Emanzipation der Kunsthochschulen von den Universitäten besteht weiterhin erheblicher rechtlicher und tatsächlicher Handlungsbedarf, um ihre zukunftsorientierte Fortentwicklung zu gewährleisten.

a) Institutionell-organisatorische Besonderheiten

Die Probleme sind weniger auf die statusrechtliche Gleichstellung mit den Universitäten zurückzuführen als vielmehr auf die mangelnde Rücksichtnahe auf die Besonderheiten der Kunsthochschulen. Die grundsätzlich auch für die Kunsthochschulen geltenden Landeshochschulgesetze sind traditionell auf die Bedürfnisse der Universitäten zugeschnitten.[130] Zwar wurden die Eigenarten der Kunsthochschulen bei der Aufgabenstellung und der Lehrkörperstruktur weitgehend berücksichtigt; mit der fortschreitenden Autonomisierung der Universitäten passten die auf die Universitäten zugeschnittenen (organisations-)rechtlichen Strukturen aber nicht gänzlich.[131]

Bei der Konzeption neuer, auf die Eigenheiten der Kunsthochschulen zugeschnittener Regelungen bestehen zwei grundlegende Möglichkeiten:

- Zum einen können die Kunsthochschulen in das jeweilige Landeshochschulgesetz integriert und an entsprechender Stelle Sonderregelungen (die auf die Gegebenheiten an Kunsthochschulen speziell zugeschnitten sind) vorgesehen werden oder
- es kann zum anderen ein eigenständiges Kunsthochschulgesetz geschaffen werden.

Während die meisten Bundesländer das Recht der Kunsthochschulen in die Landeshochschulgesetze integriert haben, beschloss der nordrhein-westfälische Gesetzgeber nach einer allseits gelobten Kooperation mit Vertretern der Kunsthochschulen, sich davon zu lösen und der letzteren Alternative den Vorzug zu geben.[132] Das zum 1.4.2008 in Kraft getretene KunstHG NRW[133] nimmt in Deutschland seitdem eine Vorreiterrolle ein.

---

130 Krüper, NWVBl. 2009, 170.
131 Lynen, WissR 41 (2008), 124 (128 ff.); Krüper, NWVBl. 2009, 170.
132 Lynen, in: Leuze/Epping, HRG-Kommentar, § 2, RN 3 ff.
133 Dazu Lenk, DÖV 2009, 320 (321). Zur Frage der demokratischen Legitimation zur Zusammenarbeit im Normsetzungsverfahren, Krüper, NWVBl. 2009, 170 f.

Grundlegender Unterschied im Vergleich zu den wissenschaftlichen Hochschulen ist, dass die geschilderte Doppelnatur der Kunsthochschulen fortbestehen bleibt. Die wissenschaftlichen Hochschulen sind demgegenüber seit dem Hochschulfreiheitsgesetz 2007 (HFG NRW) grundsätzlich als rechtsfähige Körperschaften des öffentlichen Rechts organisiert.[134] Ihnen kommt Dienstherrnfähigkeit zu. Wenngleich die statusrechtliche Fortentwicklung der Kunsthochschulen von Landeseinrichtungen über ein Mischmodell aus Körperschaft und Landeseinrichtung hin zu einer reinen Körperschaft des öffentlichen Rechts nur konsequent erscheint, spricht nach *Lynen* dreierlei für den Fortbestand des Doppelmodells:[135]

Zunächst handelt es sich bei den Kunsthochschulen um sehr kleine, aber hoch spezialisierte Einrichtungen, die vor dem Hintergrund des Kulturstaatsprinzips zu betrachten sind. Die Kunsthochschulen und der Staat haben eine gemeinsame Verantwortung zur Sicherung und Förderung dieses Staatsziels. Dieses Verantwortungsverhältnis von Hochschule und Staat ist entsprechend rechtlich zu manifestieren. Die Autonomiebestrebungen und die Befreiung von staatlicher Intervention können dennoch verwirklicht werden, wenn die Selbstverwaltungsgarantie in den akademischen Angelegenheiten tatsächlich respektiert und umgesetzt wird. Die Transformation in eine andere Trägerschaft ist dafür nicht erforderlich. Dies gilt umso mehr, weil mit der Entlassung der Universitäten aus der staatlichen Obhut (durch die Bildung von öffentlich-rechtlichen Körperschaften) die Einflussmöglichkeiten des Staats nicht völlig aufgehoben sind.

Eine Änderung der Grundordnung der Kunsthochschulen ist im Weiteren schon aufgrund ihrer Größe nicht erforderlich.[136] Insbesondere ist die enge fach- und rechtsaufsichtliche Bindung der Kunsthochschulen an das Ministerium weniger durch eine scharfe staatliche Kontrolle und Intervention geprägt als vielmehr durch eine Entlastung und Unterstützung bei den Verwaltungsaufgaben. Bei einem Wechsel der Rechtsform hätte die Gefahr bestanden, dass die relativ kleinen Verwaltungsapparate der Kunsthochschulen mit den zusätzlichen Aufgaben und Belastungen überfordert gewesen wären. Das bereits eingespielte Modell der Doppelnatur der Kunsthochschulen als Körperschaften des öffentlichen Rechts einerseits und als staatliche Einrichtung andererseits hat sich im Grundsatz bewährt, weshalb die nordrhein-westfälischen Kunsthochschulen ihre traditionelle Doppelnatur beibehalten. Das KunstHG NRW ist für eine

---

134 Hochschulfreiheitsgesetz (HFG) v. 31.10.2006 – GV.NRW, S. 474.
135 Umfassend Lynen, WissR 41 (2008), 124 (130 ff.).
136 Dies hebt auch Krüper, NWVBl. 2009, 170 (171 f.) hervor.

organisatorische Weiterentwicklung allerdings offen. Gemäß § 2 Abs. 1 Kunst-HG NRW können Kunsthochschulen etwa auch in anderer Rechtsform errichtet werden oder in die Trägerschaft einer Stiftung überführt werden.[137]

b) Weitere rechtliche Besonderheiten

Mit der Etablierung des Hochschulrats als zentralem Organ, der mindestens zur Hälfte mit Hochschulexternen zu besetzen ist, liegen erhebliche Steuerungs- und Einflussmöglichkeiten nicht bei den Hochschulmitgliedern selbst. Während an den wissenschaftlichen Hochschulen ein Paradigmenwechsel von der beratenden Funktion des Hochschulrates zu einer Aufsichts- und Kontrollfunktion mit zentralen Entscheidungskompetenzen stattgefunden hat,[138] ist die Bildung eines Hochschulrates von den Vertretern der Kunsthochschulen auf allgemeine Ablehnung gestoßen. Die Befürchtungen gingen insbesondere dahin, dass in den akademischen und künstlerischen Aufgabenbereichen, die Profilbildung und die personelle Selbstergänzung beeinträchtigt werden könnten. Darüber hinaus passe dieses Gremium eher zu den mit „Großbetrieben" vergleichbaren Universitäten. Wegen der überschaubaren Strukturen an Kunsthochschulen sei ein Hochschulrat nicht erforderlich. Diese müssten dann erneut um ihr Recht auf Selbstverwaltung kämpfen, obwohl der Kampf mit den staatlichen Instanzen im Grunde schon seit geraumer Zeit entschieden war.[139]

Dementsprechend wird an den Kunsthochschulen weiterhin am Rektorenmodell festgehalten. Das Rektorenamt wird traditionell aus dem Kreis der Hochschullehrer besetzt.[140]

Eine weitere Besonderheit gilt im Promotions- und Habilitationsrecht. Dieses gilt grundsätzlich nur für alle wissenschaftlichen Fächer an den Kunsthochschulen. Zu denken ist insbesondere an Fächer wie Kunstgeschichte, Musikwissenschaften oder die pädagogischen Studiengänge. In den Promotionsverfahren sollen die Kunsthochschulen gemäß (§ 60 Abs. 1 S. 3 KunstHG NRW iVm) § 59 Abs. 6 S. 1 KunstHG NRW mit den wissenschaftlichen Universitäten, die diese Fächer anbieten, kooperieren.[141] Aktuell wird darüber diskutiert, ob es nicht sogar ein Promotionsrecht in den künstlerischen Fächern, z.B. eine

---

137 Weiterführend Lenk, DÖV 2009, 320 (326).
138 Herber, BayVBl. 2007, 680 (684); Steiner, BayVBl. 2006, 581 (582 f.).
139 Vgl. dazu Lynen, WissR 41 (2008), 124 (133).
140 Hier sei angemerkt, dass das Amt des Rektors dennoch durch einen Hochschulexternen besetzt werden kann, vgl. Lenk, DÖV 2009, 320 (326).
141 Hiergegen hat v.a. Krüper, NWVBl. 2009, 170 (172) verfassungsrechtliche Bedenken.

Promotion in der bildenden Kunst, geben soll. Dies ist zu Recht auf Ablehnung gestoßen, denn letztlich kann der promovierte Künstler weder in der Praxis noch in der Wissenschaft auf ein gesteigertes Ansehen hoffen. Der künstlerische Erfolg ist gerade nicht mit Titeln messbar. Die erneute Forderung nach der „künstlerischen" Promotion hat somit eher einen symbolischen Charakter.[142]

Nachdem die Novellierung der Hochschulgesetze in den letzten Jahren zudem im Zeichen des Bologna-Prozesses stand, kam es auch zu einer Umstellung auf das Bachelor- und Mastersystem.[143] Auch das KunstHG NRW sollte dieses Reformmodell aufgreifen und unter besonderer Berücksichtigung der Besonderheiten an Kunsthochschulen in kunstadäquater Weise umsetzen.[144] Nachdem sich die künstlerische Lehre (durch den Kleingruppen- oder den Einzelunterricht) wesentlich von der universitären Lehre unterscheidet, sind kunstspezifische Modifikationen bei der Umsetzung des Bologna-Prozesses erforderlich. Konsequenterweise sind gesetzliche Ausnahmen für den Bereich der bildenden Kunst und für sonstige begründete Fälle vorgesehen, vgl. § 52 Abs. 4 KunstHG NRW. Dies hat zweierlei zur Folge:

Zunächst bedeutet dies, dass neben dem Bachelor- und Masterabschluss auch andere akademische Grade verliehen werden können, § 58 Abs. 2 KunstHG NRW.[145] Darüber hinaus ist festzuhalten, dass die Regelstudienzeit von drei Jahren Bachelor- und zwei Jahren Masterstudium überschritten werden kann. An Kunsthochschulen ist vielmehr eine vierjährige Grundausbildung mit einer zweijährigen Masterausbildung die Regel. Dies lässt sich darauf zurückführen, dass an ihnen sehr eng zwischen Dozenten und Schülern gearbeitet wird und daher eine stetige Leistungskontrolle stattfindet, so dass das Ziel der Bologna-Reform, nämlich durch eine andauernde Leistungskontrolle die Zahl der Studienabbrecher mit hoher Semesterzahl zu verringern, an den Kunsthochschulen

---

142 Kritisch Lynen, F & L 2011, 218 ff.
143 Nach dem Statistischen Bundesamt, Sonderauswertung 10/2012, HRK-Hochschulrektorenkonferenz, Statistische Daten zu Studienangeboten an Hochschulen in Deutschland. Studiengänge, Studierende, Absolventen, Wintersemester 2012/2013, S. 24, streben von den im Jahr 2011 bundesweit 9.363 im 1. Fachsemester immatrikulierten Studierenden 3.416 (= 36,5%) einen Bachelorabschluss und 2.319 (= 24,8%) einen Masterabschluss an.
144 Hierzu Lenk, DÖV 2009, 320 (323).
145 Man denke an den „Meisterschüler" oder an das „Konzertexamen". Ihr Anteil beträgt im Jahr 2011 insgesamt 38, 7 %, vgl. Statistisches Bundesamt, Sonderauswertung 10/2012, HRK-Hochschulrektorenkonferenz, Statistische Daten zu Studienangeboten an Hochschulen in Deutschland. Studiengänge, Studierende, Absolventen, Wintersemester 2012/2013, S. 24.

bereits erreicht war. Da eine fundierte künstlerische Ausbildung zeitintensiv ist, sind die Ausnahmen von der Regelstudienzeit von Bachelor- und Masterstudiengängen erforderlich und angemessen.[146]

c) Die Legitimation der Kunsthochschulen durch praxisrelevante Ausbildung

Die Kunsthochschulen unterscheiden sich nicht nur institutionell-organisatorisch von den wissenschaftlichen Hochschulen. Es gibt beispielsweise einen Kunsthochschulbeirat (§ 8 KunstHG NRW), dessen primäre Aufgabe es ist, die Qualität der Studienangebote zu prüfen sowie Empfehlungen für deren Verbesserung und Weiterentwicklung abzugeben. Ihm kommt anders als dem Hochschulrat an wissenschaftlichen Hochschulen jedoch nur eine beratende Funktion zu, weshalb ihm grundlegende Entscheidungen vorenthalten sind. Der Kunsthochschulbeirat dient vornehmlich der Akkreditierung des Studienangebots.[147] Mit dieser Aufgabenstellung geht die intensivierte Kontaktpflege mit den Vertretern der künstlerischen Praxis einher. Ziel ist, dass sich die Kunsthochschulen nicht von den realen Gegebenheiten außerhalb der Hochschule absondern und entscheidende Entwicklungen der Kunstszene verkennen. Dies soll letztlich das Ausbildungsniveau garantieren, denn nach ihrem Studium müssen sich die Studierenden im freien Wettbewerb behaupten. Würden ihnen an den Kunsthochschulen nur wenige praxisrelevante Fähigkeiten vermittelt werden, wäre dies nicht nur ein Schaden für die einzelnen Jungkünstler, sondern – langfristig betrachtet – auch für die Kunsthochschulen selbst. Schließlich könnte ihnen nicht nur der potentielle Professorennachwuchs fehlen; auch das Renommee der Kunsthochschulen ist von dem Erfolg ihrer Absolventen entscheidend abhängig.[148] Eine fehlgeleitete Ausbildung wäre hinzukommend nicht nur für die Absolventen und die Hochschule selbst von Nachteil, sondern würde einen dauerhaften Schaden für den gesamten Kulturstandort Deutschland bedeuten. Ein staatliches Ausbildungssystem, welches billigend in Kauf nimmt, dass die Studierenden zu einem erheblichen Teil nicht wettbewerbsfähig sind,

---

146 Zum Themenkomplex Lenk, DÖV 2009, 320 (324).
147 Dazu umfassend Lynen, KunstHG, in: Leuze/Epping, HG NRW, § 8 RN 1 ff.
148 Ein ähnlicher Ansatz findet sich auch bei Krüper, NWVBl. 2009, 170 (173). Ihm ist aber hinsichtlich des Vergleichs der Aufgaben der Kunsthochschulen mit denen der Fachhochschulen zu widersprechen. Die Aufgabe der Kunst- und Musikhochschulen beschränkt sich nicht nur auf die künstlerische Lehre. Vielmehr sollen an ihnen Kunstausübung und künstlerische Entwicklungsvorhaben betrieben werden.

gerät richtigerweise in eine Legitimationskrise.[149] Sicherlich wird bislang ein hohes Ausbildungsniveau an den Kunsthochschulen garantiert. Im Anschluss an ihr Studium finden dennoch immer weniger Absolventen eine feste Anstellung. Wenngleich dem Kunsthochschulbeirat daher eine überaus wichtige Funktion zukommt, gelingt es bisweilen nicht, die richtigen Ansätze zu finden, um den Absolventen bessere Karrieremöglichkeiten zu verschaffen. Die Reaktionsmöglichkeiten auf diese Missstände, sind indes fraglich.

So mag etwa der Ruf nach einer weiteren Verkleinerung der Studentenzahl an Kunsthochschulen[150] nicht recht überzeugen. Sicherlich würde die Veränderung des Verhältnisses von Angebot und Nachfrage zu verbesserten Chancen der ausgebildeten Künstler auf dem Arbeitsmarkt führen. Die Ausbildung einer kleinen Elite von Künstlern wäre allerdings zu einseitig. Aufgrund des staatlichen Kulturauftrags ist aber nicht nur eine möglichst breite Aufstellung der zu fördernden Kunstsparten zu fordern. Die „Züchtung" einer kleinen Künstlerelite ist auch nicht im Sinn einer vielseitigen Kunstszene. Dies schon deshalb nicht, weil die Aufnahmetests an den Kunsthochschulen weiter verschärft werden müssten und über die künstlerischen Leistungen der potentiellen Studierenden noch kritischer zu urteilen wäre. Dem wohnt aber die Gefahr inne, dass bei der Auswahlentscheidung nur bestimmte Kriterien zu Grunde gelegt werden, die vermeintlich geeignet sind, um talentierte Anwärter auszuwählen. Da die Auswahlkriterien von den Hochschulmitarbeitern festgelegt und die Bewerber danach beurteilt werden, droht ein Pluralitätsverlust. Neuartige Kunstformen, wie etwa die von John Cage eingeführte Technik des präparierten Klaviers, würden nur schwer Eingang in die Kunsthochschulen finden, wenn durch immer gleiche Auswahlkriterien der subjektive Erwartungshorizont des Beurteilenden zu eng wird. Im schlimmsten Falle hätte dies eine Beschränkung des Künstlerischen zur Folge. Zu bedenken ist zudem, dass mit der Ausbildung nur einer

---

149 Hierzu Krüper, NWVBl. 2009, 170 (173).
150 Krüper, NWVBl. 2009, 170 (172); Rauch, „Da unterrichte ich lieber unentgeltlich", FAZ v. 22. 7. 2008. In Bayern studierten im Wintersemester 2012/2013 insgesamt 3.542 Studierende an Kunsthochschulen. Davon studierten 625 Studierende allerdings Kunst oder Musik als Lehramt, vgl. bayerisches Landesamt für Statistik und Datenverarbeitung v. 15.2.2013, https://www.statistik.bayeRNde/presse/archiv/2013/042_2013.php. Deutschlandweit gab es im Studienjahr 2011 insgesamt 9.363 Studierende im 1. Fachsemester an Kunst- und Musikhochschulen, Statistisches Bundesamt, Sonderauswertung 10/2012, HRK-Hochschulrektorenkonferenz, Statistische Daten zu Studienangeboten an Hochschulen in Deutschland. Studiengänge, Studierende, Absolventen, Wintersemester 2012/2013, S. 25.

kleinen Anzahl von elitären Studierenden die Unterrepräsentation ganzer Kunstsparten zu erwarten ist. Dies wäre allerdings für einen Staat, der sich als Kulturstaat versteht, nicht hinnehmbar. Es wäre weiterhin politisch schwer vertretbar, die Studierendenzahlen und das Fächerangebot der Kunsthochschulen signifikant zu verringern. Die Umwandlung der Kunsthochschulen zu noch kleineren elitären Kaderschmieden ist keine Lösung der Problematik. Vielmehr steigen die Chancen der Absolventen, wenn ihnen eine solide und breit gefächerte Ausbildung zuteil wird.

Hinzukommend ist zu bedenken, dass die angespannte Arbeitsmarktsituation nicht nur im Bereich der Kunst und Musik zu beobachten ist. Auch in anderen wissenschaftlichen, insbesondere in den geisteswissenschaftlichen Berufsfeldern sind die Berufsaussichten schlecht. Die Legitimation der künstlerischen Studiengänge kann aber genauso wenig wie bei den „brotlosen" wissenschaftlichen Studiengängen in Abrede gestellt werden. Gleichwohl müssen sich die Kunsthochschulen auf die Herausforderungen des Arbeitsmarkts einstellen und ihre Ausbildung entsprechend anpassen. Daher bieten viele Kunsthochschulen mittlerweile „berufsbildende" Fächer an, wie Marketingstrategie oder Akkreditierung, in denen den Studierenden möglichst viele berufliche Perspektiven aufgezeigt werden sollen.

III. Zusammenfassung

Es lässt sich festhalten, dass sich aus dem Kulturstaatskonzept die Möglichkeit zur staatlichen Kunstförderung ergibt. Als dogmatische Grundlage wird verbreitet auf die Kulturstaatlichkeit als Staatszielprinzip zurückgegriffen, wenngleich die dogmatische Einordnung weiterhin heftig umstritten ist. Als Ausformung des Kulturstaatsprinzips entfaltet der Grundsatz der staatlichen Kunstförderung bei der Ausfüllung unbestimmter Rechtsbegriffe, bei Auswahlentscheidungen oder bei der Beurteilung künstlerischer Leistungen seine Wirkung. Dieses Grundverständnis wird dieser Untersuchung als elementarer Leitgedanke zu Grunde zu legen sein. Staatliche und private Kunstförderung sind für den Freiheitgebrauch „Kunst" zwar nicht zwingend erforderlich, aber zumindest dienlich, da ohne eine entsprechende Unterstützung die finanziellen Rahmenbedingungen für den künstlerisch Schaffenden denkbar schlecht wären und den Freiheitgebrauch erheblich erschweren würden. Die staatliche Förderpraxis hat indes nicht nur die Aufgabe, den Künstler individuell zu unterstützen, sondern das weitergehende Ziel, die kulturelle Grundversorgung der Bevölkerung zu sichern. Indem eine breite gesellschaftliche Auseinandersetzung mit und durch die Kunst erfolgt, wird auch ihr Facettenreichtum geschützt.

Eines der grundlegenden Fördermittel ist die Unterhaltung von Kunsthochschulen. An ihr werden nicht nur zukünftige Künstlergenerationen ausgebildet. Vielmehr bieten sie den an ihnen tätig werdenden Künstlern und Musikern zudem die Möglichkeit, unter gesicherten finanziellen Verhältnissen Kunst zu lehren, Kunst auszuüben und künstlerischen Entwicklungsvorhaben oder Forschungstätigkeiten nachzugehen. Die Einrichtung von Kunsthochschulen ist ein tragendes Element für die Umsetzung des Kulturstaatskonzepts in die Praxis. Aufgrund der divergierenden historischen Entwicklungen und der Eigengesetzlichkeit künstlerischer Handlungsabläufe ergeben sich im Vergleich zu den Universitäten rechtliche und praktische Besonderheiten. Insbesondere im Hinblick auf die zukunftsorientierte Ausbildung der Studierenden besteht jedoch noch ein weitergehender Handlungsbedarf, um ihnen günstige berufliche Perspektiven zu eröffnen.

3. Kapitel – „Die Kunst"

Wie festgestellt, gewährleistet die Kunstfreiheitsgarantie des Art. 5 Abs. 3 GG zwar in erster Linie subjektiv-rechtlich ein individuelles Abwehrrecht des Künstlers. Daneben enthält das Grundrecht aber auch eine wertentscheidende Grundsatznorm und verpflichtet den Staat objektivrechtlich, die Freiheit, Pflege und Förderung der Kunst als Teil der grundgesetzlichen Wertentscheidung im Sinne eines Kulturstaates zu gewährleisten.

Art. 5 Abs. 3 GG schützt nicht nur den einzelnen Künstler als natürliche Person. Dies wäre zu kurz gegriffen, da auch diejenigen, die eine „unentbehrliche Mittlerfunktion" zwischen Künstler und Publikum haben, geschützt werden müssen.[151] Darunter fallen unter anderem juristische Personen, da die Kunstfreiheit ihrem Wesen nach auf diese anwendbar ist. Sie gilt ebenso für Einrichtungen in staatlicher, meist kommunaler Trägerschaft, wie etwa Museen, Orchester oder Kunsthochschulen. Diese staatlichen Einrichtungen sind für die Kunstschöpfung und Kunstvermittlung geschaffen worden, und sind damit funktional dem grundrechtsgeschützten Lebensbereich zuzuordnen.[152]

Im Bereich der staatlichen Kunstförderung ist zudem eine (Be-)Wertung des zu fördernden Projekts unverzichtbar. Anders als beim freiheitsrechtlichen Eingriffsverbot ist ein künstlerisches Werturteil staatlicher Instanzen nicht nur notwendig sondern auch geboten.[153] Bei der Ermessensentscheidung, die selbstverständlich nicht die Grenze zum verbotenen Kunstrichtertum überschreiten darf, ist die Eigengesetzlichkeit der Kunst genauso zu beachten wie ihre Autonomie und Pluralität.[154]

Es bedarf einer Definition des Kunstbegriffs, wenngleich eine abschließende Definitionsfindung unmöglich ist,[155] da sich die Kunst fortwährend durch den eigenen Produktionsprozess selbst neu definiert. Zudem muss erkennbar sein, was dem grundrechtlichen Schutzbereich unterfällt. Die Unmöglichkeit einer abschließenden Definition entbindet nicht von der Pflicht, die Kunstfreiheit zu schützen und dementsprechend bei der konkreten Rechtsanwendung zu

---

151 Pernice, in: Dreier, GG-Kommentar, Art. 5 Abs. 3 GG, RN 28.
152 V. Arnauld, in: HStR, § 167, RN 50; Denninger, in: HbdStR, § 146, RN 22.
153 Graul, Künstlerische Urteile, S. 67; Scholz, in: Maunz/Dürig, GG, Art. 5 Abs. 3 GG, RN 40; BVerfGE 36, 321 (330 ff.).
154 Geis, Kulturstaat, S. 246.
155 BVerfGE 67, 213 (225).

entscheiden, ob die Voraussetzungen des Art. 5 Abs. 3 Satz 1 GG vorliegen oder nicht. Ein allgemeines Definitionsverbot kann somit nicht aus Art. 5 Abs. 3 GG gefolgert werden. Aufgrund der Notwendigkeit der Schutzbereichsbestimmung ist die Eingrenzung des Kunstbegriffs auch nicht unbedingt widersprüchlich zur Freiheitsgewährleistung.[156]

I. Anknüpfungspunkte

Eine Vermutung „in dubio pro arte" findet sich im Grundgesetz nicht.[157] Dennoch ist zur Verhinderung der in der Vergangenheit gemachten Erfahrung mit staatlichem Kunstrichtertum eine weite Definition geboten. Dies gilt umso mehr, als bislang jeder Konsens über objektive Begriffsbestimmungskriterien fehlt. Nachdem die mangelnde Objektivierbarkeit gerade das essentielle Merkmal der künstlerischen Eigengesetzlichkeit darstellt, verwundert dies nicht weiter. Diese ist immer darauf gerichtet, die Grenzen der Kunst neu zu definieren bzw. zu erweitern. Da zudem erhebliches Misstrauen gegen zu starre Formen und Konventionen besteht, kann nur ein weiter Kunstbegriff zu angemessenen Lösungen führen.[158]

Die bisherigen Versuche der Kunsttheorie, sich im außerrechtlichen Bereich über ihren Gegenstand klar zu werden, erweisen sich als schwierig.[159] Der Lebensbereich „Kunst" ist durch die von ihrem Wesen geprägten Strukturmerkmale aus zu bestimmen. Wie weit danach die verfassungsrechtliche Kunstfreiheitsgarantie reicht, lässt sich nicht durch einen für alle Äußerungsformen künstlerischer Betätigung allgemeingültigen Begriff umschreiben. Vielmehr ist es notwendig,

---

156 Sehr prägnant formuliert Isensee: „Was der Staat nicht definieren kann, das kann er auch nicht schützen", ders., Wer definiert die Freiheitsrechte?, 1980, S. 35; Zöbeley, NJW 1998, 1372ff; Würkner, Das Bundesverfassungsgericht und die Freiheit der Kunst, 1994, S. 127; ders., NVwZ 1992, 1 ff; BVerfGE 67, 213 (225); 75, 369 (377). Zum (begrenzten) Definitionsgebot, Scholz, in: Maunz/Dürig, GG, Art. 5 Abs. 3 GG, RN 25 ff; Erbel, DVBl. 1969, 863 (866); Pernice, in: Dreier, GG-Kommentar, Art. 5 Abs. 3 GG, RN 17; Kobor, JuS 2006, 593 (594). Zum Definitionsverbot Knies, Schranken der Kunst als verfassungsrechtliches Problem, 1967, 214 ff; Hoffmann, NJW 1985, 237 (283).
157 Scholz, in: Maunz/Dürig, GG, Art. 5 Abs. 3 GG, RN 27 f.; Kastner, NJW 2003, 609 (614).
158 BVerfGE 30, 173 (188 ff.).
159 So v. Arnauld, in: HbdStR, § 167, RN 9 f.; BVerfGE 67, 213 (224 f.); Scholz, in: Maunz/Dürig, GG, Art. 5 Abs. 3 GG, RN 39 f.; Geis, Kulturstaat, 1990, S. 241. Ablehnend dagegen Beisel, Kunstfreiheitgarantie, S. 41.

Kriterien zu entwickeln, die die Unterscheidung von Kunst und Nicht-Kunst ermöglichen, ohne dass die materielle Offenheit der Sache Kunst verloren geht.[160] Die Kunstfreiheitsgarantie darf jedenfalls nicht durch die wertende Einengung des Kunstbegriffs eingeschränkt werden. Die Verfassung schützt die Kunst, gleichgültig ob sie subjektiv als gut oder schlecht empfunden wird. Unsachgemäß wäre eine Niveaukontrolle durchzuführen. Die Differenzierung zwischen guter und schlechter Kunst käme einer unzulässigen Inhaltskontrolle gleich.[161]

Darüber hinaus ist das subjektive Selbstverständnis des Künstlers definitorisch lediglich in eng begrenzten Ausnahmefällen relevant.[162] Künstlerisches Tätigwerden ist zwar in hohem Maße von subjektiven Empfindungen und individuellem Wirken geprägt. Die alleinige Behauptung über den Kunstcharakter eines Werks kann aber keine konstituierende Wirkung haben, da sonst der Schutzbereich der Kunstfreiheit ins Uferlose gehen würde. Richtigerweise ist der allgemeine Rückschluss, dass Kunst schon mit ihrer bloßen Behauptung vorliege, kunstfremd.[163] Dem Selbstverständnis des Künstlers sowie der Einschätzung eines in Kunstfragen kompetenten Dritten kann allerdings eine indizielle Bedeutung zukommen.[164] Musterbeispiele dafür, dass in Einzelfällen das Selbstverständnis und die Behauptung des Vorliegens eines Kunstwerks von Bedeutung sein können, sind die *objets trouvés* oder die *ready-mades* von Marcel Duchamps, wie etwa das Fahrrad-Rad von 1913. Tatsächlich führt die bloße Deklaration einzelner

---

160 BVerfGE 30, 173 (183 f.); 67, 213 (225); Pernice, in: Dreier, GG-Kommentar, Art. 5 Abs. 3 GG (Kunst), RN 17; V. Arnauld, in: HbdStR, § 167, RN 11; Erbel, DVBl. 1969, 863 (867).
161 BVerfGE 67, 213 (224); 75, 369 (377); 81, 298 (305); 83, 130 (239); Henschel, NJW 1990, 1937 (1938); Scholz, in: Maunz/Dürig, GG, Art. 5 Abs. 3 GG, RN 39. Hier sei angemerkt, dass bereits die Unterscheidung von Kunst und Nicht-Kunst unvermeidlich wertende Elemente enthält. Verfassungsrechtlich verboten ist es, „schlechter" Kunst den Schutz des Art. 5 Abs. 3 GG zu versagen. Dagegen ist es geboten, auf qualitative Aspekte abzustellen, um Kunst von Nicht-Kunst zu unterscheiden. Vgl. Schneider, Die Freiheit der Baukunst, 2002, S. 91.
162 Weiterführend Morlok, Selbstverständnis als Rechtskriterium, 1993, S. 89 ff; 393 ff; 448 f. Mit Abstufungen Palm, Öffentliche Kunstförderung, S. 68; Höfling, Offene Grundrechtsinterpretation, 1987, S. 145; Beisel, Kunstfreiheitgarantie, S. 91; Schneider, Die Freiheit der Baukunst, 2002, S. 92 f.; Häberle, AöR 110 (1985), 577 (598); v. Arnauld, in: HbdStR, § 167, RN 40 m.w.N.
163 Bethge, in: Sachs, GG-Kommentar, Art. 5 GG, RN 184. Ropertz, Die Freiheit der Kunst nach dem Grundgesetz, 1966, S. 82; Schneider, Die Freiheit der Baukunst, 2002, 131 f.
164 Voßkuhle, BayVBl. 1995, 613 (615).

einfacher Gebrauchsgegenstände als Kunstwerk allerdings nicht alleine dazu, dass diese auch tatsächlich vom Schutzbereich der Kunstfreiheitsgarantie erfasst werden. Vielmehr führen ein Zusammenspiel mehrerer Faktoren, insbesondere die Originalität und der Überraschungsmoment, dazu, das Alltagsgegenstände einen künstlerischen Sinngehalt erfahren.

II. Definitionsansätze

Nachdem eine abschließende Definition des Kunstbegriffs unmöglich ist, das Begriffsverständnis aber grundlegend für diese Untersuchung ist, seien im Folgenden die wichtigsten Definitionsansätze überblickartig dargestellt.

Bis heute gilt die *Mephisto*-Entscheidung des Bundesverfassungsgerichts, die eine materiale Betrachtung zu Grunde legte, als wegweisend. Sie knüpft bei der Tätigkeit des Künstlers an und beschreibt die Kunst als einen Handlungs- und Kommunikationsablauf, welcher in verschiedenen Stufen erfolgt. Dort heißt es:[165]

> "Das Wesentliche der künstlerischen Betätigung ist die freie schöpferische Gestaltung, in der Eindrücke, Erfahrungen, Erlebnisse des Künstlers durch das Medium einer bestimmten Formensprache zu unmittelbarer Anschauung gebracht werden. Alle künstlerische Tätigkeit ist ein Ineinander von bewussten und unbewussten Vorgängen, die rational nicht aufzulösen sind. Beim künstlerischen Schaffen wirken Intuition, Phantasie und Verstand zusammen; es ist primär nicht Mitteilung, sondern Ausdruck und zwar unmittelbarster Ausdruck der individuellen Persönlichkeit des Künstlers. [...] Die Kunstfreiheitsgarantie betrifft in gleicher Weise den „Werkbereich" und den „Wirkbereich" des künstlerischen Schaffens. Beide Bereiche bilden eine unlösbare Einheit."

Das von *Friedrich Müller* entwickelte und vom Bundesverfassungsgericht übernommene Modell des „Werk- und Wirkbereichs"[166] ist auf allgemeine Akzeptanz gestoßen. Allerdings blieb die wertbezogene Definition nicht ohne Kritik in der Fachliteratur. Sie stand im Widerspruch zu dem „offenen" Kunstbegriff sowie zu der Ansicht, die einem ausschließlich formalen Kunstverständnis folgte. Sowohl der formale als auch der zeichentheoretische Kunstbegriff knüpfen nicht bei der Tätigkeit des Künstlers an, sondern orientieren sich am künstlerischen Werk.

---

165 BVerfGE 30, 173 (188 ff).
166 Kunst ist erst dann frei, wenn auch ihre Verbreitung frei ist, BVerfGE 30, 173 (189). Müller, Freiheit der Kunst als Problem der Grundrechtsdogmatik, 1969, S. 97f; Henschel, NJW 1990, 1937 (1942). Einfachgesetzlich wurde dies sehr anschaulich im KunstHG NRW umgesetzt. Dort heißt es in § 4 Abs. 1 S. 1: „Die Freiheit der Kunstausübung umfasst die Herstellung, Verbreitung und Darbietung des Kunstwerks".

Nach dem formalen Kunstbegriff ist Kunst im Sinne des Art. 5 Abs. 3 GG zu bejahen, wenn bei formaler, typologischer Betrachtung die Gattungsanforderungen eines bestimmten Werktyps erfüllt sind.[167] Währenddessen geht der zeichentheoretische Ansatz davon aus, dass der Darstellung im Wege einer fortgesetzten Interpretation immer weiter reichende Bedeutungen zu entnehmen sind. Damit ergebe sich praktisch eine unerschöpfliche, vielstufige Informationsvermittlung.[168]

Das Bundesverfassungsgericht reagierte auf die Kritik und ergänzte den materialen Begriff der *Mephisto*-Entscheidung um den „formal-typologischen" und den „zeichentheoretischen" Ansatz. In seiner Entscheidung zum *Anachronistischen Zug* aus dem Jahre 1984[169] subsumierte das Bundesverfassungsgericht den zu entscheidenden Sachverhalt unter alle drei Definitionsansätze und ließ im Ergebnis offen, welchen es für vorzugswürdig erachtet. Die Kombination aller drei genannten Ansätze ermöglicht es, im Einzelfall zu entscheiden, ob der Schutzbereich der Kunstfreiheit berührt ist. Dabei lässt das Bundesverfassungsgericht ebenfalls erkennen, dass es grundsätzlich jede dieser Definitionen als ausreichend ansieht.[170]

Wie die Wissenschaftsfreiheit ist die Kunstfreiheit durch einen Entwicklungsprozess, der Übergang vom Werkbereich in den Wirkbereich, gekennzeichnet. Vom Schutzbereich ist nicht nur die sowohl die „Präsentation", sondern auch die „Produktion" künstlerischen Schaffens erfasst.[171] Die Kunst als einheitlicher Handlungs- und Entwicklungsablauf, der häufig fließende Übergang von Werk- und Wirkbereich, führt dazu, dass eine Auftrennung und unterschiedliche Einordnung der Entwicklungsstadien nicht immer möglich ist.

Ob der Schutzbereich eröffnet ist, ist vom Rechtsanwender durch Auslegung im Einzelfall zu ermitteln, ohne dass der Kunstbegriff normativ verengt wird. Als Auslegungshilfen können dabei sowohl das Selbstverständnis des Künstlers als auch die Einschätzung eines kunstgewandten Dritten herangezogen werden. Bei

---

167 Zur formal, typologischer Betrachtung im Sinne des formalen Kunstbegriffs vgl. insbesondere F. Müller, Freiheit der Kunst als Problem der Grundrechtsdogmatik, 1969, S. 41 f. und Knies, Schranken der Kunstfreiheit als verfassungsrechtliches Problem, 1967, S. 219.
168 V. Noorden, Die Freiheit der Kunst nach dem Grundgesetz, 1969, S. 82 ff; Zöbeley, NJW 1985, 254 (255).
169 BVerfGE 67, 213 ff. = NStZ 1985, 211 ff. Die Rechtsprechung im Überblick bei Karpen/Hofer, JZ 1992, 951 ff; Karpen/Nohe, JA 2001, 801 ff.
170 Geis, Kulturstaat, S. 245.
171 Pernice, in: Dreier, GG-Kommentar, Art. 5 Abs. 3 GG, RN 14.

der Auslegung einfachgesetzlicher Tatbestandsmerkmale dienen die verschiedenen Zwecke der gesetzlichen Regelungen zudem als eine erste Orientierung.

III. Besonders relevante Abgrenzungsfragen

Neben den typischen Fallgruppen künstlerischen Schaffens gibt es problematische und für den Verlauf dieser Untersuchung relevante Abgrenzungsfragen, auf die einzugehen ist. Relevant wird die Abgrenzung von Kunst und Nicht-Kunst etwa bei der Frage, ob eine genehmigungsfreie künstlerische Tätigkeit vorliegt oder ob die Nebentätigkeit im öffentlichen Dienst aufgrund ihres künstlerischen Charakters besonders zu privilegieren ist.

1. Kunsthandwerk

Besondere Schwierigkeiten ergeben sich bei der Abgrenzung zum Kunsthandwerk. Nicht jede handwerkliche Tätigkeit mit künstlerischem Bezug,[172] kann auch als Kunst im verfassungsrechtlichen Sinne bezeichnet werden.

Künstlerische und handwerkliche Tätigkeit sind keine Gegensätze. Einer erfolgreichen Kunstausübung liegen die erforderlichen handwerklichen Fähigkeiten meist zu Grunde.[173] Der fließende Übergang macht eine Differenzierung problematisch, obgleich die Abgrenzung zur reinen Handwerkstätigkeit in der Praxis besonders für die Einordnung entscheidend ist, ob der Handelnde ein zulassungspflichtiges Handwerk betreibt, das in die Handwerksrolle einzutragen ist.[174]

Ihr ist ein objektivierbarer Maßstab zugrunde zu legen. Auf die subjektive Sicht des Handelnden kann es gleichfalls nicht entscheidend ankommen.[175] Wenngleich die starre rechnerische Gewichtung von Maß und Anzahl der künstlerischen und handwerklichen Elemente eines Gesamtwerkes nicht zu befriedigenden Ergebnissen führen kann,[176] kommt dem Umfang der künstlerischen

---

172 Zum Begriff des „Kunsthandwerks", vgl. Rüth, GewArch 1995, 363 f.
173 Daher wird für die Aufnahme von Studenten an einer Kunstakademie teilweise auch eine zuvor abgelegte handwerkliche Ausbildung oder zumindest ein Praktikum von nicht unerheblicher Dauer verlangt.
174 Vergleiche § 1 Abs. 2 i.V.m. § 6 HandwO. Dazu Roemer-Blum, GewArch 1986, 9 ff; Böttger, GewArch 1986, 14 ff; Sternberg, WiVerw 1986, 130 (132). Zu den anderen Auswirkungen der Einordnung, Rüth, GewArch 1995, 363 f.
175 Dagegen Böttger, GewArch 1986, 14 (15 f.) mit Widerspruch zu Roemer-Blum, GewArch. 1986, 9 ff; Rüth, GewArch. 1995, 363 (365).
176 Roemer-Blum, GewArch 1986, 9 ff; Rüth, GewArch. 1995, 363 (365).

Elemente eine bedeutende Rolle zu. Zusätzlich können Anhaltspunkte, die mit dem Kunstwerk in keinem unmittelbaren Zusammenhang stehen, in ihrer Gesamtschau relevant sein. Für das Vorliegen einer künstlerischen Arbeit können eine künstlerische Ausbildung, die Mitgliedschaft in einer Künstlervereinigung oder erhaltene Auszeichnungen für bisherige künstlerische Tätigkeiten sprechen.[177] Wichtigster Anknüpfungspunkt ist gleichwohl, dass es das Werk Ausdruck der Persönlichkeit des Kunstschöpfenden ist. Der bloße Schaffensprozess, der sich in einem funktional-dekorativen Massenprodukt erschöpft und daher von jedem hätte erbracht werden können, unterliegt nicht dem Schutz des Art. 5 Abs. 3 GG.[178]

2. Gewerbliche Tätigkeit

Nach allgemeiner Meinung ist die wirtschaftliche Verwertung des Kunstwerks auch nicht vom Schutzbereich der Kunstfreiheit erfasst. Soweit der Künstler das Werk kommerziell verwertet, steht ihm der Schutz der Grundrechte aus Art. 12 Abs. 1 GG und Art. 14 Abs. 1 GG zu. Art. 14 Abs. 1 GG tritt aber hinter Art. 5 Abs. 3 GG zurück, soweit nicht allein die wirtschaftliche Verwertung des Kunstwerks im Vordergrund steht. Art. 12 Abs. 1 GG und Art. 14 Abs. 1 GG konkurrieren mit der Kunstfreiheit aber insoweit „ideal", als dass der vorausgehende Schöpfungsakt des Kunstwerks selbstverständlich den Schutz des Art. 5 Abs. 3 GG genießt.[179]

3. Engagierte Kunst

Ein weiterer Sonderfall ist der der engagierten Kunst, also der Kunst, die ihrerseits eine bestimmte Meinung oder geistige Wertung transportiert bzw. ihr künstlerischen Ausdruck verleiht. Ihr Betrachter soll sich für gesellschaftliche Fragen öffnen.

---

177 So Rüth, GewArch. 1995, 363 (365 f.). Sternberg, WiVerw. 1986, 130 (132 f.), der unter anderem auf die Ausbildung an einer Kunstakademie als Abgrenzungsmerkmal abstellt.
178 Dazu Semdner, PersV 1981, 305 (307); Rüth, GewArch. 1995, 363 (364); Roemer-Blum, GewArch 1986, 9 (10 ff); Böttger, GewArch 1986, 14 ff; ähnlich auch Sternberg, WiVerw. 1986, 130 (133).
179 BVerfGE 30, 173 (200); 31, 229 (239 f.); 49, 382 (392); 71, 162 (176); BFH U. v. 04.11.2004 – IV R 63/02.; v. Becker, GRUR 2001, 1101 (1104 f.); Pernice, in: Dreier, GG-Kommentar, Art. 5 Abs. 3 GG, RN 50. Scholz, in: Maunz/Dürig, GG, Art. 5 Abs. 3 GG, RN 18, 51. Für das Urheberrecht BVerfGE 31, 229 (238 f.); Henschel, NJW 1990, 1937 (1943). Vgl. dazu auch Kap. 4. IV 1 c) aa).

In der *Mephisto*-Entscheidung bezeichnet das Bundesverfassungsgericht die Kunstfreiheit nicht nur als ein Aliud zur Meinungsfreiheit, sondern betrachtet sie als lex-specialis zu Art. 5 Abs. 1 GG. Diese Einordnung wurde durch die Rechtsprechung zum „Anachronistischen Zug" nochmals bestätigt. Nach zutreffender Ansicht des Gerichts könne an der Betroffenheit des Schutzbereichs der Kunstfreiheit auch eine politische Absicht nichts ändern. Verbindliche Regeln und Wertungen für die künstlerische Tätigkeit dürfen ebenfalls dort nicht aufgestellt werden, wo sich der Künstler mit aktuellem Geschehen auseinandersetzt. Der Bereich der „engagierten Kunst" ist von der Freiheitsgarantie daher nicht ausgenommen. Die künstlerische Vermittlung von Überzeugungen ist sowohl im politischen als auch im weltanschaulichen oder wirtschaftlichen Bereich durchaus möglich.[180]

Dieser Rechtsprechung hat sich die Literatur weit überwiegend angeschlossen. Die Möglichkeit, dass politische Satire und Karikaturarbeiten Kunst im Sinne des Art. 5 Abs. 3 GG sein können, ist mittlerweile allgemein anerkannt.[181] Durch die Nutzung des Mediums Kunst für die Kommunikation einer Weltanschauung geht weder der Charakter noch der Rang des verfassungsrechtlich geschützten Werks verloren. Maßgebend ist stets und allein die künstlerische Ausdrucksform bzw. die künstlerisch gestaltete Sinnvermittlung. Die Kunstfreiheit gewährleistet nicht nur die „l'art pour l'art", sondern auch diejenige Kunst, die sich „in den Dienst einer bestimmten geistigen Überzeugung stellt".[182]

---

180 Grundlegend: RGSt 62, 183; BVerfGE 30, 173 (191); 67, 213 (227 f.); 75, 369 (377); 81, 278 (291 f.); BGHZ 24, 55 (65).
181 Jeweils mit weiteren Nachweisen Scholz, in: Maunz/Dürig, Grundgesetz, Art. 5 Abs. 3, RN 32; Ott, Kunst und Staat, 1986, S. 101; Schneider, Die Freiheit der Baukunst, 2002, S. 144.; Pernice, in: Dreier, GG-Kommentar, Art. 5 Abs. 3 GG, RN 24; Würtenberger, NJW 1982, 610 ff; ders., NJW 1983, 1114 ff. Zu beachten ist aber, dass nicht jede Satire Kunst ist, vgl. Herzog, in: Maunz/Dürig, Grundgesetz, Art. 5 Abs. 1, 2, RN 80d; Isensee, AfP 1993, 619 (623); Heinz, AfP 1999, 332 ff; Vink, LMK 2004, 50.
182 Heckel, Staat, Kirche, Kunst, S. 87 f.; Ridder, Freiheit der Kunst nach dem Grundgesetz 1963, S. 18; Scholz, in: Maunz/Dürig, Grundgesetz, Art. 5 Abs. 3, RN 30; RN 71 f.; Schneider, Die Freiheit der Baukunst, 2002, S. 40 ff.

4. Kapitel – Das Nebentätigkeitsrecht der Hochschullehrer

Den Hauptgegenstand dieser Untersuchung bildet das Nebentätigkeitsrecht der Hochschullehrer[183] an Kunsthochschulen. Dieses ist als ein Teilaspekt des primär auf die Bedürfnisse von wissenschaftlich tätig werdenden Hochschullehrern zugeschnittenen Hochschullehrernebentätigkeitsrechts anzusehen.

Allein das Recht über die Nebentätigkeiten von Hochschullehrern, nicht aber das des übrigen wissenschaftlichen oder künstlerischen Personals, wird im weiteren Verlauf dieser Untersuchung Berücksichtigung finden.[184] Der Begriff des „Hochschullehrers" entspricht dem des sog. „materiellen Hochschullehrerbegriffs".[185] Den Beruf kennzeichnet dabei traditionell die Eigenverantwortlichkeit der Aufgabenwahrnehmung bei der Ausübung von Kunst, Forschung und Lehre.

Weber konstatierte bereits 1965, dass es sich bei dem Hochschullehrernebentätigkeitsrecht um eine unüberschaubare Gemengelage verschiedener, ineinandergreifender Rechtsmaterien handelt.[186] Trotz verschiedener Novellierungen der Beamten- und Hochschulgesetze,[187] in deren Zuge das Nebentätigkeitsrecht der Hochschullehrer hätte übersichtlicher gestaltet werden können, kam es zu keiner einheitlichen Regelung dieser Rechtsmaterie. Die Vorschriften der Landesbeamtengesetze bilden weiterhin den Kernbestandteil des Hochschullehrernebentätigkeitsrechts. Diese beamtenrechtlichen Regelungen werden durch die Hochschulgesetze, durch die Hochschullehrernebentätigkeitsverordnungen und die dazugehörigen Verwaltungsvorschriften modifiziert oder ergänzt.

---

183 Zur terminologischen Ungenauigkeit, vgl. Jansen, Nebentätigkeit im Beamtenrecht, 1983, S. 141 f.

184 Von den folgenden Ausführungen werden nicht diejenigen Professoren erfasst, die ausschließlich an Fachhochschulen tätig sind und denen keine eigenständige Vertretung eines wissenschaftlichen oder künstlerischen Fachs in Forschung und Lehre übertragen wurde, BVerfG v. 13.4.2010 – 1 BvR 216/07. Hinsichtlich des Nebentätigkeitsrechts des übrigen wissenschaftlichen und künstlerischen Hochschulpersonals sei daher auf die Darstellungen bei Post, Das Post, Nebentätigkeitsrecht NRWS. 15 ff. und Dietrich, Nebentätigkeitsrecht B-W, S. 15 ff. verwiesen.

185 BVerfGE 35, 79 (126 f.). Zu der uneinheitlichen Begriffsverwendung Waldeyer, NVwZ 2008, 266 m.w.N.

186 Weber, Die Rechtsstellung des deutschen Hochschullehrers, 1965, S. 26.

187 Zu den Entwicklungen und Novellierungen Geis, § 52 HRG, in: HRG-Kommentar, RN 2 f. m.w.N.

I. Die grundrechtlich bedingte Sonderstellung des Hochschullehrers

1. Betroffene Verfassungsnormen

Die Ausübung von Nebentätigkeiten fällt nicht nur unter den Schutzbereich der Berufsfreiheit oder der allgemeinen Handlungsfreiheit, sondern gegebenenfalls zugleich unter den des Art. 5 Abs. 3 GG.

Die Gewährleistung von Kunst, Forschung und Lehre erstreckt sich auf wissenschaftliche und künstlerische Nebentätigkeiten gleichermaßen. Damit verleiht sie dem verbeamteten Hochschullehrer gegenüber den sonstigen Beamten eine „herausgehobene Position".[188]

Da zu den Dienstaufgaben die Ausübung der grundrechtlichen Freiheit zählt, sind aufgrund des schrankenlos gewährleisteten Art. 5 Abs. 3 GG jedoch nicht nur künstlerische oder wissenschaftliche Nebentätigkeiten, sondern sämtliche Bereiche des Dienstrechts unter dem Aspekt der grundrechtlichen Stellung zu betrachten. Mit seiner Stellung als Beamter unterliegt der Hochschullehrer zur Erhaltung der Funktionsfähigkeit des öffentlichen Dienstes gleichwohl dienstrechtlichen Bindungen. In seiner Person kollidieren somit zwei Grundentscheidungen des Gesetzgebers. Einerseits wird der funktionsfähige, sich an freiheitlich-demokratischen Grundsätzen orientierenden Beamtenkörper garantiert. Andererseits gelten die individuellen Freiheitsrechte".[189] Art. 33 Abs. 5 GG kann als kollidierendes Verfassungsrecht zur Begrenzung der grundrechtlichen Freiheit herangezogen werden. Deren Beschränkung ist indes nur insoweit zulässig, wie es nach dem Sinn und Zweck des konkreten Dienst- und Treueverhältnisses erforderlich ist.

2. Der Hochschullehrer als Staatsdiener und Grundrechtsträger

Die Doppelstellung des Hochschullehrers zwischen seiner grundrechtlich geschützten Position einerseits und seiner dienstlichen Stellung andererseits ist regelmäßig Gegenstand des wissenschaftlichen Diskurses.[190]

Wie jeder Beamte ist er dienstrechtlichen Bindungen unterworfen. Gleichzeitig hat der Hochschullehrer aber nicht nur die Pflicht, sondern überdies ein durch Art. 5 Abs. 3 GG gewährleistetes Recht, sein Fach in Kunst, Forschung und

---

188 BVerfGE 35, 79 (125).
189 BVerwGE 39, 334 (336).
190 BVerwGE 60, 200 (206); Weber, Die Rechtsstellung des deutschen Hochschullehrers, 1965, S. 11 ff; Waldeyer, § 49 HRG, RN 5 ff. m.w.N.; Bäcker, AöR 135 (2010), 78 ff; Gerber, MittHV 1965, 198 ff.

Lehre zu vertreten.[191] Zwar mag die Forschung oder die Kunstpflege der Hochschule als Aufgabe zugewiesen sein. Letztlich ist es aber allein der Hochschullehrer, der die der Hochschule nur abstrakt zugewiesenen Aufgaben konkret verwirklicht.[192] Nachdem der grundrechtliche Einfluss die hauptamtliche Tätigkeit entscheidend prägt, nimmt der Hochschullehrer unter den Beamten eine Sonderrolle ein.

Die Grundfrage, die nicht nur für das Verständnis der dienstrechtlichen Stellung im Allgemeinen, sondern auch für die konkrete Umschreibung von Inhalt und Grenzen des Hauptamtes eine entscheidende Rolle spielt, ist, ob sich die besondere Grundrechtsnähe des Hochschullehrers konstitutiv aus der Übertragung des Amtes ergibt oder ob die originäre Ausgestaltung des Amtes bereits grundrechtsgeleitet ist. Entscheidend ist folglich, ob es sich bei dem Hochschullehrer um einen „geborenen" oder um einen „gekorenen" Grundrechtsträger handelt.[193]

Als wegweisend gilt die Ansicht von *Hufen*, der davon ausgeht, dass die Wissenschaftsfreiheit der Beamtenstellung vorausgeht und nicht erst durch das Beamtenverhältnis begründet wird.[194] Der Hochschullehrer sei als „geborener" Grundrechtsträger anzusehen. Er sei primär Grundrechtsträger und erst sekundär *verbeamteter* Wissenschaftler bzw. Künstler. Jede organisatorisch-dienstrechtliche Ausgestaltung des Professorenstatus führe daher unweigerlich zu einer rechtfertigungsbedürftigen Einschränkung individueller Freiheit.

Dem tritt die „Theorie vom Funktionsgrundrecht" – maßgeblich vertreten von *Hailbronner* – entgegen. Seiner Ansicht nach ergibt sich die grundrechtliche Freiheit des Hochschullehrers erst dadurch, dass er Aufgaben im Forschungs- und Lehrbetrieb der Hochschule wahrnimmt. Der Grundrechtsschutz wird letztlich zur Wahrnehmung staatlicher Aufgaben gewährt, weshalb mit

---

191 Mallmann/Strauch, Dokumente zur Hochschulreform, 1970, S. 14; Zacher, Hochschulrecht und Verfassung, 1973, S. 39 f.; zustimmend Scholz, in: Maunz/Dürig, Grundgesetz, Art. 5 Abs. 3 GG, RN 173.
192 Siehe dazu Hufen, WissR 22 (1989), 17 (27); ders., MittHV 1985, 288 (290).
193 Walter, WissR 25 (1992), 247; Scheven mit Antwort auf Hufen, MittHV 1986, 75 (78 f.); Battis/Grigoleit, Leistungsdifferenzierender Besoldung, S. 30; Lehrich, Professorenbesoldung, 2006, S. 422 ff; Koch, Leistungsorientierte Professorenbesoldung, 2010, S. 87 f.
194 Hufen, MittHV 1985, 288 (289 f.); ders., Die Freiheit der Kunst an staatlichen Institutionen, 1982, S. 266.

der Aufgabenübertragung die funktionsbezogene (und eben nicht nur eine subjektiv-individuelle) Wissenschafts- und Kunstfreiheit berührt werde.[195]

Da die Verbeamtung des Hochschullehrers gerade dem Schutz der Wissenschafts- und Kunstfreiheit dient,[196] indem sie eine unabhängige Forschung bzw. Kunstausübung erst ermöglicht, spricht vieles dafür, die dienstrechtliche Stellung des Hochschullehrers nicht nur als Einschränkung grundrechtlicher Freiheit zu verstehen. Hochschullehrer werden um der Wissenschaft und der Kunst willen an die staatlichen Hochschulen berufen. Obgleich den Hochschullehrern für die Legitimation der Hochschulen eine herausgehobene Stellung zukommt, bedeutet die Zuweisung der grundrechtlich geschützten Aufgabenstellung nicht, dass damit nur die individuelle Grundrechtsausübung erfasst wäre. Ohne unabhängig forschende bzw. künstlerisch tätig werdende Professoren hätte die Hochschule nach heutigem Verständnis keine hinreichende Existenzberechtigung mehr, da gerade die Einheit von unabhängiger Forschung, Kunstausübung und Lehre das Fundament der deutschen Hochschullandschaft bildet.

Die grundrechtsadäquate Ausgestaltung des Hochschullehrerdienstrechts ist konsequente Folge zur Garantie der Funktionsfähigkeit und Legitimation des Instituts der staatlichen Hochschule selbst.[197]

Nach dem Bundesverfassungsgericht schließt die Wertentscheidung für das Einstehen des Staates, der sich als Kulturstaat versteht, für die Idee einer freien Wissenschaft und Kunst und seiner Mitwirkung an ihrer Verwirklichung die Verpflichtung mit ein, sein Handeln positiv danach auszurichten. Er muss schützend und fördernd einer Aushöhlung dieser Freiheitsgarantie vorbeugen.[198] Aufgrund der Ausstrahlungswirkung der Grundrechte hat das Dienstrecht somit die selbstständige, eigenverantwortliche und unabhängige Wahrnehmung der

---

195 Hailbronner, Die Freiheit der Forschung und Lehre als Funktionsgrundrecht, 1979, S. 118 ff; ders., WissR 13 (1980), 217. Zustimmend Scheven, MittHV 1986, 75 (79).
196 Die Berufung des Hochschullehrers zum Beamten auf Lebenszeit wurde lange als notwendiges Korrelat seiner sachlichen Unabhängigkeit gesehen. Dazu Lynen, Kunsthochschulen, in: HRG-Kommentar, RN 58; BVerwGE 61, 200 (206). Dem kann nicht zugestimmt werden, da aus der Wissenschaftsfreiheit selbst kein unmittelbarer Anspruch auf eine Lebenszeitverbeamtung abgeleitet werden kann. So auch Battis/Grigoleit, Zulässigkeit und Grenzen der Ausbringung von Professorenämtern auf Zeit, Rechtsgutachten, 1996, S. 31 ff. Der objektiver Schutzgehalt des Art. 5 Abs. 3 GG kann sich aber auf das Beurteilungsverfahren bei der anstehenden Verlängerung einer Professur auswirken, Geis, in: FS Fürst, S. 134; Löwisch/Wertheimer/Zimmermann, WissR 34 (2001), 28 (41 ff).
197 So auch Detmer, in: FS Schiedermair, S. 612.
198 BVerfGE 35, 79 (113).

grundrechtlichen Freiheit zu gewährleisten.[199] Gleichzeitig ist bei der Auslegung dienstrechtlicher Fragestellungen zu berücksichtigen, dass der Hochschullehrer sich aus eigenem Antrieb für den Eintritt in den Staatsdienst entschieden und sich damit „sehenden Auges" den dienstrechtlichen Bindungen unterworfen hat. Für die Erfüllung der den Hochschulen obliegenden Aufgaben ist es essentiell, dass die individuelle Freiheit des Hochschullehrers nicht auf Kosten der Funktionsfähigkeit der Institution Hochschule oder der Grundrechte anderer überspannt wird. Nur so kann garantiert werden, dass beispielsweise der berechtigte Anspruch der Studierenden auf eine angemessene Ausbildung[200] nicht beeinträchtigt wird. Daher hat der Staat im Bereich des eingerichteten und unterhaltenen Kunst- und Wissenschaftsbetriebes durch geeignete organisatorische Maßnahmen dafür zu sorgen, dass das Grundrecht der freien wissenschaftlichen bzw. künstlerischen Betätigung nur insoweit unangetastet bleibt, wie es unter Berücksichtigung anderer legitimer dienstlicher Interessen und der Grundrechte Dritter möglich ist. Daraus ergibt sich, dass auch im Bereich der Teilhabe am öffentlichen Wissenschaftsbetrieb jedenfalls der oben umschriebene Kernbereich wissenschaftlicher Betätigung grundsätzlich der Selbstbestimmung des einzelnen Grundrechtsträgers vorbehalten bleiben muss. Das Bundesverfassungsgericht sieht insoweit das Individualrecht aus Art. 5 Abs. 3 GG durch den Eintritt in die Korporation der Hochschule als nicht verändert an.[201]

Aufgrund dieses dualen Verständnisses des Hochschullehrers als Grundrechtsträger einerseits und Staatsdiener andererseits kann eine völlige Herauslösung aus den dienstrechtlichen Bindungen ebenso wenig überzeugen, wie eine zu weit gehende Einbettung in das allgemeine Dienstrecht.[202] Grundrechtliche

---

199 Ähnlich Battis/Grigoleit, Zulässigkeit und Grenzen der Ausbringung von Professorenämtern auf Zeit, S. 26 ff.

200 Ob aus Art. 5 Abs. 3 S. 1 GG auch eine Lernfreiheit der Studenten herzuleiten ist, die mit der Wissenschafts- und Kunstfreiheit der Hochschullehrer in praktische Konkordanz zu bringen ist, ist fraglich. Richtigerweise dürfte hier „lediglich" Art. 12 Abs. 1 GG berührt sein. Dazu Hufen, Rechtsfragen der Lehrevaluation, 1995, S. 27; Kaufhold, Die Lehrfreiheit – ein verlorenes Grundrecht?, 2006, S. 201 ff; Pernice, in: Dreier, GG-Kommentar, Art. 5, RN 33.

201 BVerfGE 35, 79 (114); Walter, WissR 25 (1992), 246 ff; Thieme, Hochschulrecht, 2004, RN 107 ist der Ansicht, dass sich aufgrund der Wissenschaftsfreiheit bei fast allen Fragen der Amtsausführung Abweichungen vom allgemeinen Beamtenrecht ergeben, so dass dieses in seinen Kernvorschriften für den Hochschullehrer nicht brauchbar sei. Zustimmend Krüger, MittHV 1991, 322.

202 Für den Bereich der Kunsthochschulen vgl. Lynen, Kunsthochschulen, in: HRG-Kommentar, RN 52.

Freiheit und dienstrechtliche Stellung sind im Fall des Hochschullehrers keine Gegensätze. Vielmehr bedingen sie einander.

Es kann daher festgehalten werden, dass Konsequenz dieses Spannungsverhältnisses ist, dass sich aufgrund der Wertentscheidung, der Art. 5 Abs. 3 GG zugrunde liegt, ein Recht auf Teilhabe des Hochschullehrers ergibt. Durch geeignete organisatorische Maßnahmen ist dafür Sorge zu tragen, dass die Grundrechtsausübung möglich bleibt. Sobald zudem der geschützte Kernbereich des Grundrechts betroffen ist, erweist sich die Kunst- und Wissenschaftsfreiheit als „dienstrechtsfest".[203] Ansonsten bestimmt sich sein dienstrechtlicher Status durch das Beamtenrecht und durch die nach Art. 33 Abs. 5 GG garantierten Grundsätze.[204]

3. Auswirkungen der Doppelstellung auf das Nebentätigkeitsrecht

Aufgrund der soeben dargestellten Doppelstellung des Hochschullehrers nimmt das Hochschullehrernebentätigkeitsrecht gleichfalls eine Sonderstellung ein.

Das Bundesverfassungsgericht erkennt dies gleichfalls an:[205]

> „Mag auch die Ausübung von Nebentätigkeiten traditionell zu den gerade den Hochschullehrern eingeräumten Befugnissen gehören, so gibt es doch keinen durch Art. 33 Abs. 5 GG verbürgten Grundsatz, dass Hochschullehrer Nebentätigkeiten völlig uneingeschränkt ausüben dürfen, (…)."

Den Beruf des Hochschullehrers kennzeichnet die Selbstständigkeit in der Aufgabenwahrnehmung bei der Ausübung von Kunst, Forschung und Lehre. Mit dieser Aufgabenstellung ist oftmals auch die Kooperation mit der außeruniversitären Praxis notwendigerweise verbunden. Der damit einhergehende Freiheitsgebrauch, der die hauptamtliche wissenschaftliche oder künstlerische Tätigkeit des Hochschullehrers durch die praktische Ausübung von Nebentätigkeiten ergänzt, ist mittlerweile als hergebrachter Grundsatz des Berufsbeamtentums anerkannt.[206]

Während das Nebentätigkeitsrecht der sonstigen Beamten vor allem als Instrument zur Sicherung des Rechtsstaats und der Gesetzmäßigkeit der Verwaltung

---

203 So auch Köttgen, Die Grundrechte, Band 2, S. 314.
204 BVerfGE 3, 58 (151); BVerwGE 37, 265 (269); 61, 200 (206).
205 BVerfG, B. v. 27.3.1981 – 2 BvR 1472/80, S. 18.
206 Ossenbühl/Cornils, Nebentätigkeit und Grundrechtsschutz, 1999, S. 42 f.; Jansen, Nebentätigkeit im Beamtenrecht, 1983, S. 147 f.; Leuze, WissR 35 (2002), 342 (349).

dient,[207] sind diese Zielrichtungen auf das Nebentätigkeitsrecht der Hochschullehrer nur eingeschränkt übertragbar. Grund ist, dass sich künstlerische und wissenschaftliche Nebentätigkeiten nicht zwingend negativ auf die dienstlichen Pflichten auswirken.[208] Vielmehr ist für den Kunst- und Wissenschaftsbereich charakteristisch, dass sich die Erfüllung der Dienstaufgaben und die Ausübung von Nebentätigkeiten nicht diametral entgegenstehen, sondern sich gegenseitig befruchten können.

Besonders hervorzuheben ist, dass Theorie und Praxis in vielen Fällen nur so effektiv verbunden werden können. Die Wettbewerbsfähigkeit von staatlichen Hochschulen zu anderen öffentlichen und privaten Institutionen hängt entscheidend von der „Praxistauglichkeit" wissenschaftlicher oder künstlerischer Professorentätigkeiten ab. Zur Stärkung des gesamten Kultur- und Wissenschaftsstandortes Deutschland ist es unabdingbar, dass die Hochschulen ihren Beitrag dazu leisten.

Mit der Einführung der leistungsorientierten, weit flexibler handhabbaren W-Besoldung hat der Gesetzgeber versucht die Leistungsanreize mindernden Organisations- und Forschungsstrukturen aufzubrechen. Damit wurde auch das begrüßenswerte Ziel verfolgt, den Hochschullehrer zu motivieren, verstärkt mit der Wirtschaft zusammenzuarbeiten und Drittmittel einzuwerben. Dadurch wird der Staatshaushalt nicht nur finanziell entlastet, sondern sogar eine gewinnbringende Verknüpfung von Theorie und Privatwirtschaft erreicht. Der Erfolg des Hochschullehrers wird in Zukunft verstärkt daran zu messen sein, ob es ihm gelingt, seine akademischen Kenntnisse mit praxisrelevanter Anwendung zu kombinieren. Bis sich dauerhafte Kooperationen mit der Wirtschaft gebildet haben, wird der allseits gewünschte Praxisbezug aber weiterhin verbreitet durch die Ausübung von (mit dem Makel der potentiellen Gefährdung dienstlicher Interessen behafteten) Nebentätigkeiten gewährleistet werden müssen.

Gegen eine zu weit gehende Einschränkung wissenschaftlicher oder künstlerischer Entfaltungsfreiheit durch das Nebentätigkeitsrecht spricht zudem, dass die nationale und internationale Wettbewerbsfähigkeit der Hochschulen zu anderen staatlichen oder gar privaten Institutionen gestärkt werden muss.[209] Eine zu rigide Handhabung würde die dringend erforderliche Zusammenarbeit

---

207 Siehe bereits oben III 2.). sowie BVerfG, DVBl. 2007, 1396 (1398); BVerfGE 55, 207 (288 f.).
208 Empfehlung der Kultusministerkonferenz zur Vereinheitlichung des Nebentätigkeitsrechts im Hochschulbereich der Länder vom 31.1.1981 i.d. F. vom 4.12.1992.
209 Geis, § 52 HRG, in: HRG-Kommentar, RN 5. Zur neuen Ausrichtung der Hochschulen, vgl. Lindner/Störle, BayVBl. 2006, 584 ff.

zwischen Wirtschaft und Hochschule beeinträchtigen. Dies ist im Hinblick auf die fortschreitende wettbewerbsorientierte Ausrichtung der Universitäten und natürlich auch der Kunsthochschulen jedoch nicht mehr zeitgemäß. Gewinnt beispielsweise die Ansicht Oberhand, dass ein Professor der Künste lediglich ein „besserer Kunstlehrer" sei, verkommt die Kunsthochschule als Institution.[210]

Der mangelnde Praxisbezug kann auch nicht im Sinne der Studierenden sein. Besonders an Kunsthochschulen, die sich durch die enge und persönliche Zusammenarbeit der Lehrenden und Lernenden auszeichnen, ergeben sich durch die geknüpften Kontakte des Hochschullehrers in die Privatwirtschaft immer wieder Möglichkeiten, die den Absolventen den Berufseinstieg oder das spätere berufliche Fortkommen erleichtern.

Auch unter dem Gesichtspunkt des Wettstreits um qualifiziertes Hochschulpersonal[211] wird eine hochschullehrerfreundliche Ausgestaltung des Nebentätigkeitsrechts, das unter anderem auch die Wahrnehmung finanziell lukrativer Nebentätigkeiten ermöglicht, gefordert. Will man herausragende Wissenschaftler oder Künstler für den Eintritt in den Staatsdienst gewinnen, müsse man im Gegenzug entsprechende Anreize schaffen.

Hinzukommend darf nicht verkannt werden, dass die wissenschaftliche und – noch evidenter – die künstlerische Leistung von der Anerkennung in der Fachöffentlichkeit abhängig ist. Wissenschaftler und Künstler sind besonders darauf angewiesen, sich außerhalb der Hochschule immer wieder neu unter Beweis zu stellen. Der fachöffentliche Diskurs ist essentiell für ihr weiteres berufliches Fortkommen. Da ein wesentlicher Bestandteil der Grundrechtsausübung die Öffentlichkeitswirkung (also der „Wirkbereich") ist, wird Art. 5 Abs. 3 GG auch als Kommunikationsgrundrecht eingeordnet.[212] Wird der Hochschullehrer in der Fachöffentlichkeit, sei es durch seine hauptamtliche Tätigkeit oder durch die Ausübung einer Nebentätigkeit, als Koryphäe auf seinem Gebiet wahrgenommen, ist dies nicht nur für den Professor persönlich von Vorteil. Vielmehr fördert seine Bekanntheit unweigerlich auch das Renommee der Hochschule.

Zusammenfassend betrachtet, ist das Amt des Hochschullehrers nicht nur unter dem Blickwinkel des Beamtenrechts zu sehen, sondern insbesondere unter dem Aspekt seiner individuellen Stellung als Grundrechtsträger. Aufgrund seiner Sonderstellung ist dem verbeamteten Hochschullehrer so viel grundrechtliche

---

210 Lynen, Kunsthochschulen, in: HRG-Kommentar, RN 52.
211 Zum „Werbungseffekt", vgl. Schneider/Schumacher, MittHV 1979, 48 (49).
212 BVerfGE 77, 240 (251) = NJW 1988, 325 ff. m. Anm. Würkner, NStZ 1988, 124.

Freiheit wie möglich zu gewährleisten.[213] Die künstlerische und wissenschaftliche Eigengesetzlichkeit macht eine flexible Handhabung des Hochschullehrernebentätigkeitsrechts geradezu erforderlich. Die privilegierte Wahrnehmung von Nebentätigkeiten gehört daher zumindest in dieser Sonderkonstellation zu den hergebrachten Grundsätzen des Berufsbeamtentums i. S. d. Art. 33 Abs. 5 GG. Die „Freizügigkeit in Nebentätigkeiten" ist eine traditionelle Besonderheit.[214]

II. Die Abgrenzung von Hauptamt und Nebentätigkeit

1. Problemaufriss

a) Relevanz der Abgrenzung

Ausgangspunkt der Betrachtung muss die Frage sein, ob eine Tätigkeit als Dienstaufgabe oder als Nebentätigkeit durchgeführt wird.

Nebentätigkeiten können bereits begrifflich kein Teil der hauptamtlichen Aufgaben sein. Mit dieser zunächst trivial erscheinenden Feststellung gehen in der Praxis indes erhebliche Abgrenzungsprobleme einher, zumal die Differenzierung zwischen Nebentätigkeit und Dienstaufgabe systementscheidend ist:

Diese Abgrenzung erlangt aufgrund des sog. „Splitting-Verbots", welches dem Beamten versagt, ein und dieselbe Tätigkeit sowohl im Hauptamt als auch in Nebentätigkeit auszuüben, an erheblicher Bedeutung.[215] Andernfalls könnte

---

213 Schwandt, ZBR 1985, 141 (142) m.w.N. Diese Privilegierungen stoßen aber immer wieder auf Ablehnung, da unterstellt wird, dass die Hochschullehrer unter Berufung auf ihre grundrechtliche Freiheit ihre hauptamtlichen Aufgaben zugunsten der Wahrnehmung von Nebentätigkeiten vernachlässigen würden. „Hochschullehrer haben eine sehr große Autonomie bei gleichzeitig sehr geringen Kontrollen, d.h. sie können diese Freiräume individuell gestalten. Sie können die Erfüllung ihrer Pflichten auf ein Mindestmaß reduzieren, ohne dass dies zu Einkommenseinbußen führt. Sie können diesen Freiraum zum ‚Faulenzen' nutzen oder in dieser Zeit ihr Gehalt durch Nebentätigkeiten vervielfachen", Caspari, Kontrolle und Leistungsprämien: Effizienzsteigerungen oder negative Auslese und Effizienzverlust? Einige institutionenökonomische Anmerkungen zur Dienstrechtsreform an den Hochschulen, (2000), TU Darmstadt Discussion Papers in Economics, Nr. 105.
214 Weber, Die Rechtstellung des deutschen Hochschullehrers, 1965, S. 9 f.; Ossenbühl/Cornils, Nebentätigkeit und Grundrechtsschutz, 1999, S. 42 f.; Geis, § 52 HRG, in: HRG-Kommentar, RN 1; Blümel/Scheven, HbdWissR, S. 444. Anders im sonstigen Beamtenrecht, BVerfGE 44, 249 (263); Günther, DÖD 1988, 78 (79). A.A. BVerfGE 60, 254 (256).
215 Lux-Wesener/Kamp, in: Hartmer/Detmer, RN 58; Allert, MittHV 1985, 157 (158); Püttner/Mittag, Hemmnisse der Kooperation zwischen Hochschule und Wirtschaft,

ein Hochschullehrer eine Tätigkeit hauptamtlich ausführen, wenn er die Ressourcen der Hochschule kostenlos in Anspruch nehmen will, und gleichzeitig eine nicht der Ablieferungspflicht unterliegende Vergütung erhalten, indem er den für ihn vorteilhaften Teil der Tätigkeit als Nebentätigkeit deklariert. Durch das Splitting-Verbot soll verhindert werden, dass dem Dienstherrn die Nachteile und (Investitions-) Kosten einer Tätigkeit aufgebürdet werden, während der Hochschullehrer die „Rosinen" für sich behalten kann.

Neben dem Splitting-Verbot hat die Einordnung als Nebentätigkeit aber weitere erhebliche Konsequenzen:

- Es gelten für Nebentätigkeiten grundsätzlich Genehmigungs- oder Anzeigepflichten.
- Die Inanspruchnahme von Einrichtungen, Personal und Material des Dienstherrn ist grundsätzlich genehmigungspflichtig. Zudem besteht unter Umständen die Verpflichtung, für die Inanspruchnahme ein Nutzungsentgelt zu entrichten.
- Außerdem wird für die Ausübung einer Nebentätigkeit für den öffentlichen Dienst generell keine Vergütung gewährt. Liegt davon eine Ausnahme vor, ist an eine mögliche Vergütungshöchstgrenze und an eine damit verbundene Ablieferungspflicht zu denken.

b) Begriffsbestimmung des allgemeinen Beamtenrechts als Ausgangspunkt

Die Grundsystematik der Hochschulnebentätigkeitsverordnungen der Länder folgt dem Aufbau des Nebentätigkeitsrechts für die sonstigen Beamten. Sofern keine speziellen Regelungen in den Hochschullehrernebentätigkeitsverordnungen getroffen wurden, kann auf die allgemeinen beamtenrechtlichen Vorschriften zurückgegriffen werden. Diese sind aber stets unter dem Blickwinkel der grundrechtlich bedingten Sonderstellung des Hochschullehrers zu betrachten und auszulegen.

Die Zuordnung einer bestimmten Tätigkeit als Dienstaufgabe oder als Nebentätigkeit fällt, trotz der zumindest im Bundesrecht eingeführten Legaldefinition des § 97 BBG,[216] auch im allgemeinen Beamtenrecht bisweilen schwer.[217] Danach

---

1989, S. 194 ff; Dietrich, Nebentätigkeitsrecht B-W, S. 31 f.; Post, Nebentätigkeitsrecht NRW, S. 14 f.
216 Vgl. § 2 BayHSchLNV; § 1 Abs. 3 HNtVO Berl § 2 Abs. 2–4 HNtVO Saarland; § 2 Abs. 2 HNVO LSA.
217 Zum Ganzen Geis, in: Fürst, GKÖD, L § 97, RN 1 ff. Für die Hochschullehrer, ders., L § 100, RN 61 ff.

versteht man unter einer Nebentätigkeit die Wahrnehmung eines Nebenamtes oder die Ausübung einer Nebenbeschäftigung. Ein Nebenamt ist ein nicht zu einem Hauptamt gehörender Kreis von Aufgaben, der aufgrund eines öffentlich-rechtlichen Dienst- oder Amtsverhältnisses wahrgenommen wird. Eine Nebenbeschäftigung ist dagegen jede sonstige nicht zu einem Hauptamt gehörende Tätigkeit innerhalb oder außerhalb des öffentlichen Dienstes. Negativ betrachtet bedeutet dies, dass jede Tätigkeit eine Nebentätigkeit sein kann, die nicht zum Hauptamt gezählt werden kann.

Die Bestimmung des Hauptamtes, und damit des Amtes im konkret-funktionellen Sinne, bereitet bereits im allgemeinen Beamtenrecht erhebliche Schwierigkeiten, da eine abschließende gesetzliche Definition nicht existiert. Das Amt im funktionellen Sinne steht dem im statusrechtlichen Sinne gegenüber. Ersteres charakterisiert die Dienstaufgaben des Beamten näher. Von dem Amt im abstrakt-funktionellen Sinne kann gesprochen werden, wenn dem Beamten ein bestimmtes statusrechtliches Amt bei einer konkreten Behörde übertragen werden soll. Das Amt im konkret-funktionellen Sinne bezeichnet hingegen die dem einzelnen Beamten übertragene Dienstaufgabe und damit seinen konkreten Dienstposten.[218] Die Abgrenzung ist im allgemeinen Beamtenrecht aber nicht zwingend erforderlich, da es zur Personal- und Organisationsgewalt des Dienstherrn gehört, den Aufgabenkreis des Beamten festzulegen.[219] Der konkrete Inhalt des Amtes erschließt sich aus dem Kreis der dem Beamten auferlegten Pflichten.[220]

Kennzeichnend für den Inhalt des Hauptamtes im *allgemeinen* Beamtenrecht ist daher, dass es

- kraft Organisationsgewalt und Personalhoheit nur durch den Dienstherrn definiert wird,
- der Beamte aufgrund der Gehorsamspflicht den Weisungen des Vorgesetzten Folge zu leisten hat,
- die allgemeine Dienstpflicht im Sinne eines Pflichtenstatus konkretisiert wird und

---

218 Zur Abgrenzung des Amts im statusrechtlichen und funktionalen Sinne ausführlich Ossenbühl, HdStR 2007, § 110, RN 85 f. m.w.N.
219 Hufen, MittHV 1985, 288.
220 Der Beamte habe daher kein Recht am Amt. Kritisch BVerfGE 8, 332 (344); 43, 242 (282); BVerwGE 60, 140 (150); BVerwG, ZBR 1975, 228; Lecheler, HdbStR, 1988, § 72, RN 62; Scheven, HdbWissR, S. 364.

– der Beamte keine subjektive Berechtigung hinsichtlich der konkret zugewiesenen Aufgaben, also kein Recht am Amt, innehat.[221]

Aufgrund der Ausstrahlungswirkung der Kunstfreiheit auf das Dienstrecht der Hochschullehrer können diese Definitionsmerkmale allerdings nur eingeschränkt für verbeamtete Hochschullehrer herangezogen werden. Die Bestimmung des Hauptamts erfolgt dort vielmehr anhand einer Vielzahl von Abgrenzungskriterien und Normen, die verfassungskonform auszulegen sind.

c) Übertragungsmöglichkeit auf das Nebentätigkeitsrecht der Hochschullehrer

Eines dieser Abgrenzungskriterien sind selbstverständlich die Dienstaufgaben des Hochschullehrers. Aufgrund der Eigengesetzlichkeit der Kunst ist es aber weitaus schwieriger, diese, und damit den Umfang des Hauptamts, festzulegen, als es im allgemeinen Beamtenrecht der Fall ist. Im Gegensatz zu den sonstigen Beamten besitzt der Hochschullehrer zudem eine sehr weit gehende Unabhängigkeit bei der Ausübung seines Berufs. Auch dies trägt dazu bei, dass es an Rechtsklarheit mangelt.

Ein inhaltliches Weisungsrecht ist aufgrund der grundrechtlich verbürgten Kunst- und Wissenschaftsfreiheit grundsätzlich ausgeschlossen. Der Diensthherr kann den konkreten Inhalt der Dienstaufgaben daher nicht vollumfänglich einseitig definieren.[222] Umgekehrt kann aber auch der Hochschullehrer Art und Umfang seines Amtes im funktionellen Sinne nicht eigenmächtig bestimmen. Schließlich hat der Staat ihm mit der Amtsübertragung bestimmte Aufgaben in Forschung, künstlerischer Tätigkeit und Lehre zugewiesen, die nicht zur freien Disposition des Hochschullehrers stehen. Eine umfassende Autonomie des Professors bei der Aufgabenbestimmung wäre weder im Sinne der gewünschten Rechtsklarheit noch ist es mit dem Umstand vereinbar, dass die Autonomie des Hochschullehrers immer ihre Grenzen in der der anderen Grundrechtsträger findet. Zur Konfliktvermeidung ist daher eine ausreichende Funktionsbestimmung zwingend erforderlich.[223]

---

221 Nach Rohrmann, Die Abgrenzung von Hauptamt und Nebentätigkeit, 1988, S. 32; Hufen, MittHV 1985, 288 (290 f.).
222 BVerwGE 61, 200 (206); BVerfGE 57, 70 (94 f.); Thieme, Deutsches Hochschulrecht, 2004, RN 117. Abweichungen sind möglich, soweit der Universität Aufgaben der Krankenversorgung übertragen sind, BVerfGE 57, 70 (97 f.); Rohrmann, Die Abgrenzung von Hauptamt und Nebentätigkeit, 1988, S. 34.
223 Scheven, MittHV 1986, 75 (76 f.).

Der Übergang zwischen Hauptamt und Nebentätigkeit ist zudem fließend, weil die Kunst – wie auch die Wissenschaft – ein Kommunikationsprozess ist, der gerade auf die Vermittlung nach außen gerichtet ist. Sie darf nicht auf den Kreationsvorgang reduziert werden.[224] Es gehört zum Wesen der Kunstfreiheit, dass der Künstler die Öffentlichkeit sucht und sich ihr stellt.[225] Mehr noch als im Wissenschaftsbereich ist die erfolgreiche künstlerische Tätigkeit auf die Kommunikation mit der Umwelt und auf deren Reaktion angewiesen. Das Ergebnis künstlerischen Schaffens ist nicht empirisch messbar. Es kann insbesondere nicht in die Kategorien von richtig oder falsch, wie etwa ein naturwissenschaftliches Ergebnis, eingeordnet werden. Daher kommt es auf die subjektiven Eindrücke des Publikums bzw. des Betrachters verstärkt an. Die aktive Kunstausübung ist zur Weiterentwicklung des künstlerischen Profils des Hochschullehrers unerlässlich und ein wesentlicher Bestandteil der Aufgabenstellung an die Kunsthochschulen.[226]

Der Blick auf die Berufungspraxis spiegelt dieses Ergebnis wider: Der künstlerische Professorennachwuchs wird nicht allein aus den Mitgliedern der Kunsthochschulen rekrutiert, sondern auch aus dem hochschulexternen Bereich. Künstler werden nur als Dozenten berufen, wenn sie sich in der Praxis verdient und bekannt gemacht haben. Sie sollen mit der Berufung an die Kunsthochschule eine zusätzliche Ehrung erfahren.[227]

Diesem wünschenswerten Praxisbezug der Hochschullehrer wird beispielsweise im Kunsthochschulgesetz Nordrhein-Westfalens Rechnung getragen. In § 29 KunstHG NRW werden die Einstellungsvoraussetzungen für eine nichtwissenschaftliche Stelle eines Kunsthochschullehrers näher konkretisiert:

Danach muss der Kandidat zunächst ein abgeschlossenes Hochschulstudium vorweisen. Diese Anforderung beweist, dass auch die Kunsthochschulen eine fortschreitende Akademisierung erfahren haben und aufgrund des Erfordernisses eines abgeschlossenen Hochschulstudiums ihre Hochschullehrer zukünftig vermehrt aus den eigenen Reihen rekrutieren werden. Zwar ist es möglich, dass von dem Erfordernis eines Studiums in Ausnahmefällen abgesehen werden kann. Tatsächlich nimmt der Anteil von Autodidakten, die an die Hochschule als Professoren berufen werden, aber stetig ab.[228]

---

224 Bethge, in: Sachs, GG-Kommentar, Art. 5 GG, RN 188.
225 Geis, § 52 HRG, in: HRG-Kommentar, RN 47 f.
226 Scheven, MittHV 1986, 75 (78).
227 So auch Lynen, KunstHG, in: Leuze/Epping, HG NRW, § 3 RN 6.
228 Die „fortschreitende Akademisierung und Institutionalisierung" der Künstlerausbildung wird zunehmend kritisch beurteilt, Lynen, KunstHG, in: Leuze/Epping, HG NRW, § 3, RN 6.

Neben dem akademischen Nachweis werden dem Kandidaten oder der Kandidatin auch eine pädagogische Eignung sowie herausragende fachliche Leistungen abverlangt. Der Nachweis von außergewöhnlichen künstlerischen Leistungen wird grundsätzlich durch die Werke während einer fünfjährigen, aktiven, künstlerischen Tätigkeit in der Privatwirtschaft erbracht. Von den fünf Praxisjahren müssen mindestens drei Jahre außerhalb der Hochschule ausgeübt werden, vgl. § 29 Abs. 1 Nr. 3 KunstHG NRW. Nur für den Fall, dass der Künstler einem Mitbewerber in seinen fachlichen Leistungen überlegen ist, sind Ausnahmen von dieser Regel zulässig. Diese gesetzliche Regelung ist als positiv zu bewerten, da die akademischen Ansprüche mit denen der Praxis kombiniert werden und damit die allseits gewünschte Verbindung zur privaten Kunstszene bestehen bleibt. So wird verhindert, dass sich die Kunsthochschulen zu einer abgeschotteten, realitätsfernen Welt entwickeln. Sie müssen selbst mit den Herausforderungen des freien Kunstmarktes konfrontiert werden. Nur so können sie ihre Studierenden auch angemessen auf die praktischen Bedürfnisse vorbereiten.[229]

Durch die künstlerische Tätigkeit außerhalb der Hochschule wird der zukünftige Hochschullehrer darüber hinaus angeregt, neuen Gedanken und Ideen nachzugehen. Dies kann für die Qualität der Lehre nur förderlich sein, denn die zukunftsorientierte Weiterentwicklung künstlerischer Fertigkeiten ist von existentieller Bedeutung für die Sache Kunst. Diese versucht stets über ihre eigenen Grenzen hinweg zu gehen. Die Zeit außerhalb des Hochschulbetriebes führt dazu, dass neue Ideen und Ausdrucksformen in die Kunsthochschulen hineingetragen, dort weiterentwickelt und an die zukünftige Generation von Nachwuchskünstlern weitergegeben werden können. Der fortdauernde Kontakt zur privaten Kunstszene ist daher sowohl für die Hochschule als auch für die Lehrenden und Lernenden von enormer Bedeutung.

Häufiger als in der Wissenschaft üblich, werden Kunsthochschullehrer vor ihrer Rekrutierung als Hochschullehrer also auf ihre „Praxistauglichkeit" hin überprüft. Demgegenüber zeichnet sich der „normale" wissenschaftliche Nachwuchs durch eine frühzeitige Einbindung in die universitären Strukturen aus. Mit einer Promotion oder Habilitation gehen meist Beschäftigungsverhältnisse im akademischen Mittelbau einher. Einen breiten künstlerischen Mittelbau gibt es an den Kunsthochschulen dagegen grundsätzlich nicht, da die Erfüllung ihrer Primäraufgaben (namentlich die Lehre und Kunstausübung) besonders

---

229 Zur Genieklausel ausführlich Lynen, KunstHG, in: Leuze/Epping, HG NRW, § 29, RN 4.

„professorenorientiert" ist.[230] Im Bereich der Wissenschaft kann somit genau das umgekehrte Phänomen beobachtet werden. Hier befindet sich der Wissenschaftler vermehrt von Beginn seiner wissenschaftlichen Karriere an im „Elfenbeinturm" und versucht teilweise erst später daraus auszubrechen und Erfahrungen außerhalb der Hochschule zu sammeln. Das fachliche Renommee, das zur Berufung als Kunsthochschullehrer erforderlich ist, wird daher grundsätzlich nicht (nur) innerhalb der Hochschule erworben.[231]

Zusammenfassend lässt sich daher festhalten, dass aufgrund der selbstständigen Aufgabenwahrnehmung und der höchstpersönlichen Natur künstlerischen Schaffens, z.B. des Einzelunterrichts in musischen Fächern, die Kunsthochschulen von der Gruppe der Professoren stark geprägt werden.[232] Bei der Wahrnehmung seiner Dienstaufgaben ist dem Hochschullehrer wegen seiner grundrechtlich bedingten Sonderstellung ein großer Handlungsspielraum zuzugestehen.

Da der Reputation des Hochschullehrers eine maßgebliche Bedeutung zukommt, üben die meisten Kunsthochschulprofessoren auch nach ihrer Berufung an die Hochschule „Kunst als Beruf" weiter aus, weshalb die Ausübung künstlerischer Nebentätigkeiten außerhalb der Hochschule weit verbreitet ist. Die Fülle an künstlerischen Tätigkeiten, wie Konzertreisen, öffentliche Ausstellungen oder Bühnendarbietungen, und die Tatsache, dass die aktive Kunstausübung meist außerhalb des Hochschulorts wahrgenommen wird, führt zu Abgrenzungsschwierigkeiten zwischen hauptamtlicher Aufgabenerfüllung und dem Nebentätigkeitsrecht.

2. Die Bestimmung der Dienstaufgaben des Kunsthochschullehrers

Obwohl die Übertragung der Definitionsansätze[233] des allgemeinen Beamtenrechts auf den Hochschullehrer aufgrund dessen grundrechtlich bedingter Sonderstellung nicht in Betracht kommt, ist die Bestimmung des Inhalts der Dienstaufgaben von entscheidender Bedeutung. Die auf die sonstigen Beamten anzuwendenden Grundsätze gelten allerdings auch subsidiär für das Amt des Hochschullehrers.

---

230 Lynen, KunstHG, in: Leuze/Epping, HG NRW, § 3, RN 6.
231 § 29 KunstHG NRW. Vgl. Lynen, Kunsthochschulen, in: HRG-Kommentar, RN 51.
232 Lynen, Kunsthochschulen, in: HRG-Kommentar, RN 51.
233 Ein zusammenfassender Überblick findet sich etwa bei Rohrmann, Die Abgrenzung von Hauptamt und Nebentätigkeit, 1988, S. 23 ff.

Unter dem Hauptamt ist zunächst das konkrete Amt, also der speziell übertragene Aufgabenkreis, zu verstehen.[234] Die Dienstaufgaben werden vom Staat durch Gesetz generell bestimmt und durch die Vereinbarungen von Hochschule, Staat und Hochschullehrer näher konkretisiert.

Eine erste Einordnung der ausgeübten Tätigkeit als Dienstaufgabe oder als Nebentätigkeit erfolgt zunächst nach ihrem Sachzusammenhang. Jede Beschäftigung, die für die Forschungs-, Kunstausübungs-, und Lehrtätigkeit im vertretenen Fach unerlässlich ist, ist grundsätzlich dem Hauptamt zuzuordnen.[235]

Wesentlich ist jedenfalls die Feststellung, dass die Abgrenzung zwischen Dienstaufgabe und Nebentätigkeit nicht auf den Ort und die Zeit der Ausübung der Tätigkeit abgestellt werden kann. Der Hochschullehrer ist zum einen nicht an feste Dienstzeiten gebunden und zum anderen ist es nicht ungewöhnlich, dass er auch außerhalb der Mauern der Hochschule „Feldforschung" betreibt. Dies gilt selbstverständlich primär für die forschenden Hochschullehrer. Aber auch Kunsthochschullehrer werden häufig außerhalb der eigenen Hochschule (etwa bei Konzerten oder bei Ausstellungen) tätig. Auch bei solchen hochschulexternen Tätigkeiten kann es sich um hauptamtliche Aufgaben handeln.

a) Grundlegende Aufgabenzuweisung

Die Präzisierung der Dienstaufgaben erfolgt grundsätzlich anhand dreier Faktoren, nämlich den Aufgaben der Hochschule, dem Fach des jeweiligen Hochschullehrers sowie anhand der näheren Ausgestaltung des Dienstverhältnisses.

Zu deren Bestimmung sind neben den landesrechtlichen Vorschriften die Funktionsbeschreibung der Stelle und die Berufungsvereinbarungen[236] heranzuziehen.

---

234 Geis, § 52, in: HRG-Kommentar, RN 20.
235 Scheven, MittHV 1986, 75 (77).
236 Diese wird als öffentlich-rechtlicher Vertrag qualifiziert. Rohrmann, Die Abgrenzung von Hauptamt und Nebentätigkeit, 1988, S. 35. Thieme, in: HRG-Kommentar, § 3 HRG, RN 143 ff.

In den ähnlich ausgestalteten Landes(Hochschul-)gesetzen werden die Aufgaben der Hochschule[237] und die der Hochschullehrer[238] weiter konkretisiert. So heißt es etwa in § 46 LHG Baden-Württemberg:

(1) Die Hochschullehrer nehmen die ihrer Hochschule jeweils nach § 2 obliegenden Aufgaben in Wissenschaft und Kunst, künstlerischen Entwicklungsvorhaben, Forschung, Lehre und Weiterbildung in ihren Fächern nach näherer Ausgestaltung ihres Dienstverhältnisses selbstständig wahr. (…)
(3) Bei der *Funktionsbeschreibung* von Planstellen für Professuren ist eine angemessene Breite der zu betreuenden Fächer vorzusehen. Die *Festlegung der Dienstaufgaben* steht unter dem Vorbehalt einer Überprüfung in angemessenen Abständen. Die Entscheidung über die Funktionsbeschreibung der Stelle oder deren Änderung sowie über die Festlegung der Dienstaufgaben trifft das Wissenschaftsministerium auf Antrag der Hochschule. Die jeweilige Fakultät oder Fachgruppe und der Betroffene sind vorher zu hören (…).[239]

Aus § 2 LHG B-W ergeben sich beispielhaft die Aufgaben der Hochschulen:

(1) Die Hochschulen dienen entsprechend ihrer Aufgabenstellung der *Pflege und der Entwicklung der Wissenschaften und der Künste durch Forschung, Lehre, Studium und Weiterbildung in einem freiheitlichen, demokratischen und sozialen Rechtsstaat. Die Hochschulen bereiten auf berufliche Tätigkeiten vor, welche die Anwendung wissenschaftlicher Erkenntnisse und wissenschaftlicher Methoden oder die Fähigkeit zu künstlerischer Gestaltung erfordern.* Hierzu tragen die Hochschulen entsprechend ihrer besonderen Aufgabenstellung wie folgt bei:
1. Den Universitäten obliegt in der *Verbindung von Forschung, Lehre, Studium und Weiterbildung die Pflege und Entwicklung der Wissenschaften*; (…)
3. den Kunsthochschulen obliegen vor allem die *Pflege der Künste* auf den Gebieten der Musik, der darstellenden und der bildenden Kunst, die *Entwicklung künstlerischer Formen und Ausdrucksmittel und die Vermittlung künstlerischer Kenntnisse und Fähigkeiten.* Sie bereiten insbesondere auf kulturbezogene und künstlerische Berufe sowie auf diejenigen kunstpädagogischen Berufe vor, deren Ausübung besondere künstlerische Fähigkeiten erfordert. Im Rahmen dieser Aufgaben betreiben sie Forschung; (…)[240]

---

237 Entsprechend Art. 2 BayHSchG, § 4 BerlHG; § 3 BbgHG; § 4 BremHG; § 46 HmbHG, § 3 f. HHG, § 3 LHG M-V; § 3 NBG Nds; § 3 HG NRW; § 2 HSchG Rh-Pf; § 5 SächsHSG; § 3 HSG LSA; § 3 HSG S-H; § 5 ThürHG.
238 Vgl. Art. 9 BayHSchPG; § 99 BerlHG; § 40 BbgHG; § 16 BremHG; § 12 HmbHG; § 70 HHG; § 57 LHG M-V; § 24 NHG; § 35 HG NRW; § 48 HochSchG; § 67 SächsHSG; § 34 HSG LSA; § 60 HSG; § 76 ThürHG.
239 Herv. d. Verf.
240 Herv. d. Verf.

Die sehr abstrakt gefasste Aufgabenstellung der Hochschulen kann somit als ein erster Rahmen zur Festlegung des Umfangs der Dienstaufgaben herangezogen werden.

Eine weitere Begrenzung des Hauptamtes stellt die Funktionsbeschreibung der Stelle dar.

Die (änderbare) Funktionsbeschreibung der Stelle beschränkt sich aber auf die nähere Eingrenzung des Fachs. Sie erlaubt lediglich eine grundsätzliche Differenzierung zwischen den verschiedenen Fachbereichen, etwa zwischen „Bildhauerei" und „Bühnenbild". Der konkrete Aufgabenkreis geht aus ihr grundsätzlich nicht hervor. Einen zusätzlichen Rahmen bilden daher die in der Berufungsvereinbarung getroffenen Konkretisierungen. Aufgrund ihres konkret-individuell ausgehandelten Inhalts ist sie eine maßgebliche Entscheidungshilfe bei der Abgrenzung zwischen Dienstaufgabe und Nebentätigkeit.

aa) Grenze der Konkretisierung durch Art. 5 Abs. 3 GG

Wenngleich die konkrete Ausgestaltung des Aufgabenumfangs in der Berufungsvereinbarung die Abgrenzung der Dienstaufgaben erheblich erleichtern kann, ist der praktische Nutzen einer sehr weitgehenden Konkretisierung fraglich. Dies ist auf die auch an den Kunsthochschulen zu betonende Selbstständigkeit der Aufgabenwahrnehmung durch den Hochschullehrer zurückzuführen. Diese ist für den Kunsthochschullehrer ebenso das wesentliche Merkmal seines Status wie sie es für den Hochschullehrer an einer Universität ist.[241] Der Professor darf das Thema, die Formensprache und den Gegenstand seiner künstlerischen Tätigkeit (im Rahmen des von ihm vertretenen Fachs) selbst festlegen.

Der Ausübung künstlerischer Tätigkeiten ist es aber immanent, dass es sich um einen schwer fassbaren, da sich wandelnden Entwicklungsprozess handelt, so dass die zukünftige künstlerische Ausrichtung des Hochschullehrers bisweilen schwer vorhersehbar ist. Anders als im allgemeinen Beamtenrecht haben die Streitigkeiten zwischen Dienstherr und Hochschullehrer zudem grundsätzlich auch eine andere Zielrichtung:

Während im allgemeinen Beamtenrecht häufig die Übernahme zusätzlicher Aufgaben abgewehrt werden soll, besteht im Hochschulrecht primär die Besorgnis, dass Inhalt und Grenzen des Hauptamtes unzulässig verengt werden. Aufgrund der künstlerischen Eigengesetzlichkeit sind sowohl die Fortentwicklung und Pflege künstlerischer Techniken als auch die Entwicklung der

---

241 Epping in: Leuze/Epping, HG NRW, § 1 RN 4.

Künstlerpersönlichkeit bei dem Abschluss der Berufungsvereinbarungen zunächst nicht absehbar. Da es Ziel der künstlerischen Tätigkeit ist, bestehende Grenzen zu überschreiten und sich immer wieder neu zu erfinden, muss auch die Zuwendung zu einem neuen Tätigkeitsbereich von den Dienstaufgaben grundsätzlich gedeckt sein, solange sich dieser noch innerhalb der Funktionsbeschreibung der Stelle befindet. Zunächst ist nachvollziehbar, dass ein Künstler, der etwa als Hochschullehrer für bildende Kunst an die Kunsthochschule berufen wurde, sein Aufgabenfeld nicht ohne weiteres auf die darstellende Kunst ausweiten kann. Die grundrechtlich gewährte Freiheitsgarantie des Art. 5 Abs. 3 GG muss unter Umständen aber fachliche Grenzüberschreitungen zulassen,[242] wenn an der Kunsthochschule auch neue, innovative Ideen verfolgt werden sollen. Die Kombinationsmöglichkeiten verschiedener künstlerischer Aufgabenfelder sind so mannigfalt wie die Kunst selbst. Das interdisziplinäre Zusammenwirken verschiedener Kunstarten eröffnet die Möglichkeit, die Grenzen der Kunst neu zu definieren. Diese sind „um der Kunst willen" sogar allgemein als begrüßenswert zu bezeichnen. Daher kann im konkreten Fall auch die Vereinigung verschiedener Fachrichtungen, die außerhalb des zunächst festgelegten Fachbereichs des Hochschullehrers liegen, von der Kunstfreiheit gedeckt und damit dem Hauptamt zuzuordnen sein.

Um die Fortentwicklung des künstlerisch tätig werdenden Hochschullehrers zu garantieren und innovative Ideen zuzulassen, ist aufgrund der grundrechtlich verbürgten Freiheit des Künstlers eine möglichst flexible Ausgestaltung der Dienstaufgaben zudem wünschenswert. Ihre exakte Festlegung ist in den Berufungsvereinbarungen daher unüblich.[243] Zu groß ist die Gefahr, dass durch eine zu weit gehende Präzisierung der Dienstaufgaben künstlerische Tätigkeiten in nicht mehr zulässiger Weise dem Hauptamt entzogen und als Privatangelegenheiten und damit als Nebentätigkeiten angesehen werden.

Die fälschliche Einordnung einer hauptamtlichen Tätigkeit als Nebentätigkeit stellt einen Eingriff in Art. 5 Abs. 3 GG dar, da es für den Hochschullehrer nicht gleichgültig sein kann, ob die ausgeübte Tätigkeit als anerkannte, schützenswerte Dienstaufgabe oder als „missbrauchsverdächtige" Privatsache angesehen wird.[244]

---

242 Primär zu den wissenschaftlichen Fächern, Hufen, MittHV 1985, 288 (290 ff).
243 Rohrmann, Die Abgrenzung von Hauptamt und Nebentätigkeit, 1988, S. 78 f; Hufen, MittHV 1985, 288 (290).
244 Hufen, MittHV 1985, 288 (290).

bb) Nachträgliche Veränderung der Dienstaufgaben durch den Dienstherrn

Daneben stellt sich die Frage, inwieweit eine einseitige Veränderung der Dienstaufgaben möglich ist. In den meisten Hochschulgesetzen steht die Festlegung der dienstlichen Aufgaben eines Hochschullehrers unter einem Überprüfungs- und Änderungsvorbehalt, der sich primär auf die Funktionsbeschreibung der jeweiligen Stelle erstreckt.[245]

Verfassungsrechtlich unbedenklich ist es, wenn die Überprüfung und Änderung der Aufgabenstellung von dem Hochschullehrer beantragt wurde. Diese Möglichkeit sieht etwa das Hochschulgesetz von Sachsen-Anhalt ausdrücklich vor.[246] Ein Eingriff in die Kunstfreiheit liegt bei einer freiwilligen Aufgabenänderung nicht vor. Vielmehr hat die Änderungsmöglichkeit den positiven Effekt, dass die fachübergreifende Flexibilität gewahrt bleibt und neue Einfälle gefördert werden können. Zudem führt die einvernehmliche Änderung der Dienstaufgaben auch zur Rechtssicherheit, da so die ausdrückliche Zuordnung einer Tätigkeit zum Hauptamt oder als Nebentätigkeit möglich ist.

Problematisch ist allerdings, wenn der Aufgabenkreis des Hochschullehrers einseitig, also ohne seine Zustimmung, verändert werden soll. Dies kann durch eine – aus organisatorischen Gründen erforderliche – Änderung der Funktionsbeschreibung der Stelle oder der Berufungsvereinbarung erfolgen.

Hierbei besteht zum einen die Besorgnis, dass einseitig Bereiche aus dem Aufgabenkreis des Hauptamtes ausgegliedert und als Nebentätigkeiten eingeordnet werden, oder umgekehrt, dass Tätigkeiten, die in den Berufungsvereinbarungen als Nebentätigkeiten bezeichnet wurden, nun als hauptamtliche Tätigkeit deklariert werden. Zum anderen kann die Übertragung neuer Aufgabenbereiche zu einer Überlastung des Hochschullehrers führen, mit der Folge, dass ihm die Ausübung seiner bisherigen Dienstaufgaben nicht mehr in einem angemessenen Umfang möglich ist. Dies kann jeweils für sich einen ungerechtfertigten Eingriff in den Schutzbereich der Kunstfreiheit darstellen.

Nach dem allgemeinen Beamtenrecht hat der Beamte kein Recht auf die unveränderte Ausübung des ihm übertragenen konkret-funktionalen Amtes. Eine

---

245 Eine inhaltliche Präzisierung des Überprüfungsvorbehalts findet sich etwa in § 16 Abs. 5 S. 2 BremH. Danach steht die Festlegung der dienstlichen Aufgaben eines Hochschullehrers unter dem Vorbehalt einer Überprüfung in Abständen von in der Regel fünf Jahren. Gemäß § 16 Abs. 5 S. 3 BremHG wird eine Änderung der dienstlichen Aufgaben entsprechend den Erfordernissen der Hochschulentwicklung und Wissenschaftsplanung auf Antrag der Hochschule vorgenommen. Vgl. Waldeyer, NVwZ 2008, 266 (267); Reich, HRG, 2002, § 43, RN 11.
246 Vgl. hierzu VGH Kassel, NVwZ-RR 2000, 223.

Änderung seiner dienstlichen Aufgaben hat er deshalb grundsätzlich hinzunehmen. Demgegenüber hat der Hochschullehrer ein durch Art. 5 Abs. 3 GG geschütztes Recht *am* Amt,[247] weshalb die Änderung seines wissenschaftlichen oder künstlerischen Aufgabenbereichs einen Eingriff in den Schutzbereich des Art. 5 Abs. 3 GG bedingen kann.[248]

Die Wissenschafts- und Kunstfreiheit stellt eine verfassungsrechtlich auferlegte Schranke des Änderungsvorbehaltes dar, so dass die fachliche Veränderung der Dienstaufgaben nur in Betracht kommt, wenn es dem Schutz der Grundrechte anderer oder wichtiger Gemeinschaftsinteressen dient.

Da Berufungsvereinbarungen seit jeher die beamtenrechtliche und besoldungsrechtliche Einordung, die sonstigen Bezüge, die Ausstattung des Lehrstuhls und den Umfang der Amtspflichten regeln, gehören sie aber auch zu den wesentlichen Einrichtungen des deutschen Hochschulwesens.[249] Sie genießen allerdings nur eingeschränkten Bestandsschutz.[250] Dies ergibt sich aus den gesetzlichen Regelungen, wie etwa aus der des § 46 Abs. 3 S. 2 LHG B-W. Zudem handelt es sich bei ihnen um Zusagen oder um öffentlich-rechtliche Verträge. Daher ist über § 60 VwVfG (bzw. über die entsprechenden landesrechtlichen Regelungen) die Vertragsanpassung oder die Kündigung grundsätzlich möglich. Die Möglichkeit, eine in der Berufungsvereinbarung als Nebentätigkeit festgelegte Tätigkeit einseitig zum Hauptamt „zu befördern" und umgekehrt eine Hauptaufgabe zur Nebentätigkeit zu degradieren, widerspricht aber dem Sinn und Zweck der Berufungsvereinbarung. Sie wäre sinnentleert, wenn eine einseitige Abänderung ohne zwingende Notwendigkeit möglich wäre.[251]

Der Gesetzgeber hat die getroffenen Vereinbarungen damit grundsätzlich zu respektieren. Nur aus sachlich gebotenen Gründen ist es möglich, sich über

---

247 Vgl. bereits Kap. 4 II 1 b). Nach BVerfGE 43, 242 (282) hat der Professor kein Recht am Amt. Diese Feststellung bezieht sich jedoch nur auf die organisatorischen Bedingungen für Forschung und Lehre, nicht aber auf den Inhalt seiner wissenschaftlichen Tätigkeit. Hinsichtlich des Kernbereichs der wissenschaftlichen oder künstlerischen Tätigkeit hat der Hochschullehrer ein „Recht am Amt" im konkret-funktionellen Sinne. So auch Hufen, MittHV 1985, 288 (290); ders., WissR 22 (1989), 16 (26); Rohrmann, Die Abgrenzung von Hauptamt und Nebentätigkeit, 1988, S. 34, 40; Waldeyer, NVwZ 2008, 266 (269); Scheven, HdbWissR, S. 364.
248 Dallinger, in: Dallinger, HRG, 1978, § 43 Rdnr. 18; Reich, Bay. HochschullehrerG, 2000, Art. 9 RN 15.
249 BVerfGE 43, 242 (277 f.).
250 Zur mangelnden Bestandskraft der Berufungsvereinbarungen vgl. BVerwG Beschluss v. 17.08.2009, 6 – B 9/09 mit Anmerkung Bier, jurisPR-BVerwG 19/2009, Anm. 3.
251 Geis, § 52 HRG, in: HRG-Kommentar, RN 23.

die rechtsverbindliche Vereinbarung mit dem Hochschullehrer hinwegzusetzen. Dabei ist es indes erforderlich, dass sich die Ziele, die sich im Rahmen der gesetzgeberischen Gestaltungsfreiheit halten, nur auf diese Weise verwirklichen lassen.[252] Beispielhaft seien hier Veränderungen des Aufgabenkreises zur Verhinderung von Kapazitätsengpässen in der Lehre genannt. Auch die Neuorganisation der akademischen Selbstverwaltung kann eine Aufgabenänderung als notwendig erscheinen lassen.

Aus der grundrechtlich bedingten Sonderstellung des Hochschullehrers ergibt sich folglich, dass sich die Aufgabenänderung grundsätzlich auf unwesentliche Veränderungen zu beschränken hat, so dass der Kernbereich der künstlerischen Tätigkeit unangetastet bleibt. Dies ist etwa bei Änderungen über den Umfang der Prüfungsberechtigung oder von Abreden über Nebentätigkeiten der Fall, solange nicht ohne Zustimmung des Hochschullehrers eine Veränderung des Lehr- und Forschungsgebiets bzw. des Kunstausübungsgebiets vorgenommen wird.[253] Die Überprüfung und Änderung der dienstlichen Aufgaben kann nicht zu einer gänzlichen Veränderung des Fachgebiets des Hochschullehrers führen, da sonst ein unzulässiger Eingriff in Art. 5 Abs. 3 S. 1 GG vorliegen würde.

cc) Begriffsbestimmung des Aufgabenkreises der Kunsthochschullehrer

Der Aufgabenkreis der Kunsthochschulen unterscheidet sich signifikant von dem der Universitäten. Gemäß § 2 Abs. 1 Nr. 3 LHG B-W[254] obliegt ihnen die Pflege der Künste auf den Gebieten der Musik, der darstellenden und der bildenden Kunst, die Entwicklung künstlerischer Formen und Ausdrucksmittel und die Vermittlung künstlerischer Kenntnisse und Fähigkeiten. Sie bereiten insbesondere auf kulturbezogene und künstlerische Berufe sowie auf diejenigen kunstpädagogischen Berufe vor, deren Ausübung besondere künstlerische Fähigkeiten erfordert. Im Rahmen dieser Aufgaben betreiben sie Forschung.

Auch § 3 Abs. 1 KunstHG NRW benennt die Aufgaben der Kunsthochschule: Danach dienen die Kunsthochschulen der Pflege der Künste insbesondere auf den Gebieten der bildenden Kunst, der Musik, der darstellenden und der

---

252 Bullinger, Beamtenrechtliche Zusagen und Reformgesetzgebung, 1972, S. 39; BVerfGE 43, 242 (279).
253 Blümel/Scheven, HdbWissR, 1982, S. 444 m.w.N. Zu den Begrifflichkeiten 4. Kap. II 2 cc).
254 Vgl. mit einzelnen Abweichungen Art. 2, 9 BayHSchG; §§ 4, 99 BerlHG; §§ 3, 40 BbgHG; §§ 4, 16 BremHG; § 46, 12 HmbHG; §§ 3 f., 70 HHG; §§ 3, 57 LHG M-V; §§ 3, 24 NBG Nds; §§ 3, 35 KunstHG NRW; §§ 2, 48 HochSchG Rh-Pf; §§ 5, 67 SächsHSG; §§ 3, 34 HSG LSA; §§ 3, 60 HSG S-H; §§ 5, 76 ThürHG.

medialen Künste durch Lehre und Studium, Kunstausübung und künstlerische Entwicklungsvorhaben sowie Weiterbildung. Sie bereiten auf künstlerische Berufe und auf Berufe vor, deren Ausübung künstlerische Fähigkeiten erfordern. Im Rahmen der ihnen obliegenden Lehrerausbildung und anderer wissenschaftlicher Fächer nehmen sie darüber hinaus Aufgaben der Universitäten wahr. Sie fördern den künstlerischen Nachwuchs und im Rahmen ihrer Aufgaben den wissenschaftlichen Nachwuchs.

Sowohl der Wortlaut des § 2 LHG B-W als auch der des § 3 KunstHG NRW machen deutlich, dass es sich bei der Aufzählung der „Künste" nur um typische Regelbeispiele handelt. Die Konkretisierung des Aufgabenkreises darf aus den oben bereits genannten Gründen nicht dazu führen, dass die Kunstfreiheit eingeschränkt wird. Die Aufzählung spiegelt daher lediglich die derzeit vertretenen Kunstsparten wider. Die nicht abschließende Nennung der Kunstrichtungen ermöglicht es, flexibel neue Strömungen den Aufgaben der Hochschule zuzuordnen, ohne dass es zu einem Konflikt mit dem Gesetzeswortlaut käme.[255]

(1) Die Pflege der Kunst und die Kunstausübung

Die Begrifflichkeit der „Pflege der Kunst" und der der „Kunstausübung" werden in den verschiedenen Hochschulgesetzen unterschiedlich verwendet. Schon diese terminologische Unsicherheit spricht im Zweifelsfall für eine weite, kunstfreundliche Auslegung.

Während § 3 KunstHG NRW die Pflege der Kunst als Oberbegriff für die Primäraufgabe der Kunsthochschulen ansieht und vom Begriff der Kunstausübung differenziert, ergibt sich aus dem Wortlaut des § 2 LHG B-W, dass es sich bei der Pflege der Kunst neben der Entwicklung künstlerischer Formen und Ausdrucksmittel und der Vermittlung künstlerischer Kenntnisse und Fähigkeiten, nur um eine von mehreren Aufgaben handelt. Kunstausübung und die Pflege der Kunst werden hier im Wesentlichen gleichgesetzt.

Die Differenzierung der Begrifflichkeiten ist allerdings vorzugswürdig, da die Kunstausübung neben den künstlerischen Entwicklungsvorhaben und der Lehre zur Kunstpflege als übergeordnetem Begriff beiträgt.

Die Kunstausübung umfasst als zentrale Hochschulaufgabe[256] in verfassungskonformer Weise Werk- und Wirkbereich.[257] Die Kunstpflege ist im Sinne

---

255 Hierzu Lynen, KunstHG NRW, § 3, RN 2f.
256 So bereits Hufen, Die Freiheit der Kunst in staatlichen Institutionen, 1982, S. 136 f.
257 Vgl. § 4 Abs. 1 S. 1 KunstHG NRW. Vgl. auch Lynen, Kunsthochschulen, in: HRG-Kommentar, RN 23.

des „Bewahrens" ihrer Errungenschaften durch die Vermittlung künstlerischer Fähigkeiten genauso erfasst wie die Pflege der Kunst im Sinne ihrer aktiven Weiterentwicklung. Diese zukunftsgerichtete Zielsetzung ist für die Legitimation der Kunsthochschulen als Teil des öffentlich finanzierten Kulturbetriebes von existenzieller Bedeutung, wenn die Kunsthochschule nicht zur bloßen pädagogischen Lehr- und Lernanstalt verkommen will.[258] Die Pflege der Kunst als Gesamtkonzept in einem kulturfördernden Staat wird durch Lehre, Kunstausübung und die Durchführung von künstlerischen Entwicklungsvorhaben optimiert.

Die künstlerische Lehre, Kunstausübung und künstlerische Entwicklungsvorhaben bedingen und fördern sich gegenseitig. Sie stehen zudem in einer Wechselwirkung zueinander. Treffend führt *Lynen* indes aus, dass die „Zweiheit" von Forschung und Lehre an wissenschaftlichen Hochschulen der „Dreiheit" an Kunsthochschulen gegenüber steht.[259]

(2) Die künstlerische Lehre

Zu den zentralen Aufgaben der Kunsthochschulen zählt daher auch die künstlerische Lehre. Zwischen ihr und der Kunstausübung besteht ein genauso enger Zusammenhang wie zwischen (wissenschaftlicher) Lehre und Forschung. Anders als an wissenschaftlichen Hochschulen ist die Lehre aber wesentlich anders ausgestaltet. Da nicht nur die handwerkliche Ausbildung, sondern besonders die Entwicklung der Künstlerpersönlichkeit[260] des Studierenden unterstützt werden soll, sind die Lehrveranstaltungen von einem besonders engen Verhältnis der Lehrenden und Lernenden, durch Einzelunterricht oder durch die Unterrichtung in überschaubaren Künstlerklassen geprägt. Die persönliche Beziehung zwischen Schüler und Meister ist zentral für die künstlerische Lehre. Sie muss daher auch auf die Anforderungen, die die ordnungsgemäße Erfüllung dieser Dienstaufgabe an die Person des Hochschullehrers stellt, einen erheblichen Einfluss haben.[261]

---

258 Vgl. bereits 4. Kap. I 3.
259 Dazu Lynen, Typisierung von Hochschulen, in: Hartmer/Detmer, RN 30; Lynen, KunstHG, in: Leuze/Epping, HG NRW, § 3, RN 5.
260 Zum Studienziel der Entwicklung einer Künstlerpersönlichkeit vgl. ausdrücklich § 50 Abs. 1 S. 1 KunstHG NRW. Weiterführend Lynen, Typisierung von Hochschulen, in: Hartmer/Detmer, RN 31.
261 Dazu ausführlich unter 4. Kap. III.

(3) Künstlerische Entwicklungsvorhaben und Forschung

In § 61 Abs. Abs. 2 KunstHG NRW existiert eine Legaldefinition des Begriffs der „künstlerischen Entwicklungsvorhaben".[262] Danach werden durch solche Tätigkeiten künstlerische Formen und Ausdrucksmittel kunsttheoretisch, künstlerisch-praktisch und methodisch entwickelt. § 2 LHG B-W spricht vereinfacht nur von zu entwickelnden künstlerischen Formen und Ausdrucksmitteln. Dies geschieht in der bildenden Kunst etwa durch Beobachtung, Vergleich und Darstellung künstlerischer Entwicklungsprozesse durch künstlerische Arbeit.[263]

Gegenstand der Forschung sind – unter Berücksichtigung der Aufgabenstellung der Kunsthochschulen – alle wissenschaftlichen Bereiche sowie die Anwendung wissenschaftlicher Erkenntnisse in der Praxis einschließlich der Folgen, die sich aus der Anwendung wissenschaftlicher Erkenntnisse ergeben können, § 62 Abs. 1 S. 2 KunstHG NRW. Aus § 3 Abs. 1 S. 3 KunstHG NRW geht hervor, dass die Wissenschaft nicht ausschließlich den Universitäten vorbehalten ist. Dort, wo es für die Lehrerausbildung oder für andere wissenschaftliche Fächer erforderlich ist, nehmen die Kunsthochschulen folglich die Aufgaben der Universitäten wahr.

Der Begriff der künstlerischen Forschung sieht sich aber Kritik ausgesetzt, da bereits die saubere Abgrenzung der „Dreiheit" (Kunstausübung, künstlerisches Entwicklungsvorhaben und künstlerische Forschung) nur schwer möglich ist. Künstlerische Entwicklungsvorhaben stehen im Bereich zwischen Kunstausübung und künstlerischer Forschung. Während „wissenschaftliche Forschung" auf eine Erkenntnisgewinnung mit wissenschaftlichen Methoden abzielt, zeichnet sich das künstlerische Entwicklungsvorhaben durch das Streben nach künstlerischen Ergebnissen mit künstlerischen Methoden aus. Sie haben gegenwärtige oder zukünftige künstlerische Werke zum Gegenstand; künstlerische Entwicklungsvorhaben fördern also deren Herstellung und Verbreitung. Ein über das künstlerische Resultat bzw. Produkt (das geschaffene Kunstwerk) hinausgehendes und für andere Personen verwertbares Ergebnis (etwa eine neue Arbeitstechnik) muss nicht unbedingt das Ziel des künstlerischen Entwicklungsvorhabens sein.[264]

---

262 Der Begriff ist im Bemühen um eine künstlerische Alternative zur „wissenschaftlichen Forschung" entstanden. Thieme, Deutsches Hochschulrecht, 2004, RN 36, 382; Lynen, Kunsthochschulen, in: HRG-Kommentar, RN 25.
263 Scheven, HdBWissR, Band 1, S. 325 (345).
264 Zu den Begrifflichkeiten und zu den Abgrenzungsproblemen, vgl. Lynen, Kunsthochschulen, in: HRG-Kommentar, RN 23 ff., 25; Thieme, Deutsches Hochschulrecht, 2004, RN 512.

Richtigerweise ist der Begriff der Forschung aber auf die Wissenschaft ausgerichtet. Da die Forschung ein Unterfall der Wissenschaft ist,[265] handelt es sich bei dem Ausdruck der „wissenschaftlichen Forschung" folgerichtig um eine „sprachliche Ungenauigkeit". Eine Übertragung des Forschungsbegriffs auf die Gegebenheiten an Kunsthochschulen wäre aufgrund der Gleichstellung der Kunsthochschulen mit den wissenschaftlichen Hochschulen und der damit verbundenen Aufwertung der Aufgaben der Hochschullehrer nur dann sinnvoll, wenn es im Kunsthochschulrecht kein Pendent zur Aufgabe der Forschung geben würde. Dies ist aber nicht der Fall: Kunstausübung und künstlerische Entwicklungsvorhaben bilden das Gegenstück zur wissenschaftlichen Forschung. Da sich aus dem Begriff der künstlerischen Forschung keine neuen Erkenntnisse ergeben, ist auf ihn zu verzichten.[266]

Zusammenfassend bleibt festzuhalten, dass sich das Hauptamt des Hochschullehrers nicht klar bestimmen lässt. Die Begriffsbestimmung aus dem allgemeinen Beamtenrecht ist nicht uneingeschränkt übertragbar, da der Hochschullehrer den Inhalt seines Aufgabenbereichs maßgeblich persönlich prägt und seine Dienstaufgaben selbstständig wahrnimmt. Insoweit gilt der Grundsatz, dass eine Tätigkeit tendenziell eher dann dem Hauptamt zugerechnet werden muss, je näher sie mit den Dienstaufgaben in Zusammenhang steht. Der Umfang der Dienstaufgaben kann sich aus der gesetzlichen Aufgabenstellung, der Funktionsbeschreibung der Stelle und den Berufungsvereinbarungen ergeben. Aufgrund des Schutzgehalts des Art. 5 Abs. 3 GG ist die einseitige Bestimmung der Dienstaufgaben durch den Dienstherrn grundsätzlich unzulässig. Dies gilt insbesondere für den Kernbereich der künstlerischen Hochschullehrertätigkeit. Der Organisationsgewalt des Dienstherrn werden damit erheblich Grenzen gesetzt. Zudem ist eine weitgehende Konkretisierung der Dienstaufgaben in den Berufungsvereinbarungen aufgrund der Garantie des Art. 5 Abs. 3 GG nur eingeschränkt sinnvoll, da dies teilweise der Freiheitsentfaltung entgegenstehen kann. Ein solcher Fall würde etwa vorliegen, wenn durch die interdisziplinäre Arbeit erfolgreich innovative Ideen verfolgt und die Grenzen des bislang Bekannten zugunsten der Kunst verschoben werden könnten. Liegt eine solche Situation vor, sind im Einzelfall Grenzüberschreitungen um der Kunst willen zuzulassen, so dass die Zuordnung der Tätigkeit

---

265 Jarass, in: Pieroth/Schlink, GG Kommentar, Art. 5, RN 122 m.w.N.
266 Zum Problem ausführlich Lynen, F & L 2011, 218 (219); zu der Begriffsbestimmung Lynen, Typisierung von Hochschulen, in: Hartmer/Detmer, RN 30.

zum Hauptamt nicht per se ausgeschlossen ist. Aufgrund des starken Schutzgehalts des Art. 5 Abs. 3 GG gilt daher der Grundsatz „im Zweifel hauptamtlich".

b) Entgeltlichkeit und wirtschaftliche Tendenz

Wird die Zugehörigkeit einer Tätigkeit als Dienstaufgabe verneint, folgt im Umkehrschluss nicht zwingend auch das Vorliegen einer Nebentätigkeit.

Nach vertretener Ansicht wird eine erkennbare wirtschaftliche Tendenz der Tätigkeit gefordert, um sie überhaupt als Nebentätigkeit einstufen zu können.[267] Voraussetzung für das Vorliegen einer Nebentätigkeit sei demnach, dass diese auf die Erzielung eines wirtschaftlichen Erfolges im weiteren Sinne gerichtet sei. Entgeltlichkeit und wirtschaftliche Relevanz seien zudem nicht gleichzusetzen. Der Begriff der wirtschaftlichen Relevanz sei vielmehr weiter zu verstehen als der der Entgeltlichkeit, da dieser nur eine Gegenleistung in Geld oder einen sonstigen geldwerten Vorteil erfasse.

Es komme lediglich darauf an, ob potentiell ein wirtschaftlicher Erfolg möglich wäre. Ob dieser tatsächlich eintritt, sei dagegen irrelevant.[268] Nicht wirtschaftlich relevant seien allerdings die Bereiche der Eigenversorgung ebenso wie jene Gebiete, die zwar eine gewisse wirtschaftliche Tendenz aufweisen, sich aber noch im Bereich des Sozialadäquaten befänden.[269]

Im Falle dieses weiten Begriffsverständnisses fallen allerdings nahezu alle Tätigkeiten unter den Begriff der Nebentätigkeit, so dass die bezweckte Einengung der Begrifflichkeit tatsächlich nicht erreicht wird. Bei der Frage, ob eine Tätigkeit als Nebentätigkeit eingeordnet wird, geht es auch primär darum, ob dienstliche Belange beeinträchtigt werden können. Nur sekundär relevant ist, ob ein wirtschaftlicher Vorteil aus ihr gezogen wird.

Tragender Gedanke des Nebentätigkeitsrechts ist (neben der Sicherung einer loyalen und gesetzestreuen Verwaltung) besonders die Sicherung der Arbeitskraft des Beamten.[270]

Sicherlich kann eine außerdienstliche wirtschaftliche Betätigung im Einzelfall zu Interessenskonflikten oder zu einem illoyalen Verhalten des Beamten führen. Nimmt ein Hochschullehrer seinen Lehrbetrieb ein ganzes Semester lang nicht persönlich wahr, weil er anderweitig, sei es auch ohne finanzielles Interesse,

---

267 Summer, ZBR 1988, 1 (4).
268 Baßlsperger, ZBR 2004, 369 (370 f.).
269 Baßlsperger führt als Beispiel eine Fahrgemeinschaft von Beamten zum Dienstort an, vgl. ders., ZBR 2004, 369 (371).
270 Zu den Zielsetzungen bereits 1. Kap. II 2.

eingebunden ist, kann eine Beeinträchtigung der dienstlichen Interessen gleichwohl die Folge sein. Würden nicht wirtschaftlich relevante Tätigkeiten bereits aus dem Begriff der Nebentätigkeit und damit aus dem Nebentätigkeitsrecht ausgeklammert, wären die Reaktionsmöglichkeiten des Dienstherrn im Falle einer Beeinträchtigung der Dienstpflichten erheblich eingeschränkt.[271] Hiergegen wird vorgebracht, dass das Disziplinarrecht ausreichend Reaktionsmöglichkeiten biete, wenn sich der Beamte nicht mit voller Hingabe seinem Amt widme.[272] Da die Einleitung eines Disziplinarverfahrens von weiten Teilen der Öffentlichkeit immer noch mit einer schweren Verletzung der Dienstpflichten verbunden wird, hat ein solches aber nicht nur eine negative Außenwirkung, sondern stellt auch eine erhebliche psychische Belastungssituation für den Beamten dar. Das Nebentätigkeitsrecht ermöglicht demgegenüber eine wesentlich flexiblere Gestaltung und stellt für den Betroffenen im Ergebnis die weniger einschneidende Maßnahme und damit das mildere Mittel dar. Die Einordnung einer Tätigkeit als Nebentätigkeit hängt daher nicht von ihrer wirtschaftlichen Relevanz ab. Auch eine Tätigkeit ohne eine solche *kann* im Einzelfall eine Nebentätigkeit darstellen.

Umgekehrt ist nicht jede entgeltliche Tätigkeit zwingend auch als Nebentätigkeit einzuordnen. Dies lässt sich weder aus dem Doppelbesoldungsverbot noch aus der Annahme, dass eine besondere Vergütung mit den hauptamtlichen Pflichten, insbesondere mit dem Neutralitäts- und Loyalitätsgebot, nicht in Einklang zu bringen sei, herleiten.[273]

Zudem ist nicht jede hauptamtliche Tätigkeit mit der beamtenrechtlichen Besoldung vollumfänglich entlohnt. Dies zeigt bereits das Beispiel der Autorenhonorare für die Publikation von (im Hauptamt gewonnenen) Forschungsergebnissen. Entsprechendes kann auf die Kunstausübung übertragen werden. Komponiert etwa ein Musikhochschullehrer im Hauptamt ein Musikstück und führt dieses später persönlich auf oder veröffentlicht es auf einem Tonträger, sind Werk- und Wirkbereich des Art. 5 Abs. 3 GG gleichermaßen betroffen. Zwar mag für die Veröffentlichung ein Entgelt gewährt werden, was auf das Vorliegen einer Nebentätigkeit hindeutet. Grund dafür ist, dass aufgrund des Doppelbesoldungsverbots bei der Einordnung als Dienstaufgabe die erhaltene Vergütung abzuführen wäre. Dies liegt sicher nicht im Interesse des Hochschullehrers. Da die

---

271 So auch Geis, in: Fürst, GKÖD, L § 97, RN 6.
272 Baßlsperger, ZBR 2004, 369 (371).
273 Umfassend Hufen, MittHV 1985, 288 (293). Ein Beispiel dafür sind etwa die Prüfungsvergütungen. Für die Prüfungsabnahme wird eine zusätzliche Vergütung gewährt, obwohl diese typischerweise zu den wesentlichen Aufgaben eines Hochschullehrers gehören.

erfolgreiche wissenschaftliche oder künstlerische Betätigung jedoch von einem fachlichen Diskurs abhängt und die Veröffentlichung den Wirkbereich der Kunst betrifft, ist sie grundsätzlich dem Hauptamt zuzuordnen.[274] Die Tatsache, dass der Hochschullehrer im Fall einer Zuordnung der Tätigkeit zum Hauptamt die erhaltene Vergütung aufgrund des Doppelbesoldungsverbots möglicherweise an den Dienstherren abzuführen hat, muss für die Einordnung selbst außer Betracht bleiben. Die Abführungspflicht kann nämlich keinerlei Einfluss auf die tatsächliche *inhaltliche* Zugehörigkeit der Tätigkeit zum Hauptamt haben. Die Entgeltlichkeit einer Tätigkeit ist daher nur ein Indiz für das Vorliegen einer Nebentätigkeit. Eine pauschale Zuordnung ist indes nicht möglich.

Die Begründungsansätze, warum ein Hochschullehrer ein Entgelt für die Ausübung einer hauptamtlichen Tätigkeit dennoch behalten können soll, divergieren teils erheblich voneinander.[275]

c) Das Wahlrecht des Hochschullehrers

Aufgrund der Abgrenzungsproblematik und dem Doppelbesoldungsverbot wird vertreten, dem Hochschullehrer ein Wahlrecht einzuräumen. Unerheblich sei dabei, ob die Tätigkeit entgeltlich oder unentgeltlich erfolgt.[276]

Richtig ist jedenfalls, dass der konkrete Inhalt wissenschaftlicher oder künstlerischer Tätigkeiten nur dem Wissenschaftler bzw. Künstler individuell, nicht aber der Hochschule als relevante Handlung zugerechnet werden kann. Hintergrund ist das „verfassungsrechtlich verbürgte und höchstpersönliche Recht des Hochschullehrers" auf eigeninitiierte und selbstbestimmte Kunstausübung und Lehre der Art und Menge nach, solange sie sich in dem durch die Funktionsbeschreibung der Stelle ergebenden Rahmen hält.[277] Wer den konkreten Umfang und die Art der hauptamtlichen Tätigkeit im Rahmen der abstrakten Aufgabenverpflichtung selbst bestimmen kann, könne auch die exakte Grenze von Haupt- und Nebenamt selbst ziehen. Auf dieser Basis könnten Hochschullehrer folglich

---

274 Daher ist die künstliche Aufspaltung von wissenschaftlicher Forschungsarbeit, welche dem Hauptamt zuzuordnen ist, und ihrer Publikation (dann Nebentätigkeit) äußerst fragwürdig, vgl. dazu auch Kap. 4 II 3 a).
275 Zum Themenbereich ausführlich unter 4. Kap. II 3 a).
276 Bsp. Hellfeier, in:: Leuze/Epping, HG NRW, RN 10 sowie Reich, Kommentar zum HRG (2007), § 49, RN 3; Gärditz, ZBR 2009, 145, (149); differenzierend Hufen, WissR 22 (1989), 17 (19); ders., Die Freiheit der Kunst in staatlichen Institutionen, 1982, S. 311.
277 Gärditz, ZBR 2009, 145, (149). Grundlegend Hufen, WissR 22 (1989), 17 (28 f.); bereits 4. Kap. II 1 c).

nicht nur die dienstlichen Arbeitsgebiete, sondern auch ihre Nebentätigkeiten selbst bestimmen.[278]

Einem solchen Recht des Hochschullehrers kann allerdings entgegengehalten werden, dass ein Wahlrecht bereits partiell, namentlich für den Bereich der Drittmittelforschung, gesetzlich vorgesehen ist.[279] Im Gegenschluss lässt sich folgern, dass für die Bereiche, für die kein Wahlrecht durch das Gesetz vorgesehen ist, dem Hochschullehrer eine solche Entscheidungskompetenz gerade nicht zukommen soll. Zudem fällt es schwer, einzelne Kriterien zu entwickeln, wann im Einzelfall die Einräumung eines Wahlrechts geboten erscheint. Die Begrenzung des zunächst sehr weitgehenden Entscheidungsrechts durch die ausdrückliche gesetzliche Zuordnung einzelner Tätigkeiten zu den Dienstaufgaben oder zu den Nebentätigkeiten erscheint wenig zielführend. Eine Vielzahl von Ausnahmefällen müssten normiert werden, die im Einzelfall gleichwohl zu unbilligen Ergebnissen führen können. Aufgrund der eigenen Dynamik der Kunst, die ihre eigenen Grenzen immer wieder auszudehnen versucht, würde eine abschließende Normierung von Ausnahmefällen auch praktisch kaum gelingen. Ein generelles Wahlrecht, ohne dass eine kaum lösbare Abgrenzungsproblematik vorliegen würde, ist zum Schutz des Hauptamtes daher abzulehnen. Im Übrigen kann nur so einem Missbrauch dieser Wahlfreiheit durch den sich die „Rosinen" herauspickenden Hochschullehrer vorgebeugt werden.

Insoweit kann zusammenfassend festgehalten werden, dass sich besonders im Kunsthochschullehrernebentätigkeitsrecht die Dienstaufgaben wegen der Problematik der rechtlichen Bewertung künstlerischer Handlungsabläufe nur schwer bestimmen lassen, so dass eine generelle Aussage über die Zuordnung einer bestimmten Tätigkeit als Nebentätigkeit oder als hauptamtliche Tätigkeit grundsätzlich nicht getroffen werden kann.

Ebenso ist der Versuch abzulehnen, zwischen einer entgeltlichen Tätigkeit bzw. einer mit wirtschaftlicher Relevanz und einer unentgeltlichen Beschäftigung zu differenzieren, wie auch der, die Trennung von Werk- und Wirkbereich als Anhaltspunkt für die Einordnung festzulegen. Werk- und Wirkbereich werden gleichsam von der Kunstfreiheit geschützt. Hat die Ausstellungs- oder Auftrittstätigkeit des Hochschullehrers einen unmittelbaren Bezug zu dem vertretenen Fach, ist daher grundsätzlich von einer hauptamtlichen Tätigkeit auszugehen.[280]

---

278 Hellfeier, in: Leuze/Epping, HG NRW, RN 10; dazu auch Geis, § 52 HRG, in: HRG-Kommentar, RN 24 ff. Zur Drittmittelförderung Hufen, WissR 22 (1989), 17 (30);
279 So § 2 Abs. 3 S. 1 HmbHNVO § 2 Abs. 4 S. 2 HNVO LSA. Vgl. hierzu auch Hufen, WissR22 (1989), 17 (27 f.). Differenzierend dagegen § 7 Abs. 4 ThürHNVO.
280 So etwa § 5 Saarländische Hochschullehrer-Nebentätigkeitsverordnung.

Zum Schutz des Hochschullehrers gilt der Grundsatz „im Zweifel hauptamtlich". Im Gegenzug lässt sich festhalten, dass immer dann, wenn eine Tätigkeit zu den hauptamtlichen Aufgaben keinerlei oder maximal einen mittelbaren Bezug hat, grundsätzlich von einer Nebentätigkeit ausgegangen werden muss. Vor dem Hintergrund der gewünschten interdisziplinären Zusammenarbeit ist dies aber keinesfalls zwingend.

Die bislang genannten Kriterien bieten somit nur erste Anhaltspunkte für eine Abgrenzung. Letztlich muss immer eine Einzelfallentscheidung getroffen werden, bei der die Aufgabenstellung des Hochschullehrers und die Eigenheiten künstlerischer Handlungsabläufe besonders zu berücksichtigen sind.

3. Einzelfälle

a) Veröffentlichung künstlerischer Arbeiten

Wie bereits angedeutet,[281] ist die Veröffentlichung künstlerischer Tätigkeit grundsätzlich dem Hauptamt zuzuordnen, wenn sie mit diesem inhaltlich in einem unmittelbaren Zusammenhang steht und bereits die erfolgten Vorarbeiten in der Hochschule zur Erstellung des Kunstwerks als Dienstaufgabe anzusehen sind.

Wie bei der Publikation von Forschungsergebnissen ist eine Trennung der verschiedenen Entwicklungsstadien, wie es etwa § 6 Abs. 2 BayHSchLNV gesetzlich vorsieht, abzulehnen. Danach handelt es sich bis zur Fertigstellung des mit dem hauptamtlichen Aufgabenbereich eng zusammenhängenden Manuskripts um eine Dienstaufgabe und nach Fertigstellung um eine Nebentätigkeit. Dies hat zur Folge, dass der Hochschullehrer die dafür gewährte Vergütung nicht aufgrund des Doppelbesoldungsverbots abzuführen hätte.

Die Kunstfreiheit ist ein einheitliches Grundrecht, das als Kommunikationsgrundrecht sowohl Werk- als auch Wirkbereich schützt. Da Kunst nur dann frei ist, wenn ihre Verbreitung frei ist,[282] sind Werk- und Wirkbereich auch normativ gleich zu behandeln. Dies muss gleichermaßen für das Nebentätigkeitsrecht gelten. Eine dem § 6 Abs. 2 BayHSchLNV entsprechende, undifferenzierte Regelung für die Publikation künstlerischer Werke ist daher abzulehnen. Dies gilt selbst dann, wenn das „Recht auf Behaltendürfen" der gewährten Vergütung schwierig zu begründen ist.[283]

---

281 Vgl. 4. Kap. II 2 b).
282 Schneider, Die Freiheit der Baukunst, 2002, S. 141.
283 In Bezug auf das Autorenhonorar wird etwa nicht auf die Vergütung für die Forschungstätigkeit abgestellt, sondern vielmehr für die Einräumung des

Dem hält *Scheven*[284] entgegen, dass im künstlerischen Bereich die Dauer der Abwesenheit vom Hochschulort oder die Höhe der Honorareinnahmen ein wesentlich höheres Gewicht hätten als es bei wissenschaftlichen Veröffentlichungen der Fall sei. Dies ist insoweit zutreffend, als dass ein Musikhochschullehrer oder ein Hochschullehrer für Bühnenbild vereinzelt tatsächlich bis zu mehreren Wochen nicht am Hochschulort verweilt, sondern sich beispielsweise auf einer Konzertreise befindet und dafür eine Gage erhält, die ihrer Höhe nach sogar die Alimentation im Hauptamt deutlich übersteigen kann. Eine Einordnung einer Tätigkeit als Dienstaufgabe, die mitunter mit wochenlanger Absenz des Hochschullehrers oder mit einer hohen Honorarzahlung verbunden ist, sei nach *Scheven* mit den Grundsätzen des Haushalts- und Besoldungsrechts unvereinbar. Es sei insbesondere nicht einzusehen, dass bei einer Einordnung als Dienstaufgabe Unfallschutz und Reisekosten gewährt werden würden, der Professor aber gleichwohl die Vergütung behalten können soll. Obgleich es auch in künstlerischen Fächern kein hergebrachter Grundsatz des Berufsbeamtentums gibt, der zu einer Einordnung solcher Beschäftigungen als Nebentätigkeiten führe, sei aus den genannten Gründen eine Lösung zu finden, die eine solche Einordnung ermögliche. Dies könne durch eine ausdrückliche gesetzliche Regelung (wie etwa im Fall des § 6 Abs. 2 BayHSchLNV) oder durch eine einvernehmliche Regelung in den Berufungsvereinbarungen erfolgen.[285]

Dem ist zuzugeben, dass es zunächst unbillig erscheint, solche Tätigkeiten dem Hauptamt – mit den genannten Folgen – zuzuordnen. Eine gesetzliche Einordnung der Veröffentlichungshandlung als Nebentätigkeit kann allerdings nicht überzeugen, da diese gleichfalls vom Schutzbereich des Art. 5 Abs. 3 GG betroffen ist. Zudem ist der Werkbereich, der im Einzelfall unproblematisch als Dienstaufgabe angesehen wird, selbst nicht auf den Hochschulort beschränkt. Kunst entsteht nicht nur im Atelier des Hochschullehrers, sondern, je nach Kunstsparte, auch außerhalb. Man denke nur an einen Professor für Fotografie oder Grafik-Design, der einen Hauptteil seiner aktiven künstlerischen Arbeiten außerhalb der Räumlichkeiten der Hochschule verbringen *muss*, um passende

---

urheberrechtlichen Nutzungsrechts. Ausführlich dazu Hufen, MittHV 1985, 288 (292 f.); Blümel/Scheven, HdbWissR, S. 457; Lynen, Kunst im Recht, 1994, S. 299 ff; Gärditz, ZBR 2009, 145 (149); Post, Das Post, Nebentätigkeitsrecht NRWS. 5 ff; Geis, Nebentätigkeitsrecht, in: HSchR-Bayern, 2009, S. 372 f.; Baßlsperger, ZBR 2004, 369 (380 f.); Störle, Das Nebentätigkeitsrecht der Hochschullehrer in Bayern, 2007, S. 31 m.w.N.

284 Scheven, MittHV 1986 (34), 75 ff.
285 Scheven, MittHV 1986 (34), 75 (78).

Motive für die spätere Bildbearbeitung zu finden. Nicht selten, wird er auch mit seinen Studierenden, insbesondere mit seiner Künstlerklasse, die akademische Einrichtung verlassen, um den Studierenden den Umgang mit der Perspektive, Lichtgestaltung und den sonstigen umweltbezogenen Einflüssen nahe zu bringen. Hier wird es sich jeweils unzweifelhaft um die Wahrnehmung von Dienstaufgaben handeln. Werk- und Wirkbereich fallen zudem häufig in einer Handlung des Künstlers zusammen. Dies gilt etwa für die Schauspielkunst, den Tanz oder Gesang.

Will die Kunsthochschule nicht zur reinen Lernanstalten verkommen, darf in solchen Fällen die hauptamtliche Tätigkeit nicht auf die Lehre am Hochschulort reduziert werden. Die aktive Kunstausübung, zu der auch die Veröffentlichung ihres Ergebnisses gehört, ist Kernbestand der Dienstpflichten. Damit ist aber eine Aussonderung derselben aus dem Aufgabenfeld des Hauptamts nicht hinnehmbar. Wenngleich es bei Ausübung solcher zeitintensiven Arbeiten im Einzelfall zu einer Konfliktsituation zwischen den dienstlichen Aufgabenbereichen (etwa zwischen der Kunstausübung und der Lehrverpflichtung) kommen kann, dürfen ganze Aufgabenbereiche nicht aus dem Kernbereich der Dienstaufgaben verdrängt werden. Für die Kunst kann daher nichts anderes gelten als für die Wissenschaft.[286]

Zudem fällt eine allgemeingültige Grenzziehung, wie lange und in welcher Frequenz sich der Hochschullehrer vom Dienstort entfernen darf, bevor die bis dahin als Hauptaufgabe eingeordnete Tätigkeit in eine Nebentätigkeit umschlägt, schwer. Selbiges gilt auch für die Höhe der Honorarzahlungen. Eine umfassende gesetzliche Regelung würde den – je nach Kunstsparte, Hochschulart, Fachbereich und Persönlichkeit des Hochschullehrers – divergierenden Bedürfnissen nicht gerecht werden und würde im Einzelfall unweigerlich zu einer unzulässigen Verkürzung des Schutzbereiches des Art. 5 Abs. 3 GG führen.

Die einvernehmliche Regelung dieser Problematik in den Berufungsvereinbarungen oder in Zusagen hätte dagegen den Charme, dass eine Vereinbarung getroffen werden kann, die den Rahmen des Zulässigen definiert und den persönlichen Bedürfnissen angepasst ist.[287]

Wenngleich diese individuelle Gestaltungsmöglichkeit Abgrenzungsstreitigkeiten vorbeugen kann, sind mit ihr mehrere Vor- und Nachteile verbunden:

Zunächst führt die Fülle an individuellen Regelungen mit den einzelnen Hochschullehrern sicherlich zu einer zunehmenden Unübersichtlichkeit. Weit

---

286   Zu Recht Lynen, Kunsthochschulen, in: HRG-Kommentar, RN 86.
287   Vgl. bereits zu den Berufungsvereinbarungen 4. Kap. II 2 a) aa).

wichtiger dürfte indes sein, dass die Reputation des Hochschullehrers verstärkt in den Mittelpunkt rückt und diese eine signifikante Auswirkung auf die Ausgestaltung des Hauptamtes bekommen kann. Obgleich das Profil des Professors für seine Verhandlungsposition stets von erheblicher Bedeutung ist, dürfen die Kräfteverhältnisse nicht zu unsachgemäßen Ergebnissen führen. Denkbar ist dies in zweierlei Richtungen:

Einerseits ist vorstellbar, dass im Falle einer schwachen Verhandlungsposition des Hochschullehrers Tätigkeiten, die eigentlich dem Hauptamt unterfallen würden, als Nebentätigkeiten deklariert werden könnten. Der Professor könnte sich dagegen tatsächlich nicht verwehren, will er nicht riskieren, dass die Stelle an einen Konkurrenten vergeben wird. Denkbar wäre dies beispielsweise im Falle eines jungen Professors, der noch einen verhältnismäßig geringen Bekanntheitsgrad hat und sich sein Renommee und damit eine stärkere Verhandlungsposition erst noch erarbeiten muss. Es besteht die Besorgnis, dass in einer solchen Situation das von der Kunstfreiheitsgarantie geschützte Hauptamt in unzulässiger Weise verkürzt werden könnte.

Andererseits befindet sich die Hochschule in einer defensiven Verhandlungsposition, wenn sie einen sehr angesehenen Künstler für ihre Reihen gewinnen will. Dieser wird seine Forderungen in den Berufungsverhandlungen weitgehend durchsetzen können. Daher könnten Tätigkeiten dem Hauptamt vertraglich zugeordnet werden, die mit den Dienstaufgaben nicht in Verbindung stehen und mit den übrigen Dienstaufgaben konkurrieren oder diese sogar verdrängen. Zu denken wäre insbesondere an die Vernachlässigung der Lehrverpflichtung, um einer länger andauernden Tätigkeit außerhalb der Hochschule nachzugehen, so dass es zu einer Beeinträchtigung der durch Art. 12 Abs. 1 GG geschützten Interessen der Studierenden kommen kann. Umgekehrt könnten ganze Tätigkeitsbereiche aus dem Hauptamt gezogen und als Nebentätigkeit eingeordnet werden, mit der Folge, dass dieses ausgehöhlt wird und sich der Umfang der Dienstaufgaben zusehends auf die Lehrtätigkeit beschränkt. Auch dies kann nicht gewollt sein, weshalb die Regelung von Abgrenzungsfragen in den Berufungsvereinbarungen oder in Zusagen nur mit Zurückhaltung erfolgen sollte.

Dafür spricht zudem, dass zum Zeitpunkt der Berufungsverhandlung häufig noch nicht absehbar ist, ob und welche Abgrenzungsproblematiken sich in der Zukunft ergeben können. Dies liegt zum einen an der Unberechenbarkeit der Kunst selbst, der Grenzüberschreitungen immanent sind, und zum anderen an der Persönlichkeit des Künstlers. Besonders junge Hochschullehrer, die möglicherweise erstmals in ein Professorenverhältnis berufen werden, haben ihr künstlerisches Profil nicht immer bereits vollständig ausgebildet, sondern befinden sich weiterhin in dem Prozess, ihre Rolle als Künstler langfristig zu definieren. Wie bereits an anderer Stelle aufgezeigt,[288] könnte die weitgehende Konkretisierung der Dienstaufgaben sich für den Freiheitsgebrauch als hinderlich erweisen, so dass in Extremfällen ein ständiges Nachverhandeln der Parteien die Folge wäre.

Daher ist insoweit festzuhalten, dass die Ausübung einer künstlerischen Arbeit über einen längeren Zeitraum und außerhalb des Hochschulorts nicht zwingend dazu führt, dass diese als Nebentätigkeit zu qualifizieren ist. Da die Kunstfreiheitsgarantie Werk- und Wirkbereich gleichermaßen schützt, können solche Tätigkeiten durchaus dem Hauptamt zugeordnet werden, wenn sie ihrem Inhalt nach mit diesem in einem unmittelbaren Zusammenhang stehen. Die dogmatische Begründung, weshalb der Professor eine möglicherweise gewährte Vergütung dennoch behalten können soll, mag dagegen diffizil sein. Es wäre die Heranziehung ähnlicher Begründungskonstruktionen denkbar, wie sie für die Behandlung wissenschaftlicher Veröffentlichungen angewendet werden. Es würde sich eine gesetzliche Regelung anbieten, die die Beschäftigung zwar ausdrücklich zu den Dienstaufgaben zählt, die aber gleichzeitig klarstellt, dass die Annahme einer gesonderten Vergütung gestattet wird.

Die Verwaltungsvorschrift zu § 3 HNtV NRW ist insofern von erfrischender Klarheit und bietet sich als Vorlage für die anderen Bundesländer an. Sie sieht vor, dass die Veröffentlichung von Forschungsergebnissen oder andere wissenschaftliche Veröffentlichungen der Professoren in ihrem Fach zum Hauptamt zählen. Entsprechendes gelte für künstlerische Arbeiten, die nicht im Auftrag Dritter erstellt werden. Für diese Arbeiten dürfen Vergütungen angenommen werden.[289]

b) Die Auftragskunst

Wie bereits der Wortlaut der Verwaltungsvorschrift erkennen lässt, besteht für einen solchen Lösungsansatz nur ein Bedürfnis, wenn es sich nicht bereits um einen Fall von Auftragskunst handelt. Diese wird – wie die Auftragsforschung – verbreitet nicht zu den Dienstaufgaben gezählt.[290] Während die Einordnung

---

288 Vgl. 4. Kap. II 2 a) bb).
289 Vgl. VV HNtV NRW v. 15.12.1987 – I B 3 – 3844, GABL.NRW. 1988, S. 139.
290 Ausdrücklich § 28 Abs. 1 S. 3 KunstHG NRW (Dienstaufgaben der Hochschullehrerinnen und Hochschullehrer): „Kunstausübung im Auftrag Dritter zählt nicht zu den Aufgaben nach Satz 1".

der Auftragsforschung weitgehend wissenschaftlich aufgearbeitet wurde, fand eine dezidierte Auseinandersetzung mit der Problematik der Auftragskunst dagegen nicht statt.

Da die Kunsthochschullehrer aus der Praxis rekrutiert werden und die Verknüpfung von künstlerischer Tätigkeit und Professorenamt aufgrund des Reputationserfordernisses noch enger ist als an wissenschaftlichen Hochschulen üblich, ist die Übertragungsmöglichkeit der für das Recht der wissenschaftlichen Tätigkeit entwickelten Abgrenzungsmerkmale auf das Kunsthochschulrecht bedenklich. Dessen ungeachtet bereitet bereits die Einordnung von Auftragsforschung, also die fremdbestimmte, meist entgeltliche Ausführung von Forschungs- und Entwicklungsarbeiten, erhebliche Schwierigkeiten.

aa) Die Abgrenzungskriterien für das Vorliegen von Auftragstätigkeiten

Wenn ein Fall der Auftrags*forschung* vorliegt, wird die Tätigkeit grundsätzlich als Nebentätigkeit eingeordnet.[291] Dies entspricht auch den zugrundeliegenden Wertungen, da damit Dritten der Zugriff auf staatliche Ressourcen (dies gilt nicht nur für die Expertise des Professors, sondern auch für die Inanspruchnahme des sonstigen Hochschulpersonals sowie der Materialien und Einrichtungen des Dienstherrn) erschwert und eine missbräuchliche Verwendung verhindert wird. Darüber hinaus kann nur so effektiv eine unabhängige Forschung garantiert werden. Diese ist maßgeblich von der Selbstständigkeit, Unabhängigkeit und Entscheidungsfreiheit des Forschers abhängig und darf nicht durch die Vorgaben eines Auftraggebers gesteuert werden.

Dem wird entgegengehalten, dass es in der Wissenschaft mittlerweile zur gängigen Forschungspraxis gehöre und eine Fremdinitiative nicht zwingend darauf schließen lasse, dass das Selbstbestimmungsrecht des Hochschullehrers eingeschränkt sei. Dieser muss grundsätzlich selber bewerten, ob die Zielsetzung des Auftraggebers, „ob wissenschaftliche Selbststeuerung oder die Erbringung wissenschaftlicher Dienstleistungen" für den Dritten im Vordergrund stehen.[292] Dem ist insofern beizupflichten, als dass es für die Selbstbestimmung und Unabhängigkeit der Forschung tatsächlich häufig irrelevant ist, woher die Anregung gekommen sein mag. Nicht ausreichend, da zu erheblicher Rechtsunsicherheit

---

[291] Störle, Das Nebentätigkeitsrecht der Hochschullehrer in Bayern, 2007, S. 30; Rohrmann, Die Abgrenzung von Hauptamt und Nebentätigkeit, 1988, S. 93; Wahlers, ZBR 1982, 296 (300); Blümel/Scheven, HBdWissR, S. 458 m.w.N. insb. Anm. 130.

[292] Hufen, MittHV 1985, 288 (291) mit Verweis auf Dietrich, Nebentätigkeitsrecht B-W, S. 7. Zustimmend Lecheler, PersV 1990, 299 (303); Bettermann, MittHV 1965, 191 (195).

und zu dem Verdacht des Missbrauchs führend, ist es dagegen, wenn zur Abgrenzung ausschließlich auf das Selbstverständnis des Hochschullehrers abgestellt werden soll. Dieses kann nur als ein Indiz herangezogen werden. Das subjektive Kriterium ist allerdings um objektive Abgrenzungsmerkmale zu ergänzen:
Wesentlich ist zunächst der Zeitpunkt der streitigen „Auftragserteilung". Es liegt zumindest dann eine hauptamtliche Tätigkeit vor, wenn die Aufnahme der Beschäftigung kein Dritter angestoßen hat, sondern diese von sich aus erfolgte. Tritt erst später eine weitere Person hinzu, die sich die Sache zu Eigen macht (indem sie sich etwa bei der Veröffentlichung oder Vermarktung des Produkts beteiligt), aber auf das Ergebnis tatsächlich keinerlei Einflussmöglichkeiten hat, ist tendenziell von einer Dienstaufgabe auszugehen. Es fehlt hier nicht an der für Auftragsverhältnisse typischerweise mangelnden Selbstständigkeit, Entscheidungs- oder Entschlussfreiheit des Professors. Vielmehr ist – wie gesehen – im Falle der Veröffentlichung der Wirkbereich der Kunst betroffen. Es handelt sich bei solchen Verwertungshandlungen lediglich um die weitergehende „Verwaltung des eigenen geistigen und materiellen Vermögens".[293]

Gehen solchen Verwertungshandlung aber unumgängliche, möglicherweise sogar sehr detaillierte Absprachen voraus, kann es sich dennoch um eine Auftragstätigkeit handeln. Die Tatsache, dass Verhandlungen stattgefunden haben und in welchem Ausmaß diese erfolgt sind, lässt aber keinen pauschalen Schluss auf das Vorliegen einer Nebentätigkeit zu. Selbst ein vorangegangener Dialog zwischen den Beteiligten schließt die Selbstbestimmtheit nicht zwingend aus. Vielmehr kann dieser sogar förderlich sein und dem Hochschullehrer einen neuen Blickwinkel eröffnen, ohne dass seine Entschlussfreiheit oder Unabhängigkeit tatsächlich betroffen wären.

Eine Differenzierung nach der Person des Auftraggebers[294] wie auch die Tatsache, dass ein Vertragsverhältnis zwischen den Beteiligten begründet wurde, ist für eine Abgrenzung nicht geeignet. Allerdings hat die Gewährung einer besonderen Vergütung nach vorangegangenen Verhandlungen einen Indizcharakter für das Vorliegen eines Auftragsverhältnisses. Hier liegt aufgrund der Entgeltlichkeit die Vermutung nahe, dass der Auftraggeber einen maßgeblichen Einfluss auf das Ziel oder die Methode der Tätigkeit nimmt. Zwingend ist dieser Schluss dennoch nicht, so dass im Einzelfall weiterhin zu beurteilen ist, ob die Gewährung einer

---

293 Geis, § 52 HRG, in: HRG-Kommentar, RN 46 ff; Lynen, KunstHG, in: Leuze/Epping, HG NRW, § 28, RN 2.
294 Vgl. hierzu Lecheler, PersV 1990, 299 (303).

Vergütung tatsächlich eine Auswirkung auf die Selbstbestimmtheit des Professors hat. Diese kann schließlich trotz Fremdinitiative gegeben sein.[295] Liegt aber unzweifelhaft eine wissenschaftliche Dienstleistung vor und hat die Zielsetzung des Auftraggebers eine übermächtige Stellung, werden also Ergebnis und/oder Forschungsmethode vorgegeben, deutet alles auf eine Nebentätigkeit hin.[296]

Einige typische Fallgruppen, in denen es an der Selbstständigkeit, Entschlussfreiheit und Unabhängigkeit des Hochschullehrers mangelt, werden beispielsweise in Nr. 6 der KMK-Empfehlung (Voraussetzungen für das Vorliegen einer genehmigungsfreien künstlerischen Tätigkeit) benannt. Für diese Untersuchung besonders relevant sind die dort genannten freiberuflichen oder unternehmerischen Tätigkeiten, die Ausführung von Entwicklungsvorhaben und die Objektplanung für Gebäude und Freianlagen.[297]

Diesen Beispielen ist gemein, dass eine erhöhte Wahrscheinlichkeit besteht, dass dienstliche Interessen beeinträchtigt werden. Bei der freiberuflichen und unternehmerischen Tätigkeit ist gewöhnlich mit einem gesteigerten Arbeitsaufwand zu rechnen. Der Hochschullehrer wird allein für den Organisationsaufwand (etwa für die Buchführung) erhebliche Zeit investieren müssen, so dass dienstliche Interessen beeinträchtigt sein können. Ist der Hochschullehrer Gesellschafter (etwa einer GbR), hat er zudem ein unternehmerisches Interesse am Erfolg der Nebentätigkeit. Schließlich kann er für den Misserfolg des Unternehmens persönlich haftbar gemacht werden. Um solche Risiken zu vermeiden ist davon auszugehen, dass der Hochschullehrer zusätzliche Zeit investieren wird, um den Erfolg des Betriebes zu sichern und zu fördern. Deshalb erscheint es überlegenswert, derart risikobehaftete Beschäftigungen durch den Gesetzgeber aus dem Bereich der Dienstaufgaben uneingeschränkt auszuklammern. Dem ist indes entgegenzuhalten, dass eine allgemeine Abgrenzung zwischen „risikobehafteten und risikoarmen" Tätigkeiten in ihrer pauschalen Aussage nicht erfolgen kann.

Ein weiterer typischer Fall, wann es an der Selbstbestimmtheit und Entschlussfreiheit mangeln kann, ist der des Architekten. Dieser ist an die Vorgaben des Bauherrn und an das zur Verfügung gestellte Budget gebunden. Eine selbstständige

---

295 Zum reinen Indizcharakter einer gesonderten Vergütung vgl. bereits 4. Kap. II 2 b).
296 Hufen, MittHV 1985, 288 (291); Lux, Rechtsfragen der Kooperation zwischen Hochschulen und Wirtschaft, 2002, S. 232. Geis verlangt gar, dass dem Hochschullehrer jegliche Eigeninitiative genommen werden muss, so dass die Tätigkeit schon nicht mehr als wissenschaftlich iSd Art. 5 Abs. 3 S. 1 GG angesehen werden kann, vgl. ders., § 52 HRG, HRG-Kommentar, RN 38.
297 Ausführlich 4. Kap. V.

und unabhängige Entscheidung über die genaue Gestaltung des Gebäudes bleibt ihm in der Regel verwehrt, da der Bauherr einen entscheidenden Einfluss auf die konkrete Gestaltung nehmen wird. Eine allgemein übliche Architektenleistung ist daher grundsätzlich als Nebentätigkeit einzuordnen.[298]

bb) Besondere Problemstellung bei künstlerischen Auftragsarbeiten

Eine ungeprüfte Übertragung dieser Kriterien auf das Nebentätigkeitsrecht der Kunsthochschullehrer ist aufgrund der diametralen Unterschiede zwischen wissenschaftlichen und künstlerischen Hochschulen per se nicht möglich. Die Beurteilung, ob im Einzelfall die Unabhängigkeit, Entschlussfreiheit und Selbstständigkeit des Professors beeinträchtigt ist, ist hier zudem besonders diffizil. Grund dafür ist, dass Kunst Ausdruck der schöpferischen Gestaltungsfreiheit des Einzelnen ist, weshalb es dem Auftraggeber zwar möglich ist, unter bestimmten Voraussetzungen auf die Gestaltung eines Werks Einfluss zu nehmen. Eine flächendeckende Lenkung ganzer Kunstbereiche ist allerdings nahezu ausgeschlossen. Anders als in der Wissenschaft ist die Lenkungsgefahr damit geringer, so dass das staatliche Schutzbedürfnis nicht im selben Umfang gegeben ist. Eine gezielte Gleichschaltung und Manipulation der künstlerischen Pluralität ist (grundsätzlich) nicht zu erwarten.[299]

Der Künstler hat zudem gewöhnlich ein weitaus höheres Maß an Gestaltungsfreiheit als der Auftragsforscher, da aufgrund der Eigengesetzlichkeit künstlerischer Handlungsabläufe ein *konkretes* Ergebnis nur unter engsten Voraussetzungen vorgegeben werden *kann*. Insbesondere in der bildenden Kunst sind der Einflussmöglichkeit des Auftraggebers erhebliche Grenzen gesetzt. So bestimmen etwa die Bildkomposition oder die Form- und Farbgestaltung in weiten Teilen das unnachahmliche Gesamtbild einer künstlerischen Arbeit. Der Auftraggeber legt mit der Auftragserteilung die Umsetzung willentlich in die schöpfenden Hände des Künstlers. Daher kommt der Selbsteinschätzung des Künstlers über seine Unabhängigkeit und Entschlussfreiheit im Bereich der Kunst eine weitaus größere Bedeutung zu, als dies im Bereich der Wissenschaft der Fall ist. Das Zusammenspiel von Auftraggeber und Künstler muss im Übrigen nicht schlechtweg negativ bewertet werden. Vielmehr kann das Spannungsverhältnis zwischen den Beteiligten zur Selbstreflexion und zur Entwicklung

---

298 Blümel/Scheven, HdBWissR, S. 444 ff; S. 463 ff; Ausführlich zu diesem Themenkomplex Kap. 4 V.
299 Hierzu sei aber auf die bereist genannte Gefährdung künstlerischer Pluralität durch die Kunstförderung verwiesen. Vgl. bereits Kap. 2 II 1 b) bb).

neuer Ideen führen. Häufig wird selbst der Künstler nicht mehr nachvollziehen können, welche Idee von ihm persönlich stammt und welche unmittelbar oder mittelbar aus der Sphäre des Auftraggebers herrührt. Allerdings darf nicht verkannt werden, dass die Rahmenbedingungen im Einzelfall durch den Auftraggeber vorgegeben werden und dieser (obwohl er keine Möglichkeit hat, auf das *konkrete* Ergebnis Einfluss zu nehmen) wichtige, wenn nicht gar entscheidende Vorgaben machen kann. Ihm ist es nicht nur möglich, die Farbwahl eines Gemäldes oder das Material einer Skulptur zu bestimmen, sondern beispielsweise auch, welches Musik- oder Theaterstück in welcher Besetzung an welchem Ort gespielt werden soll. Es ist daher unmöglich, eine allgemein gültige Antwort auf die Grenzziehung zwischen unabhängiger künstlerischer Tätigkeit und fremdinitiierter, nicht selbstbestimmter Auftragstätigkeit zu ziehen. Vielmehr sind die graduellen Unterschiede bei der Einflussnahme durch den Auftraggeber zu berücksichtigen. Entscheidend ist, ob die gemachten Vorgaben nach Art und Umfang sich so aufsummieren, dass nicht mehr von einer eigenbestimmten Tätigkeit ausgegangen werden kann. Maßgeblich ist dementsprechend nicht, „ob" ein Dritter die künstlerische Tätigkeit angestoßen hat, sondern ob und wie deren Inhalt durch ihn geprägt wird. Verbleibt dem Hochschullehrer nur ein geringer Gestaltungsspielraum, ist zum Schutz des Zugriffs auf staatliche Ressourcen von einer Nebentätigkeit auszugehen. Eine Gefährdungslage für die dienstlichen Interessen bzw. eine Gefährdung des Lebensbereichs „Kunst" ist solange nicht ersichtlich, wie dem Professor der maßgeblichen Einfluss bezüglich Gestaltung und Ergebnis belassen ist. Ob dies der Fall ist, kann nur im Einzelfall unter Berücksichtigung der Gesamtumstände beurteilt werden.

cc) Zusammenfassung

Aus dem Gesagten ergibt sich, dass entscheidend ist, ob eine Auftragstätigkeit zur Folge hat, dass die Selbstbestimmtheit, Entschlussfreiheit und Unabhängigkeit des Hochschullehrers gefährdet ist oder nicht. Das „Ob" eines Auftrags, also der bloße Anstoß zum Tätigwerden durch einen Dritten, rechtfertigt noch nicht, die Verrichtung aus dem Kreis der Dienstaufgaben auszunehmen. Eine Gefährdungslage für die dienstlichen Interessen bzw. eine Gefährdung des Lebensbereichs „Kunst" ist solange nicht ersichtlich, wie dem Professor der maßgebliche Einfluss bezüglich Gestaltung und Ergebnis belassen bleibt. In einem solchen Fall spricht daher grundsätzlich nichts gegen die Einordnung als Dienstaufgabe. Ist dagegen eine übermächtige Stellung des Auftraggebers gegeben und ist die Selbstbestimmtheit, die Entschlussfreiheit und Unabhängigkeit erheblich zu bezweifeln, ist im Gegenzug grundsätzlich von einer Nebentätigkeit auszugehen.

Wann eine solche fremdbestimmte Tätigkeit vorliegt, ist anhand genannter Kriterien zu ermitteln. Besonders in den hier relevanten Fällen von Ausstellungstätigkeiten, Inszenierungen und Konzertveranstaltungen fällt die Abgrenzung bisweilen schwer, so dass eine differenzierte gesetzliche Klarstellung wünschenswert wäre, wann es im Regelfall dem Hochschullehrer an der Unabhängigkeit, Selbstständigkeit und Entschlussfreiheit ermangeln soll. Allerdings würde sich auch die praktische Problemstellung ergeben, dass eine abschließende Zuordnung durch den Gesetzgeber faktisch unmöglich ist, da der Facettenreichtum künstlerischer Tätigkeiten eine allgemeine Aussage kaum zulässt.[300]

Bei der Entscheidung, welche Tätigkeiten grundsätzlich als Nebentätigkeiten eingeordnet werden sollen, sind die besonderen Gegebenheiten an den Kunsthochschulen zu berücksichtigen. Der Gesetzgeber hat trotz der ihm zu gewährenden Einschätzungsprärogative zu berücksichtigen, dass der Auftragskunst ein hoher praktischer Stellenwert zukommt. Will er renommierte Hochschullehrer nicht wieder an den „freien Kunstmarkt" verlieren, muss er auch das Nebentätigkeitsgesetz „kunstfreundlich" ausgestalten. Da sich die Hochschullehrer in der Praxis immer neu beweisen müssen und die Kunst letztlich Ausdruck freier schöpferischer Gestaltungskraft des Einzelnen ist, ist die Frage, ob es dem Hochschullehrer an Entschlussfreiheit, Selbstständigkeit oder Unabhängigkeit ermangelt, mit großer Zurückhaltung zu bewerten. Daher ist jedenfalls eine Regelvermutung *zugunsten* des Vorliegens von Entschlussfreiheit, Selbstständigkeit und Unabhängigkeit zu bevorzugen.

Eine weitere Möglichkeit bestünde darin, dem Hochschullehrer in Abgrenzungsfällen ein Wahlrecht zuzugestehen, ob er die Tätigkeit als Dienstaufgabe oder als Nebentätigkeit wahrnehmen will. Dieses hat er allerdings vor Aufnahme der Arbeiten auszuüben, da nur so zur Rechtsklarheit beigetragen werden kann.

Sinnvoll erscheint die Kombination beider Ansätze. Der Gesetzgeber könnte durch die Normierung einzelner Regelbeispiele, in denen grundsätzlich nicht von einer mangelnden Entschlussfreiheit, Selbstbestimmtheit und Unabhängigkeit des Hochschullehrers auszugehen ist, und durch die Einräumung eines Wahlrechts des Professors für die über die gesetzliche Normierung hinausgehenden Fälle zu erheblicher Rechtssicherheit beitragen.[301]

---

300 Siehe zur vergleichbaren Problematik Kap. 4, II 3 a).
301 Vgl. die gesetzliche Abstufung in § 2 Abs. 3 HmbHNVO a.F.: „Wird einer Professorin oder einem Professor ein Auftrag erteilt, der eine zu ihrem oder seinem Fachgebiet gehörende wissenschaftliche oder künstlerische Tätigkeit zum Gegenstand hat und unter Inanspruchnahme von Einrichtungen, Personal oder Material des Dienstherrn

c) Drittmittelförderung

Die Drittmittelförderung hat an Kunsthochschulen bislang noch nicht denselben praktischen Stellenwert wie an wissenschaftlichen Hochschulen.

(1) Relevanz der Drittmittelförderung

Während letztere mangels staatlicher Mittel auf die Förderung durch Drittmittel angewiesen sind und die Einwerbung und Forschung mit Drittmitteln inzwischen zur Normalität gehört, öffnen sich die Kunsthochschulen verhältnismäßig langsam dieser Finanzierungsmöglichkeit. Eine kritische Auseinandersetzung mit den negativen Einflüssen der Drittmittelförderung auf die Unabhängigkeit der Kunsthochschullehrer ist mangels praktischer Relevanz, anders als für die wissenschaftlichen Hochschulen,[302] nur unzureichend erfolgt.[303]
§ 63 KunstHG NRW sieht eine Sonderregelung für das Kunsthochschulrecht vor. Gemäß § 63 Abs. 1 KunstHG NRW sind die in der Forschung[304] tätigen Hochschulmitglieder berechtigt, im Rahmen ihrer dienstlichen Aufgaben auch solche Forschungsvorhaben durchzuführen, die nicht aus den der Kunsthochschule zur Verfügung stehenden Haushaltsmitteln, sondern aus Mitteln Dritter finanziert werden. Die Verpflichtung der in der Forschung tätigen Hochschulmitglieder zur Erfüllung der übrigen Dienstaufgaben bleibt davon unberührt.

---

ausgeführt werden soll, hat die Professorin oder der Professor, sofern ihr oder ihm die Ausführung eines solchen Auftrags nicht als Dienstaufgabe zugewiesen ist, vor der Übernahme zu erklären, ob sie oder er den gesamten Auftrag einheitlich als Dienstaufgabe im Hauptamt oder als Nebentätigkeit ausführen wird. ²Handelt es sich nicht um ein Forschungsvorhaben oder um ein künstlerisches Entwicklungsvorhaben oder wird durch den Auftrag die Selbstständigkeit, Unabhängigkeit und Entschlussfreiheit der Auftragnehmerin oder des Auftragnehmers erheblich eingeengt, kommt nur eine Nebentätigkeit in Betracht; eine erhebliche Einengung ist bei einer künstlerischen Tätigkeit in der Regel nicht anzunehmen bei Ausstellungen, Gestaltungsaufträgen, Konzertveranstaltungen und Inszenierungen."

302 Vgl. Karpen, HumFoR 2010, 210 ff; Thieme, Deutsches Hochschulrecht, 2004, RN 77; Schenke, NVwZ 2005, 1000 (1002 f.); Hey, WissR 34 (2001), 1 ff; Matthiessen-Kreuder, WissR 24 (1991), 221 ff; Lindner, ZUM 2006, 32 (33); Löwer, in: Hailbronner/Geis, HRG-Kommentar, 32. Lfg. (Sep. 2004), § 25 RN 1 ff. Zum Hochschulsponsoring Hampe, Hochschulsponsoring und Wissenschaftsfreiheit, 2009, S. 36, 64 ff.
303 Zur Vorsicht rät A. Hoffmann (Allgemeiner Studierendenausschuss der Hochschule für Musik Köln) im Ausschussprotokoll des Landtages Nordrhein-Westfalens, APr 14/593, v. 25.01.2008, S. 11, sowie Lynen, KunstHG, in: Leuze/Epping, HG NRW, § 61, RN 12.
304 Zum Begriff bereits Kap. 4., II 2 a) cc) (3).

Die Durchführung dieser Vorhaben ist nach ausdrücklicher gesetzlicher Regelung Teil der Kunsthochschulforschung. Diese Vorschrift gilt für die Kunstausübung und für künstlerische Entwicklungsvorhaben gemäß § 61 Abs. 3 KunstHG NRW entsprechend.

Begrüßenswert ist, dass von § 61 Abs. 3 KunstHG NRW explizit auch die Kunstausübung erfasst wird. Die Begrenzung der Drittmittelförderung auf Forschungs- und künstlerische Entwicklungsvorhaben wäre unsachgemäß, da die Kunstausübung zu den wichtigsten Dienstaufgaben des Kunsthochschullehrers gehört. Zudem erübrigt sich durch die Aufnahme der Kunstausübung in den Kreis der „drittmittelfähigen" Tätigkeiten auch die diffizile Abgrenzung zwischen Kunstausübung, künstlerischen Entwicklungsvorhaben und der künstlerischen Forschung. Diese war bislang erforderlich, da die drittmittelfähigen Tätigkeiten auf künstlerische Entwicklungsvorhaben beschränkt waren. Da eine exakte Differenzierung oftmals nicht möglich ist, bestand die Besorgnis, dass eine Tätigkeit fälschlicherweise nicht mehr als künstlerisches Entwicklungsvorhaben angesehen werden könnte. Dies hätte zur Folge gehabt, dass keine drittmittelgeförderte Dienstaufgabe mehr vorliegt. Mit der Aufnahme der Kunstausübung in § 61 Abs. 3 KunstHG NRW erübrigt sich die Abgrenzung. Damit trägt diese Regelung erheblich zur Rechtssicherheit bei.[305]

Die für die *wissenschaftlichen* Hochschulen entwickelten Grundsätze zur Handhabung der Drittmittelförderung können allerdings grundsätzlich auf das Recht der Kunsthochschulen übertragen werden.

In der Forschung wäre zunächst danach zu differenzieren, ob die Drittmittel dem Hochschullehrer persönlich oder der Hochschule zur Verfügung gestellt werden. Weiteres Abgrenzungskriterium ist, ob ein bereits bestehendes oder vom Hochschullehrer geplantes Projekt finanziert werden soll. Relevant ist zudem, ob der Drittmittelgeber an die Hochschule oder den Professor persönlich herantritt, um ihn zur Übernahme der Tätigkeit zu veranlassen.

(2) Initiative des Drittmittelgebers

Tritt der Drittmittelgeber mit einem neuen Projektvorschlag an die Hochschule heran ist zu prüfen, ob der Auftrag der Hochschule oder dem Hochschullehrer erteilt ist. Kann dies nicht eindeutig bestimmt werden, gilt der Auftrag im Zweifel der Hochschule als erteilt.[306] Werden jener die Mittel gewährt, nimmt der Hochschullehrer die Tätigkeit grundsätzlich als Dienstaufgabe wahr. Diese

---

305 So auch Lynen, KunstHG, in: Leuze/Epping, HG NRW, § 28, RN 3.
306 Vgl. etwa § 2 Abs. 3 HNtVO Nds.

Überlegung ist zunächst konsequent, denn die Aufgaben der Hochschule gehören grundsätzlich auch zu den Dienstaufgaben des Professors.[307] Allerdings ist zu berücksichtigen, dass zum einen nicht die Hochschule, sondern nur die Hochschulmitglieder forschen[308] und zum anderen der Professor im Hauptamt lediglich abstrakt zur Forschung verpflichtet ist. Letztere ist zwar Dienstaufgabe des Hochschullehrers; eine Verpflichtung besteht hingegen nur dahingehend, das Fachgebiet überhaupt zu vertreten.[309] Aufgrund der grundrechtlich verbürgten Freiheit der *selbstständigen* Aufgabenwahrnehmung ist eine Verpflichtung zur Vornahme einer *konkreten* Forschungsleistung unmöglich, da dies zu einem Verstoß gegen Art. 5 Abs. 3 S. 1 GG führen würde.[310] Werden die Drittmittel der Hochschule gewährt, ist der Professor folglich berechtigt, nicht aber verpflichtet, die Tätigkeit auszuführen. Dieses Ergebnis findet seine Bestätigung beispielsweise in der Regelung des § 25 HSG LSA, die dem Hochschullehrer ein Wahlrecht einräumt, ob er überhaupt tätig werden will. Dort heißt es:

> „Die in der Forschung tätigen Hochschulmitglieder sind *berechtigt*, solche Forschungsvorhaben durchzuführen, die nicht aus den der Hochschule zur Verfügung stehenden Haushaltsmitteln, sondern aus Mitteln Dritter finanziert werden. Wenn sie solche Forschungsaufgaben durchführen, gehören diese zu ihren *dienstlichen Aufgaben.*"[311]

Unabhängig von der Frage, ob sich aus Art. 5 Abs. 3 GG eine „negative Forschungsfreiheit"[312] ableiten lässt, ist es in der Praxis wenig sinnvoll, einen Professor gegen seinen Willen zu einer konkreten wissenschaftlichen oder künstlerischen Tätigkeit zu verpflichten. Dies gilt im besonderen Maße für das Kunst- und Musikhochschulrecht, da die Kunst sich durch eine unvertretbare

---

307 Siehe hierzu bereits Kap. 4. II 1 c).
308 Detmer, in: Leuze/Epping, HG NRW, § 71, RN 74.
309 VGH Baden-Württemberg, U. v. 18.1.1977 – IV. 1107/75 – mit Anmerkung von Allert, MittHV 1982, 41 (43).
310 Nach Hufen kann hier sogar von einer negativen Forschungsfreiheit gesprochen werden, ders., WissR 22 (1989), 17, (27). Vgl. auch Jansen, Nebentätigkeit im Beamtenrecht, 1983, S. 161 f.; Püttner/Mittag, Rechtliche Hemmnisse der Kooperation zwischen Hochschulen und Wirtschaft, 1989, S. 192; Geis, § 52 HRG, in: HRG-Kommentar, RN 37.
311 Hervorhebung durch Verf.
312 Die Schaffung wissenschaftlicher Werke lasse sich nicht befehlen und darüber hinaus widerspreche die Verpflichtung der Werkschaffenden zur Publikation wissenschaftlicher Erkenntnisse gegen Art. 5 Abs. 3 GG. Vgl. Hufen, WissR 22 (1989), 17 (27). Kritisch Sigburg, PersV 1989, 200 (207).

schöpferische Eigenleistung des Künstlers auszeichnet, so dass ein Zwang zur Kunstausübung nicht zielführend wäre. Erklärt sich der Hochschullehrer zur Übernahme der Tätigkeit bereit, handelt es sich grundsätzlich um eine Dienstaufgabe und nicht um eine Nebentätigkeit. Dies ist auch interessengerecht, da der Auftrag der Hochschule und nicht dem Hochschullehrer persönlich erteilt wurde. Zu seinem Schutz ist ihm nur ein Wahlrecht einzuräumen, *ob* er die Tätigkeit überhaupt durchführen möchte. Die Entscheidungsmöglichkeit, ob er die Arbeiten als Dienstaufgabe oder in Nebentätigkeit durchführt, bedarf es hingegen nicht.[313]

Anders als an wissenschaftlichen Hochschulen wird es an den Kunsthochschulen indes vermehrt vorkommen, dass für den Drittmittelgeber gerade die Person des Hochschullehrers relevant ist. Aufgrund der Höchstpersönlichkeit künstlerischen Schaffens wird es ihm regelmäßig darauf ankommen, einen bestimmten Künstler und dessen Projekt zu unterstützen. Probleme ergeben sich zudem, wenn dem Professor für die Ausübung der Arbeiten eine besondere Vergütung gewährt werden soll. Wird die Tätigkeit als eine Dienstaufgabe eingeordnet, hätte dies aufgrund des Doppelbesoldungsverbots grundsätzlich eine Abführungspflicht zur Folge.

Es wird in der Diskussion um die Drittmittelforschung vertreten, dass ein dem Hochschullehrer persönlich erteilter Forschungsauftrag eigentlich einer der Hochschule ist und diese wiederum die tatsächliche Partnerin im „Drittmittelspiel" sei.[314] Der „Auftrag" wird zu einer Aufgabe der Hochschule und unterfällt damit wiederum den Dienstaufgaben des Hochschullehrers. Insofern gelten folglich die bereits aufgestellten Grundsätze.

Demgegenüber ist es wohl vorzugswürdig, dem Hochschullehrer ein Wahlrecht einzuräumen, ob der die Tätigkeit als Dienstaufgabe oder als Nebentätigkeit durchführen möchte. Aufgrund der grundrechtlich verbürgten Sonderstellung des Hochschullehrers habe dieser ein Recht im Hauptamt nach eigener Initiative zu forschen und zu lehren. Wie bereits festgestellt, hat er ein Recht *am* Amt. Seinem Selbstbestimmungsrecht muss daher eine maßgebliche Bedeutung zukommen. Nachdem er den Umfang und den Gegenstand seiner konkreten

---

313 So aber Dietrich, Nebentätigkeitsrecht B-W, S. 23 ff. Zustimmend auch Geis, § 52 HRG, in: HRG-Kommentar, RN 36, der das Wahlrecht aber dahingehend einschränken will, dass eine Dienstaufgabe nicht in Betracht komme, wenn durch die Ausübung der Tätigkeit andere Dienstaufgaben beeinträchtigt werden. Dann müsse zwangsläufig von einer Nebentätigkeit ausgegangen werden.
314 Kritisch insbesondere Hufen, WissR 22 (1989), 17 (23, 28 m.w.N.).

Forschungstätigkeit selbst bestimmen kann, könne er auch die Grenze zwischen Haupt- und Nebentätigkeit selbst ziehen.[315]

Dies ist auch sachgerecht, da es in dieser Konstellation maßgeblich auf die Person des Hochschullehrers ankommt. Wenn aber die Person des Professors im Mittelpunkt steht, so muss dies auch für sein Selbstbestimmungsrecht gelten. Da der Hochschullehrer vor Aufnahme der Tätigkeit erklären müsste, wie er von diesem Wahlrecht Gebrauch macht, mangelt es auch nicht an Rechtssicherheit. Übt er sein Wahlrecht dagegen nicht oder zu spät aus, ist grundsätzlich von einer Dienstaufgabe auszugehen, wenn die Tätigkeit mit dem Aufgabenkreis des Hochschullehrers in einem unmittelbaren Zusammenhang steht und kein Fall einer fremdbestimmten Auftragsarbeit vorliegt.[316]

(3) Initiative des Hochschullehrers oder der Hochschule

Häufig wird der Fall aber auch so liegen, dass der Hochschullehrer für ein bereits bestehendes oder geplantes Projekt Drittmittel einwerben und dabei unter Umständen auch die Hilfe der Hochschule bei der Suche nach einen Geldgeber in Anspruch nehmen wird.

Ist die Fremdfinanzierung eines bereits bestehenden, eigeninitiierten Projekts bewilligt worden, kann die Zurverfügungstellung von Drittmitteln keinen Einfluss mehr auf die Einordnung der Tätigkeit als Nebentätigkeit oder Dienstaufgabe haben. Wird die ausgeübte Beschäftigung bereits aufgrund ihres Aufgabenkreises dem Hauptamt zugeordnet, ändert auch die Finanzierung an der Zuordnung nichts. Dies gilt zudem unabhängig davon, ob dem Hochschullehrer eine persönliche Vergütung gewährt werden soll oder nicht.[317]

Ist das Projekt noch nicht begonnen worden, sondern bemüht sich der Hochschullehrer zuvor um eine Drittmittelfinanzierung, ist ausschließlich darauf abzustellen, wie die Tätigkeit ohne die Förderung einzuordnen wäre.[318] Handelt es sich um eine Beschäftigung, die im unmittelbaren Zusammenhang zu den Dienstaufgaben steht und kann der Hochschullehrer selbstbestimmt arbeiten, ist

---

315 Hufen, MittHV 1985, 288 (291); ders., MittHV 1990, 199 (200); WissR 22 (1989), 17 (23, 28); Lux-Wesener/Kamp, in: Hartmer/Detmer, RN 61; zustimmend Geis, Nebentätigkeitsrecht, in: HSchR-Bayern, S. 375. Kritisch Lecheler, PersV 1990, 299 (303); Reich, der das Abstellen auf den Willen des Hochschullehrers nur eingeschränkt für möglich hält, vgl. ders., BayHSchG, Art. 8 Abs. 1, RN 1.
316 Für drittmittelfinanzierte Auftragsarbeiten gelten die unter 4. Kap. II 3b) aufgestellten Grundsätze.
317 Geis, § 52 HRG, in: HRG-Kommentar, RN 35.
318 Hufen, WissR 22 (1989), 17 (31 f.); Geis, § 52 HRG, in: HRG-Kommentar, RN 35.

gleichfalls von einer hauptamtlichen Tätigkeit auszugehen. Ist dies nicht der Fall, kommt demgegenüber nur eine Nebentätigkeit in Betracht.

d) Engagierte Kunst

Probleme ergeben sich weiterhin, wenn der Künstler durch sein Kunstwerk eine Botschaft vermitteln und auf besondere Missstände etwa in Gesellschaft, Politik oder Wirtschaft aufmerksam machen möchte. Dies gilt etwa für die Anfertigung von politischen oder gesellschaftskritischen Karikaturen, Bildern oder Musikstücken.

Besonders problematisch wird es zudem, wenn der eigene Dienstherr „Angriffsziel" der meinungstransportierenden Kunst des Professors wird. Dies führt nicht nur dazu, dass der Treuepflicht und dem Mäßigungs- und Zurückhaltungsgebot des verbeamteten Hochschullehrers eine besondere Bedeutung zukommt, sondern zugleich dazu, dass der Staat paradoxerweise Finanzier der eigenen Missbilligung wird. Da sich aus der Natur des Beamtenverhältnisses ergibt, dass der Hochschullehrer die Interessen des Dienstherrn zu wahren hat, mag – undifferenziert betrachtet – fraglich sein, ob diese Art künstlerischen Tätigwerdens noch zu den Dienstaufgaben gerechnet werden kann.

Richtigerweise kann das Mäßigungs- und Zurückhaltungsgebot aber keinen Einfluss darauf haben, ob die Tätigkeit als hauptamtliche Aufgabe oder als Nebentätigkeit anzusehen ist.

Die engagierte Kunst fällt unter den Schutzbereich der Kunstfreiheit und ist nicht etwa anhand des Art. 5 Abs. 1 GG zu beurteilen.[319] Zu den Dienstaufgaben des Hochschullehrers gehört die Kunstausübung in ihrer Gesamtheit. Dies gilt unabhängig davon, ob es sich um engagierte Kunst handelt oder nicht. Die Einordnung als hauptamtliche Tätigkeit beschneidet ferner nicht in unbilliger Weise die Reaktionsmöglichkeiten des Dienstherrn. Wird die grundrechtliche Freiheit überstrapaziert, so dass die Wahrung dienstlicher Interessen ein Einschreiten erforderlich macht, kann auf das allgemeine Disziplinarrecht zurückgegriffen werden. Die zwangsläufige Einordnung der engagierten Kunst als Nebentätigkeit hat dies allerdings nicht zur Folge. Eine Nebentätigkeit kann, muss aber nicht vorliegen. Ob eine solche gegeben ist, ist anhand der bereits herausgearbeiteten Kriterien zu bestimmen. Eine Nebentätigkeit kann daher zu bejahen sein, wenn der Kunstausübung eine fremdbestimmte Auftragsarbeit zu Grunde liegt. Allein aufgrund der Einflussmöglichkeit des Auftraggebers ist die Anfertigung des

---

319 Vgl. bereits 3. Kap. III 3.

Werks allerdings als Nebentätigkeit zu qualifizieren und nicht etwa wegen ihrer Eigenschaft als meinungstransportierendes Medium.

III. Allgemeine Grundsätze für künstlerische Nebentätigkeiten

1. Grundlagen

Wie gezeigt, unterscheiden sich die Gegebenheiten an Kunsthochschulen deutlich von denen an wissenschaftlichen Hochschulen. Der Ausübung von künstlerischen Nebentätigkeiten kommt zudem eine gesteigerte Bedeutung zu, da die meisten Kunsthochschullehrer „Kunst und Musik als Beruf" weiter ausüben. Sie müssen ihr Können auch außerhalb der Hochschule immer wieder neu unter Beweis stellen.

Der hohe Praxisbezug wird auch bei der Berufung eines Hochschullehrers deutlich. Anders als das wissenschaftliche Personal, das sich vornehmlich aus den Mitarbeitern der Hochschule zusammensetzt, werden die Kunstprofessoren aus der privaten Kunstszene an die Hochschule rekrutiert. Wichtigste Einstellungsvoraussetzung ist eine herausragende künstlerische Leistung, die über einen längeren Zeitraum außerhalb der Hochschule erbracht wurde. Werden Künstler als Professoren berufen, haben sie sich von der Masse bereits positiv abgesetzt. Schränkt das Dienstrecht den Künstler zu sehr ein, muss damit gerechnet werden, dass besonders renommierte Persönlichkeiten von der Annahme einer Professur abgehalten werden könnten. Um das hohe fachliche Niveau der deutschen Kunsthochschulen zu wahren, muss das Kunsthochschulrecht „hochschullehrerfreundlich" ausgestaltet sein, ohne dass das Interesse der Studierenden an einer angemessenen Ausbildung vernachlässigt wird.

Sicherlich muss auch zwischen dem Hochschullehrer an einer Kunsthochschule und dem an einer Musikhochschule unterschieden werden. Dies ergibt sich bereits aus praktischen Überlegungen: Da der musikalische Nachwuchs auf eine regelmäßige fachliche Unterweisung angewiesen ist, muss der Dozent gewöhnlich anwesend sein. Wenn dieser Wochen oder gar Monate, z.B. wegen einer Konzertreise, nicht an der Hochschule zugegen ist, hat dies eine sofortige Auswirkung auf die Ausbildung der Studierenden und damit auf die dienstlichen Belange. Demgegenüber kommt dem täglichen oder wöchentlichen Üben an den Kunsthochschulen ein geringerer Stellenwert zu. Häufig anzutreffen sind vielmehr über das Semester hinweg verteilte Blockveranstaltungen, in denen den Studierenden die nötigen handwerklichen Techniken und Denkanstöße vermittelt werden. Nachdem die Entwicklung eines Kunstwerks einen längeren Zeitraum beansprucht, ist gegen Blockveranstaltungen, zu denen teilweise auch renommierte Künstler als Gastkritiker beigezogen werden, grundsätzlich nichts einzuwenden. Vielmehr gelten die Blockseminare an Kunsthochschulen als erprobtes Mittel, um auf die Besonderheiten des künstlerischen Entwicklungsprozesses ausreichend eingehen zu können. Dieses didaktische Konzept entspricht zudem besonders den Interessen des lehrenden Kunstprofessors, da sich die Ausübung von Nebentätigkeiten und die Dienstaufgaben besser miteinander vereinbaren lassen. Diese skizzierten Besonderheiten sind bei der einzelfallbezogenen Beurteilung nebentätigkeitsrechtlicher Fragestellungen stets zu Grunde zu legen.

2. Relevanz der Abgrenzung

Kommt man zu dem Ergebnis, dass eine Nebentätigkeit vorliegt, ist weiter zu prüfen, ob es sich um eine genehmigungspflichtige oder um eine genehmigungsfreie Nebentätigkeit handelt. Hierbei gilt der Grundsatz, dass eine Nebentätigkeit genehmigungspflichtig ist. Die Beeinträchtigung der dienstlichen Belange soll so unterbunden werden.

Eines Genehmigungsverfahrens bedarf es allerdings nicht, wenn eine Nebentätigkeit allgemein genehmigt oder eine gesetzliche Ausnahme von der Genehmigungspflicht normiert ist. Dies ist insbesondere der Fall bei wissenschaftlichen oder künstlerischen Nebentätigkeiten, die im Hochschullehrernebentätigkeitsrecht aus den oben genannten Gründen durchaus wünschenswert und nicht unbedingt negativ behaftet sind. Liegt ein solcher Fall vor, ist allerdings an eine mögliche Anzeigepflicht zu denken. Aber auch die Anzeigepflicht ist vor dem Hintergrund der Grundrechte zu betrachten, denn der Hochschullehrer muss Art und Umfang sowie die voraussichtliche Höhe der Vergütung seinem Dienstherrn anzeigen. Daher ist zumindest ein unmittelbarer Eingriff in sein allgemeines Persönlichkeitsrecht (Art. 2 Abs. 1 GG i.V.m. Art. 1 Abs. 1 GG) gegeben. Inwiefern dieser Eingriff gerechtfertigt ist und ob nicht auch ein mittelbarer Eingriff in die Kunstfreiheit in Betracht kommt, wird noch zu klären sein.

Die Spannweite von genehmigungspflichtigen Nebentätigkeiten (eventuell sogar mit noch weitergehenden Genehmigungsanforderungen, wie etwa bei freiberuflichen Tätigkeiten) bis hin zur genehmigungsfreien wissenschaftlichen und künstlerischen Nebentätigkeit ist mithin nicht nur sehr groß, sondern trägt der unterschiedlichen grundrechtlichen Rechtfertigungslast Rechnung. Je wahrscheinlicher die Beeinträchtigung dienstlicher Interessen durch die Ausübung einer Nebentätigkeit ist, desto höhere gesetzliche Hürden sind zu überwinden.

Der Einfluss der Grundrechte ist zudem im Bereich der Ausübung von Nebentätigkeiten für den öffentlichen Dienst nicht zu verkennen. Hier ist das

Spannungsverhältnis zwischen dienstrechtlicher Stellung einerseits und wissenschaftlicher oder künstlerischer Tätigkeit andererseits sogar noch evidenter. Schließlich hat der verbeamtete Hochschullehrer als Staatsdiener unter Umständen sogar eine Übernahmeverpflichtung. Nicht nur, dass diese Verpflichtung zur Übernahme einer Nebentätigkeit ein erheblicher freiheitsverkürzender Eingriff ist; darüber hinaus wird für deren Ausübung aufgrund des Verbots der Doppelalimentation grundsätzlich auch keine Vergütung gewährt. Dem kann gegebenenfalls eine Ablieferungspflicht für dennoch erhaltene Vergütungen folgen. Der Umfang der Ablieferungspflicht bestimmt sich nach den jeweiligen landesrechtlichen Vorschriften.[320] Von ihr werden jedoch für Lehr-, Unterrichts-, Vortrags- oder Prüfungstätigkeiten und insbesondere für wissenschaftliche und künstlerische Tätigkeiten Ausnahmen zugelassen. Diese Ausnahmeregelungen sind für das Gesamtkonzept des hochschullehrerfreundlichen Nebentätigkeitsrechts allerdings nur stringent.

Die besondere Stellung des Hochschullehrers zeigt sich zudem beim Problemkreis der Inanspruchnahme von Einrichtungen, Material und Personal des Dienstherrn. Auch hier werden wissenschaftliche und künstlerische Nebentätigkeiten privilegiert. Nicht nur, dass die Inanspruchnahme der Ressourcen des Dienstherrn in diesen Fällen grundsätzlich allgemein genehmigt werden. Für die Inanspruchnahme ist häufig auch kein Nutzungsentgelt zu entrichten.

Diesen summarisch aufgezeigten Einzelproblemen ist gemein, dass es ersichtlich darauf ankommt, ob es sich um eine künstlerische Tätigkeit handelt. Dies ist nicht nur für die Einordnung der Beschäftigung als Nebentätigkeit oder als Dienstaufgabe entscheidend, sondern auch für die Frage, ob die Tätigkeit zu privilegieren ist. Die Abgrenzung einer künstlerischen von einer sonstigen Nebentätigkeit ist im Hochschullehrernebentätigkeitsrecht mithin von essentieller Bedeutung.

3. Beeinträchtigung der dienstlichen Interessen

Die Ausübung einer Nebentätigkeit findet ihre Grenzen in der Beeinträchtigung dienstlicher Interessen. Deren Sicherung ist eine primäre Zielsetzung des Nebentätigkeitsrechts.[321] Geht man für die Bestimmung einer privilegierten künstlerischen Nebentätigkeit zudem von dem weiten Begriffsverständnis der

---

320 § 17 BayHSchLNV; § 3a HNTVO B-W iVm § 5 Abs. 2–6 LNTVO B-W; § 10 HNtVO BLN; § 7 HNtV Bbg; § 6a BremNVO;§ 2 HesNVO; § 8 NebVO RPf; § 9 NtVO SL; § 7 HNVO LSA.
321 Vgl. hierzu bereits Kap. 1 II 2, 3.

Kunstfreiheitsgarantie aus, bedarf es ausreichender Sicherungsmechanismen um einer Verletzung der Dienstpflichten vorzubeugen.

Auch an den Kunsthochschulen hat sich der verbeamtete Professor mit voller „Hingabe seinem Amt zu widmen". Mit der Berufung in das Beamtenverhältnis korrespondiert die Pflicht, sich nicht nur für die Belange des Dienstherrn einzusetzen sondern diesem seine volle Arbeitskraft zu widmen. Selbst die künstlerische Nebentätigkeit darf daher die dienstliche Leistungsfähigkeit nicht erheblich beeinträchtigen.[322]

Die grundrechtliche Freiheit aus Art. 5 Abs. 3 GG findet ihre Schranken in den kollidierenden Verfassungsgütern der hergebrachten Grundsätze des Berufsbeamtentums und in den durch Art. 12 Abs. 1 GG grundrechtlich geschützten Belangen der Studierenden. Es ist darauf zu achten, dass durch die Wahrnehmung einer Nebentätigkeit – sei sie auch künstlerischer Natur – die Lehre nicht beeinträchtigt wird. Da allgemein genehmigte und genehmigungsfreie Beschäftigungen im Verhältnis zu den genehmigungspflichtigen Nebentätigkeiten privilegiert sind, müssen auch unterschiedliche graduelle Anforderungen an die Beeinträchtigung der dienstlichen Interessen gestellt werden. Dies ist letztlich der Ausstrahlungswirkung der Grundrechte geschuldet.

Handelt es sich um eine genehmigungspflichtige Nebentätigkeit und ist die Beeinträchtigung dienstlicher Belange zu besorgen, muss die Erteilung der Genehmigung versagt oder nachträglich widerrufen werden. Als milderes Mittel kann diese im Einzelfall auch mit Nebenbestimmungen versehen werden.[323] Nachdem der Widerruf von Nebentätigkeitsgenehmigungen traditioneller Inhalt des Nebentätigkeitsrechts ist,[324] hat der Beamte trotz der erteilten Genehmigung keine uneingeschränkt geschützte Rechtsposition.

Im Falle einer genehmigungsfreien oder allgemein genehmigten Tätigkeit kommt eine vorherige Genehmigungsversagung naturgemäß nicht in Betracht. Dennoch ist die Möglichkeit des Einschreitens der Behörden als wichtiges Regulativ gegen das Ausufern genehmigungsfreier Nebentätigkeiten gegebenenfalls geboten. Damit bleibt die „dienstliche Verantwortung" des verbeamteten Hochschullehrers gewährleistet. Aufgrund ihrer grundrechtlichen Privilegierung ist bei genehmigungsfreien Nebentätigkeiten aber die bloße Besorgnis der Beeinträchtigung dienstlicher Interessen nicht ausreichend, um einen Eingriff

---

322 Sembdner, PersV 1981, 305 (308). Für die wissenschaftliche Nebentätigkeit eines Beamten, vgl. Schrödter, Die Wissenschaftsfreiheit eines Beamten, 1974, S. 107.
323 Günther, DÖD 1988, 78 (81); Post, Das Post, Nebentätigkeitsrecht NRWS. 30.
324 BVerfGE 52, 202 (343 ff.). Dazu Störle, Das Nebentätigkeitsrecht der Hochschullehrer in Bayern, 2007, S. 61 m.w.N.

zu rechtfertigen. Vielmehr müssen die dienstlichen Interessen auch tatsächlich beeinträchtigt sein.[325] Den Dienstherrn trifft für das Vorliegen eines Versagungs- oder Verbotsgrundes zudem die Darlegungs- und Beweislast, da er in die Grundrechtsposition des Beamten eingreift.[326]

a) Beurteilungsmaßstab

Ob eine Beeinträchtigung dienstlicher Belange vorliegt, ist stets eine Einzelfallentscheidung. Äußerst problematisch ist zudem, welcher Maßstab für die Beurteilung einer Beeinträchtigung dienstlicher Belange heranzuziehen ist.

Die Regelungen des Nebentätigkeitsrechts dienen unter anderem dazu, die Leistungsfähigkeit des Professors zu erhalten. Für die Beurteilung der Leistungsfähigkeit ist die Ermittlung der Belastbarkeit des Hochschullehrers erforderlich. Um festzustellen, ob ein signifikanter Abfall der Leistungsfähigkeit des Professors vorliegt, kann zum einen die übliche Leistungsfähigkeit eines Beamten in vergleichbarer Position festgestellt werden. Zum anderen ist zu klären, ob für diese Beurteilung ein konkret-individueller oder ein abstrakt-genereller Maßstab heranzuziehen ist. Es fragt sich also, ob auf die durchschnittliche Arbeitsbelastung eines Professors in einem vergleichbaren Fach abzustellen ist oder auf die übliche Leistungsfähigkeit des konkret betroffenen Beamten.

Da es sich bei der Begrenzung von Nebentätigkeiten um rechtfertigungsbedürftige Eingriffe in eine gesicherte Grundrechtsposition des Beamten handelt, ist auf die individuelle Leistungsfähigkeit abzustellen. Ist die physische und psychische Belastungsgrenze bei dem handelnden Hochschullehrer überdurchschnittlich hoch anzusetzen, braucht er also verhältnismäßig wenig Zeit zur Regeneration, muss dies durch die entscheidende Behörde entsprechend gewürdigt werden. Die übliche Belastungsgrenze eines Beamten in vergleichbarer Position kann aber weiterhin als ein Indiz herangezogen werden. Der individuellen Belastbarkeit des Hochschullehrers kommt daher naturgemäß eine ebenso vergleichbar wichtige Bedeutung zu wie der Art der Nebenbeschäftigung.[327]

---

325 Dietrich, Nebentätigkeitsrecht B-W, S. 62; Geis, § 52 HRG, in: HRG-Kommentar, RN 92.
326 Schneider/Schumacher, MittHV 1979, 48 (50); Schnelle/Hopkins, NVwZ 2010, 1333 (1334); Günther, DÖD 1988, 78 (81).
327 Vgl. BVerwG ZBR 1977, 27; BVerwGE 60, 254 (256 f.); 67, 287 (293 f.). Zustimmend Post, Das Post, Nebentätigkeitsrecht NRWS. 32; Geis, in: Fürst, GKÖD, L § 99, RN 55. Günther, DÖD 1988, 78 (85). Schnelle/Hopkins, NVwZ 2010, 1333 (1334); Günther, DÖD 1988, 78 (81).

Wie bereits erläutert, sind die besonderen Umstände an den Kunsthochschulen bei allen nebentätigkeitsrechtlichen Fragestellungen hinreichend zu berücksichtigen. Sie haben nicht nur auf die Abgrenzung von Hauptamt und Nebentätigkeit einen maßgeblichen Einfluss, sondern strahlen insbesondere auch auf die einzelnen Abgrenzungsfragen aus.[328] Neben der Berücksichtigung der individuellen Belastungsgrenze müssen daher auch die praktischen Besonderheiten der Kunsthochschulen in die Bewertung mit einbezogen werden. Ob und in welchen Umfang die dienstlichen Interessen verletzt werden können, ist zum einen an Universitäten und Kunsthochschulen unterschiedlich zu beurteilen. Zum anderen ist es auch notwendig, eine Differenzierung zwischen den Gegebenheiten an Kunsthochschulen und Musikhochschulen vorzunehmen. Dies zeigt das bereits genannte Beispiel des kontinuierlichen Studienbedürfnisses eines Musikstudenten, während in den wissenschaftlichen Fächern oder etwa in der bildenden Kunst andere Prämissen gelten. Demgegenüber bedarf der Studierende der bildenden Künste, der zunächst erste Entwürfe erarbeitet, dann Rücksprache mit dem Dozenten hält, dessen Änderungsvorschläge oder Anregungen berücksichtigt und schließlich erst dann das finale Werk schafft, keiner regelmäßigen Unterweisung. Die Anforderungen an die Wahrung der dienstlichen Interessen divergieren darüber hinaus auch innerhalb derselben Hochschulart je nach vertretenem Fach. Die Bedingungen, die an das Fach Komposition gestellt werden, können naturgemäß nicht auf die Anforderung, die an das Fach „Gesang" zu stellen ist, übertragen werden. Aus diesen Gründen sind die bei der Auslegung des unbestimmten Rechtsbegriffs zu berücksichtigenden Umstände, d.h. das vom Hochschullehrer vertretene Fach, die Größe der Klasse oder der Betreuungsaufwand, stets konkret-individuell zu ermitteln.

Bei der Auslegung der Frage, ob dienstliche Belange beeinträchtigt sind, ist weiter zu berücksichtigen, dass sich besonders renommierte Künstler oder Musiker für die Tätigkeit an den Hochschulen nur gewinnen lassen, wenn sich durch ihren Eintritt in den Staatsdienst keine untragbaren Nachteile für sie ergeben. Der sich, durch den Verzicht auf hohe Einnahmen und künstlerische Freiheit, für die studentische Ausbildung „opfernde" Musiker oder Künstler kommt einer Illusion gleich. Es wäre lebensfremd anzunehmen, dass berühmte Künstlerpersönlichkeiten auf ihre erkämpften Privilegien und Einnahmen mit Eintritt in den Staatsdienst freiwillig verzichten würden. Die Befürchtung, dass diese Künstler durch eine rigide Auslegung des unbestimmten Rechtsbegriffs der

---

[328] 4. Kap. III 1.

Beeinträchtigung dienstlicher Interessen von dem Eintritt in den Hochschulbetrieb abgehalten werden könnten, mag zwar nur auf einen sehr kleinen Anteil der Hochschullehrer zutreffen. Allerdings würde die Absage eines renommierten Künstlers nicht nur der Kunsthochschule, sondern schlussendlich auch dem Kulturstandort selbst schaden.

b) Der Rechtsbegriff der dienstlichen Interessen

Bei der „Besorgnis der Beeinträchtigung dienstlicher Interessen" handelt es sich um einen weit auszulegenden und auch gerichtlich voll nachprüfbaren unbestimmten Rechtsbegriff.[329] Bei dessen Auslegung sind sowohl zeitliche als auch inhaltliche Grenzen zu beachten. Übt ein Beamter etwa seit geraumer Zeit eine Nebentätigkeit aus, ohne dass dienstrechtliche Bedenken hiergegen bestanden haben, bedarf es konkreter Anhaltspunkte, die die Besorgnis der Beeinträchtigung dienstlicher Interessen plötzlich zu begründen vermögen.[330]

Eine „Besorgnis" ist nach Auffassung des Bundesverwaltungsgerichts gegeben, wenn bei verständiger Würdigung der gegenwärtig erkennbaren Umstände unter Berücksichtigung der erfahrungsgemäß zu erwartenden Entwicklung eine Beeinträchtigung wahrscheinlich ist.[331] Wenngleich eine *hohe* Wahrscheinlichkeit für die Bejahung des Einschränkungsmerkmals nicht erforderlich ist, ist die bloße Möglichkeit einer fernliegenden Gefahr nicht ausreichend. Eine Besorgnis ist vielmehr gegeben, wenn vernünftige Gründe für die Annahme einer Beeinträchtigung vorliegen. Insgesamt wird man umso eher von ihr ausgehen können, je entfernter die Nebentätigkeit inhaltlich vom Hauptamt angesiedelt ist.[332]

Das dienstliche Interesse, als Untergruppe des öffentlichen Interesses, ist die Grenze für die Ausübung von Nebentätigkeiten. Hierzu zählen alle auf die Dienstpflichten bezogenen Tätigkeiten des Beamten. Nachdem die dienstlichen und die öffentlichen Interessen nicht deckungsgleich sind, ist ein allgemeines öffentliches Interesse ohne einen dienstlichen Bezug nicht ausreichend.[333]

---

329 BVerwG, ZBR 1971, 57; ZBR 1977, 27; BVerwGE 60, 254 (255); Summer, ZBR 1988, 1 (4); Dietrich, Nebentätigkeitsrecht B-W, S. 61.
330 VG Aachen U. v. 30. 3. 2006 – 1 K 3874/04 –, juris.
331 BVerwG ZBR 1977, 27 (28); BVerwGE 60, 254 (256 f.).
332 BVerfGE 32, 288 (290); 31, 241 (247 f.); 35, 246 (253); 40, 11 (16); 60, 254 (256 f.). Vgl. auch die Begründung des Entwurfs der Regierungsfraktion BT-10/1319, S. 9. Post, Das Post, Nebentätigkeitsrecht NRWS. 30 f.; Geis, in: Fürst, GKÖD, L § 99, RN 55 m. w. N.
333 BVerwGE 12, 34 (36); 29, 304 (306); 60, 254 (257); BVerwG ZBR 1971, 57 (58); Häberle, Öffentliches Interesse, 1970, S. 181; Jansen, Nebentätigkeit im Beamtenrecht,

Eine Beeinträchtigung dienstlicher Interessen, die eine Versagung der Genehmigung, den Widerruf einer bereits erteilten Genehmigung oder die Untersagung einer genehmigungsfreien Nebentätigkeit rechtfertigen kann, ist im *allgemeinen Beamtenrecht* insbesondere bei Nebentätigkeiten zu erwarten,

- die nach Art und Umfang die Arbeitskraft des Beamten so stark in Anspruch nehmen, dass eine ordnungsgemäße Erfüllung der Dienstpflichten behindert werden kann,
- die den Beamten in Widerstreit mit den dienstlichen Pflichten bringen kann,
- wenn die Tätigkeit in einer Angelegenheit ausgeübt wird, in der die Behörde, der der Beamte angehört, selber tätig ist,
- die Unparteilichkeit und Unbefangenheit des Beamten beeinflusst werden kann,
- zu einer wesentlichen Einschränkung der künftigen dienstlichen Pflichten des Beamten führen kann oder
- die dem Ansehen der öffentlichen Verwaltung abträglich ist.[334]

Wenngleich diese Regelbeispiele nicht abschließend sind, sind in der Praxis kaum Fälle denkbar, die denen diesen nicht den Fall erfassen würden.[335] Während das Beispiel der übermäßigen Beanspruchung der Arbeitskraft nicht nur in der Fachliteratur, sondern auch am praxisrelevantesten ist,[336] steht hinter den übrigen Regelbeispielen das Motiv, dass die Funktionsfähigkeit der Verwaltung und das Vertrauen der Öffentlichkeit erhalten bleiben. Jeder Eindruck eines möglichen Interessen- und Loyalitätskonfliktes soll vermieden werden.[337] Die Einschränkung einer Nebentätigkeit aus sachfremden arbeitsmarkt- oder wettbewerbspolitischen Gründen wird dagegen ganz weit überwiegend und zu Recht abgelehnt.[338]

1981, S. 86. Wenngleich nicht die mit der unmittelbaren Erledigung dienstlicher Aufgaben zusammenhängenden Interessen zu fordern sind, ist nicht jedes „öffentliche Interesse" auch ein „dienstliches Interesse", vgl. Ehlers, DVBl. 1985, 879 (881). Dienstliche Interessen zählen zwar immer zu den öffentlichen Interessen, nicht aber umgekehrt, vgl. BVerwGE 12, 34, 36; Häberle, Öffentliches Interesse, 2006, S. 414.

334 Vgl. insoweit § 99 Abs. 2 BBG.
335 Hierzu Geis, in: Fürst, GKÖD, L § 99, RN 56.
336 Vgl. etwa Störle, Das Nebentätigkeitsrecht der Hochschullehrer in Bayern, 2007, S. 55 ff; Lippert, NJW 1986, 2876 (2877); Dietrich, Nebentätigkeitsrecht B-W, S. 62; Sembner, PersV 1981, 305 (309).
337 Baßlsperger, Begrenzung von Nebentätigkeiten, S. 190; ders., ZBR 2004, 369 (375); Post, Das Post, Nebentätigkeitsrecht NRWS. 36 ff.
338 Siehe hierzu 1. Kap. II 2).

Die Versagungsgründe, die auch auf das Nebentätigkeitsrecht der Hochschullehrer grundsätzlich sinngemäß übertragen werden können, haben mithin – grob untergliedert – eine dreifache Zweckrichtung: Die Gewährleistung der vollen Einsatz- und Leistungsfähigkeit, der Unparteilichkeit und Unbefangenheit des Beamten sowie der Sicherung und Stärkung des Ansehens und der Integrität der öffentlichen Verwaltung.[339]

c) Einzelprobleme

aa) Überbeanspruchung der Arbeitskraft

Die Begrenzung der Ausübung von Nebentätigkeiten aufgrund ihres zeitlichen Umfangs ist auch in der Kunsthochschulpraxis besonders bedeutsam. Hier gilt gleichfalls der Grundsatz, dass der Hochschullehrer seine volle Arbeitskraft dem Amt zu widmen hat. Dabei handelt es sich um ein „kennzeichnendes Strukturprinzip seines Rechtsverhältnisses".[340]

Der Beamte hat seine dienstfreie Zeit so auszugestalten, dass seine Gesundheit und damit seine volle Arbeitskraft und Einsatzbereitschaft gewährleistet bleibt. Die Ausübung von Nebentätigkeiten darf nicht dazu führen, dass die Leistungsfähigkeit physisch oder psychisch beeinträchtigt wird. Typische Beispiele dafür sind etwa Stress oder Übermüdungserscheinungen. Ein dienstunfähiger Beamter, der der Belastung durch eine Nebentätigkeit keine oder nur eine verminderte Arbeitskraft entgegensetzen kann, muss sich eine Beeinträchtigung der dienstlichen Interessen vorwerfen lassen.[341]

Die Ausübung von Nebentätigkeiten muss im Verhältnis zur Arbeitszeit grundsätzlich die Ausnahme bleiben und ist nur außerhalb der Arbeitszeit[342] gestattet, so dass die erforderlichen Dienstabläufe nicht beeinträchtigt werden können. Ist ein Hochschullehrer beispielsweise während des Vorlesungsbetriebes vermehrt abwesend, so dass er seine Lehrverpflichtungen nicht effektiv wahrzunehmen vermag, ist eine Beeinträchtigung der Dienstpflichten grundsätzlich anzunehmen. Insbesondere kann eine gehäufte Vorlesungsvertretung durch Lehrstuhlmitarbeiter die Abwesenheit des Professors nicht kompensieren.

---

339 Vgl. bereits 1. Kap. I 2 m.w.N.
340 BVerfGE 55, 207 (240). Dazu auch Günther, DÖD 1988, 78 (84).
341 Geis, in: Fürst, GKÖD, L § 99, RN 58. Zum Beurteilungsmaßstab, vgl. 4. Kap. III 3 a).
342 Da die Arbeitszeitregelungen auf die Professoren nicht anwendbar sind, ist dieser Grundsatz dahingehend abzuwandeln, dass sich der Hochschullehrer immer dann nicht im Dienst befindet, wenn er einer Nebentätigkeit nachgeht, vgl. dazu Dietrich, Nebentätigkeitsrecht B-W, S. 63.

Dies ist angesichts der fachlichen Kompetenz des Hochschullehrers, die für die Qualität der studentischen Ausbildung maßgeblich ist, auch zu fordern. Die Lehre ist ein wesentlicher Bestandteil der hauptamtlichen Pflichten. Vor dem Hintergrund, dass der Hochschullehrer grundsätzlich nur eine Lehrverpflichtung während des Vorlesungsbetriebes hat, ist es ihm auch grundsätzlich zumutbar, seine Nebentätigkeiten so zu legen, dass es zu keiner Kollision kommen kann. Gelingt ihm dies nicht, hat der Professor auf die Ausübung der Nebentätigkeit im Zweifel zu verzichten.

Unabhängig von der zeitlichen Überschneidung der ausgeübten Nebentätigkeit und der hauptamtlichen Pflichten fragt sich, wann eine Beeinträchtigung dienstlicher Interessen in den übrigen Fällen anzunehmen ist.

Im allgemeinen Beamtenrecht wird grundsätzlich von einer Beeinträchtigung der dienstlichen Belange ausgegangen, wenn die aufgewendete Zeit für die Ausübung der Beschäftigung mindestens einem Fünftel der Gesamtarbeitszeit des Hauptamtes entspricht.

Bei dieser „Fünftelvermutung" handelt es sich zum einen um eine Beweisvermutung und zum anderen um eine Konkretisierung des unbestimmten Rechtsbegriffs der Besorgnis der Beeinträchtigung dienstlicher Interessen.[343] Unabhängig von dieser Regelvermutung liegt ein Versagungsgrund vor, wenn im Einzelfall die Nebentätigkeit nach Art und Umfang ein Ausmaß erreicht, das die Leistungsfähigkeit des Beamten erheblich beeinträchtigt. Da die Hochschullehrer allerdings keinen festen Arbeitszeitregelungen unterworfen sind, ist die „Fünftelvermutung" unstreitig nicht auf das Nebentätigkeitsrecht der Professoren anwendbar. Daher ist hier eine Beeinträchtigung dienstlicher Interessen aufgrund einer zeitlichen Überbeanspruchung in der Regel gegeben, wenn die Nebentätigkeit den Umfang von durchschnittlich einem Arbeitstag wöchentlich übersteigt.[344]

---

343 Gegen die Beweisvermutung, Geis, GKÖD, L § 99, RN 60.
344 So Nr. 3.2 KMK-Empfehlung sowie § 9 Abs. 1 S. 1 BayHSchLNV. Mit Abweichungen § 4 HNtVO Nds a.F.; § 4 Abs. 2 HNtV NRW a.F.; 5 Abs. 3 HNVO LSA; § 3 Abs. 2 S. 1 Nr. 4 HNtVO S-H a.F. In anderen Bundesländern (vgl. II. VwV Hochschulnebentätigkeit Sachsen) ist eine Beeinträchtigung dienstlicher Belange dann zu besorgen, wenn die Nebentätigkeit den Umfang von acht Wochenstunden überschreitet. Die Vermutung der Beeinträchtigung dienstlicher Belange bei Überschreitung der „Acht-Stunden-Grenze", kommt der „Fünftelvermutung" sehr nahe. Daher wird diese Regelung als bedenklich angesehen, vgl. Hellfeier, in: Leuze/Epping, HG NRW, RN 56; a.A. Lux, Rechtsfragen der Kooperation zwischen Hochschulen und Wirtschaft, 2002, S. 249.

Zur Bestimmung des Zeitumfangs wird bei der Wahrnehmung mehrerer Nebentätigkeiten jede einzelne genehmigungspflichtige Nebentätigkeit zu einer Gesamtsumme addiert. Ob auch die aufgewendete Zeit für die Ausübung genehmigungsfreier Nebentätigkeiten hinzu addiert werden darf, ist dagegen streitig.[345] Nachdem die Leistungsfähigkeit des Beamten primär an die Arbeitsbelastung anknüpft, ist es zunächst irrelevant, ob die Nebentätigkeit genehmigungsfrei oder genehmigungspflichtig ist.[346] Grundsätzlich ist zunächst die zeitliche Beanspruchung des Hochschullehrers maßgeblich und zwar unabhängig von der Art der ausgeübten Tätigkeit. Es gilt einen Leistungsabfall aufgrund einer Überlastungssituation zu verhindern. Dem wird entgegengehalten, dass eine Einbeziehung der genehmigungsfreien Nebentätigkeiten zu Wertungswidersprüchen führen würde, da diese nur unter Einschränkungen (insbesondere im Falle ihrer entgeltlichen Ausübung) oder überhaupt nicht anzeigepflichtig sind, so dass ihre Einbeziehung in die Zeitberechnung zu einer verfassungsrechtlich bedenklichen mittelbaren Nachweispflicht führe.[347]

Das Bundesverfassungsgericht hat die Anzeigepflicht selbst für verfassungsgemäß erklärt,[348] so dass grundsätzlich Auskunft über Art und Umfang der ausgeübten genehmigungsfreien Nebentätigkeit verlangt werden kann. Daher spricht nichts dagegen, zumindest solche genehmigungsfreien Nebentätigkeiten in die Berechnung einzubeziehen, die einer Anzeigepflicht unterliegen. Hier droht per se keine mittelbare Auferlegung von gesetzlich nicht vorgesehenen Nachweispflichten.

Aufgrund des Normzwecks hat ihre Einbeziehung auch zu erfolgen, wenn konkrete Anhaltspunkte dafür sprechen, dass bei ihrer Berücksichtigung eine Beeinträchtigung dienstlicher Interessen gegeben sein könnte. Dies ist auch interessengerecht. Der Beamte muss seinen Dienstpflichten uneingeschränkt nachkommen. Die Ausübung von genehmigungsfreien Nebentätigkeiten mag zwar privilegiert sein. Dies bedeutet allerdings nicht, dass deren Wahrnehmung weniger kraftraubend ist. Die allgemeine Ausnahme der genehmigungsfreien Nebentätigkeiten aus der Berechnung kann daher nicht überzeugen und ist auch mit dem Prinzip der „vollen Hingabe an das Amt" nicht zu vereinbaren.

---

345 Dafür Günther, DÖD 1988, 78 (84 f.). Ablehnend Fürst, ZBR 1990, 305 (306 f. m.w.N.).
346 Günther, DÖD 1988, 78 (84).
347 Fürst, ZBR 1990, 305 (307 ff.); Summer, ZBR 1988, 1 (6 ff); Geis, in: Fürst, GKÖD, L § 99, RN 62.
348 BVerfG B. v. 27.3.1981 – 2 BvR 1472/80; BVerwG, DVBl. 2008, 114 f. Dazu näher unter 4. Kap. IV 1 b).

Vielmehr ist es geboten, auch genehmigungsfreie Nebentätigkeiten einzubeziehen, die der Anzeigepflicht unterliegen. Demgegenüber sind alle genehmigungsfreien Nebentätigkeiten, die keiner Anzeigepflicht unterliegen, von der Einbeziehung in die Addition auszunehmen. Ansonsten würde tatsächlich eine mittelbare Anzeigepflicht geschaffen werden, die jeglicher gesetzlichen Grundlage entbehren würde.

Allerdings ist zu berücksichtigen, dass es sich bei der zeitlichen Höchstgrenze lediglich um eine Regelvermutung handelt. Die Behörde muss weiterhin im Einzelfall berücksichtigen, ob die Regelzeit aufgrund einer Addition von an sich gewünschten wissenschaftlichen oder künstlerischen Nebentätigkeiten überschritten wurde. Sind neben dem bloßen zeitlichen Umfang der ausgeübten Beschäftigungen keine weiteren Anhaltspunkte für die Beeinträchtigung der dienstlichen Belange ersichtlich, kann im Einzelfall eine Abweichung von der Regelvermutung geboten sein. Dies etwa dann, wenn es sich weit überwiegend oder gar ausschließlich um die Wahrnehmung genehmigungsfreier Nebentätigkeiten handelt.[349]

Die Tatsache, dass nicht in allen Landesgesetzen eine Anzeigepflicht für genehmigungsfreie Nebentätigkeiten normiert ist,[350] und damit die Hochschullehrer in den Ländern, die eine Anzeigepflicht vorsehen, gegenüber jenen in „anzeigefreien" Ländern benachteiligt werden, ist als Entscheidung des jeweiligen Normgebers in einem föderalen Staat hinzunehmen.

Die Behörde hat im Einzelfall zudem zu prüfen, ob besondere Umstände vorliegen, die ein Abweichen von der Regelvermutung rechtfertigen. Eine Ausnahme kommt insbesondere in Betracht, wenn die Nebentätigkeit nur temporär oder punktuell stärkere Belastungen birgt und daher die dienstlichen Belange nur kurzfristig beeinträchtigt werden.[351] Relevant sind an dieser Stelle wiederum die unterschiedlichen Lehrstrukturen an Kunsthochschulen, die durch die Arbeit in Kleingruppen oder gar durch Einzelunterricht geprägt sind. Auch bei der Bewertung einer zeitlichen Überbeanspruchung ist das vom Hochschullehrer vertretene Fach entscheidungserheblich. Zu unterscheiden ist abermals, ob es eine regelmäßige persönliche Zusammenarbeit mit den Studierenden erfordert oder ob etwa Blockseminare zur Wissensvermittlung grundsätzlich ausreichend

---

349 Vgl. ausdrücklich 2. KMK-Empfehlung vom 30.1.1981 i.d. F. vom 4.12.1992.
350 Bislang hat nur Bayern die Anzeigepflicht durch § 1 Nr. 5 der 6. VO zur Änderung der Bayerischen Hochschullehrernebentätigkeitsverordnung v. 28.09.2006 (GVBl. S. 790) aufgehoben.
351 BT-Drs. 10/2542, S. 15; Schnellenbach, NVwZ 1985, 327 (328); Geis, GKÖD, L § 99, RN 60.

wären. Im letzteren Fall wäre es dem Hochschullehrer möglich, auch während des Vorlesungsbetriebes Nebentätigkeiten im größeren Umfang nachzugehen, solange die angemessene Ausbildung der Studierenden durch Blockveranstaltungen gewährleistet und pädagogisch erfolgsversprechend gestaltet ist.

Insgesamt lässt sich folglich festhalten, dass nicht nur die individuelle Belastbarkeit des Hochschullehrers, sondern gleichfalls die Vielzahl der angebotenen Fächer an Kunsthochschulen unterschiedliche Ansprüche an die Dienstpflichten stellen. Eine allgemeine Aussage über das Vorliegen einer Beeinträchtigung der dienstlichen Interessen an Kunsthochschulen kann daher nicht getroffen werden. Zwar besteht die Vermutung, dass dienstliche Interessen beeinträchtigt sind, wenn der Hochschullehrer öfter als an einem Wochenarbeitstag einer Nebentätigkeit nachgeht. Von dieser Regelvermutung ist aufgrund der Eigenheiten des Dienstverhältnisses jedoch nur zurückhaltend Gebrauch zu machen. Die Ausübung von Nebentätigkeiten soll dennoch grundsätzlich die Ausnahme bleiben. Sie sollen nicht zum zweiten „Hauptberuf" mutieren, da sonst eine Unterordnung unter die Pflichten des Beamtenverhältnisses grundsätzlich nicht mehr angenommen werden kann.

bb) Beeinträchtigung aufgrund der Höhe des erzielten Entgelts

Eine Beeinträchtigung der dienstlichen Belange ist allerdings nicht nur bei einem erheblichen Zeitumfang der Nebentätigkeit zu vermuten, sondern auch dann, wenn für deren Ausübung ein hohes Entgelt entrichtet wird. Für die Ausübung von Hochschullehrernebentätigkeiten werden teilweise horrende Summen von den Auftraggebern gezahlt, die im Einzelfall die Alimentation für die hauptamtliche Tätigkeit deutlich übersteigen können. Von der Höhe des erzielten Entgelts ist allerdings im Hochschulbereich keinerlei Rückschluss auf die aufgewendete Arbeitszeit möglich. Die Höhe der Vergütung kann mit der fachlichen Expertise des Hochschullehrers erklärt werden und ist nicht unbedingt ein Äquivalent für die aufgewendete Arbeitszeit. Die Höhe der Vergütung kann somit grundsätzlich maximal als ein vages Indiz für die aufgewendete Arbeitszeit herangezogen werden.[352]

Das schützenswerte Interesse des Dienstherrn ist zudem die pflichtgemäße, unparteiische und dem Allgemeinwohl dienende Diensterfüllung. Durch die regelmäßige entgeltliche Beschäftigung kann ein wirtschaftliches

---

352 Geis, in: Fürst, GKÖD, L § 99, RN 63 m.w.N.

Abhängigkeitsverhältnis entstehen kann, welche die Neutralität und auch das Ansehen der öffentlichen Verwaltung gefährden kann.[353]

Hier ist der Schluss von der Vergütungshöhe auf eine Neutralitätsverletzung aus den soeben genannten Gründen gleichfalls nicht möglich. Die Höhe der Vergütung lässt sich mit den überdurchschnittlichen fachlichen Kenntnissen erklären. Auch die private Nutzung der amtserheblichen Fähigkeiten gefährdet das Ansehen der Verwaltung an sich nicht.[354] Anders ist nur zu urteilen, wenn die Vergütung im Einzelfall aus unerklärlichen Gründen unangemessen hoch ist. Der Umfang einer adäquaten Vergütung richtet sich nach dem üblichen Verkehrswert für das künstlerische oder musikalische Tätigwerden. Da deren Wertbestimmung von verschiedenen Faktoren, wie insbesondere der Persönlichkeit und der Reputation des Künstlers, bestimmt wird und zudem intransparenten Marktgesetzen unterworfen ist, die gerade Nicht-Kennern der Kunstszene verborgen bleiben, gestaltet sich der Rückschluss von der Höhe des erzielten Entgelts auf die Beeinträchtigung dienstlicher Interessen als besonders diffizil.[355] In dem besonders sensiblen und einer Beurteilung nur schwer zugänglichen Bereich der Kunst ist folglich mit größter Zurückhaltung vorzugehen. Ansonsten sähe sich die Behörde dem Vorwurf des verbotenen Kunstrichtertums ausgesetzt.

Selbst wenn im Einzelfall das entrichtete Entgelt tatsächlich als wesentlich zu hoch erscheint, ist aus den genannten Gründen ein Sachverständigengutachten unentbehrlich. Keinesfalls darf die Behörde (ohne Beiziehung von künstlerischem Sachverstand) aufgrund eines bloßen Verdachts wegen der Höhe der Vergütung eine Beeinträchtigung der dienstlichen Interessen bejahen und die Ausübung der Nebentätigkeit unterbinden. Die bloße Besorgnis der Beeinträchtigung ist *insoweit* gerade nicht ausreichend. Um einen Eingriff in die grundrechtliche Freiheit rechtfertigen zu können, muss diese vielmehr positiv festgestellt werden.

cc) Verstöße gegen das Mäßigungs- und Zurückhaltungsgebot

Eine Beeinträchtigung dienstlicher Belange ist zudem bei der Ausübung engagierter Kunst denkbar. Die anzutreffenden Formen engagierter Kunst sind vielschichtiger Natur. Sie zeichnet sich durch die Kommunikation einer bestimmten Haltung und häufig auch durch die Beteiligung ihres Betrachters aus. Der

---

353 BVerwGE 84, 194 (201); 91, 57 (69 f.); 102, 326 (328 ff).
354 Günther, DÖD 1988, 78 (91).
355 Die Befriedigung von Neidkomplexen darf keine Rolle spielen, Geis, in: Fürst, GKÖD, L § 99, RN 71.

transportierte gesellschaftspolitische Hintergrund kann dabei unterschiedlich stark ausfallen, gegenüber dem Rezipienten offensichtlich oder nur unterschwellig kommuniziert werden. Alle Ausprägungen fallen unter den Kunstbegriff und nicht unter den der Meinungsfreiheit, da nach richtiger Auffassung des Bundesverfassungsgerichts die Kunstfreiheit spezieller ist.[356]

Die engagierte Kunst kann zu einem Spannungsverhältnis zu den Dienstpflichten führen.

Dies gilt insbesondere für die Fälle, in denen der Beamte Kritik am Staat, seiner Politik oder am eigenen Dienstherrn übt, indem er durch das Medium der Kunst auf Missstände öffentlich hinweist. Nicht immer haben diese künstlerischen Tätigkeiten auch einen sachlichen Charakter. Häufig lebt die Kunst gar von der gewollten Überspitzung realer Gegebenheiten, um durch die Provokation den Betrachter zum Nachdenken anzuregen.

Man denke in diesem Zusammenhang etwa an einen Kunstprofessor, der die Staatsregierung für die Unterfinanzierung der Hochschulen öffentlich anprangert, indem er deren Verantwortung oder Versagen durch kritische Bilder, Texte, Installationen oder Aktionskunst der Öffentlichkeit vor Augen hält.

Exemplarisch sei auch der bereits angesprochene Karikaturist genannt. Fertigt ein Künstler provokante gesellschaftspolitische oder religiös streitbare Karikaturen an, kann dies nicht nur für den Hochschullehrer, sondern auch für den Dienstherrn ein unkalkulierbares Risiko darstellen. Die Macht engagierter Kunst haben die weltweiten Unruhen nach der Publikation von „Mohammed-Karikaturen" in einer dänischen Zeitung[357] eindrucksvoll bewiesen.

(1) Das Mäßigungs- und Zurückhaltungsgebot im Beamtenrecht

Zur effektiven Aufgabenerfüllung in einem modernen Staat bedarf es eines verlässlich und verantwortungsvoll arbeitenden öffentlichen Dienstes. Dessen verfassungsmäßige Aufgabe ist es, „im politischen Kräftespiel eine stabile, neutrale und gesetzestreue Verwaltung zu sichern."[358]

Obwohl eine „politische Neutralisierung",[359] also ein umfassendes politisches Äußerungsverbot selbst für „sonstige" Beamte gesetzlich nicht vorgesehen ist, unterliegen diese der Pflicht zur Verfassungstreue sowie der Loyalitäts-, der

---

356 3. Kap. III 3.
357 Jyllands-Posten v. 30. September 2005.
358 BVerfGE 92, 140 (152). Dazu eingehend Lemhöfer, in: FS Fürst, S. 205.
359 Sieweke, ZBR 2010, 157 mit Bezug auf Hagenah, Die Pflicht des Beamten zur Zurückhaltung bei politischer Tätigkeit und öffentlichen Äußerungen, 2002, S. 67.

Mäßigungs- und der Verschwiegenheitspflicht.[360] Umstritten ist allerdings, ob der Beamte auch dann zur Loyalität und Mäßigung verpflichtet ist, wenn es sich um eine wissenschaftliche oder künstlerische Äußerung handelt.

Nach gefestigter Rechtsprechung gilt die Loyalitätspflicht für dienstliches und persönliches Verhalten gleichermaßen.[361] Selbst für den Fall, dass eine politische Stellungnahme des Beamten künstlerisch oder wissenschaftlich eingebettet ist, ist der Beamte seinen Dienstpflichten – und damit auch der Loyalitäts- und der Mäßigungspflicht – unterworfen. Anders als bei der Einschränkung der nach Art. 5 Abs. 1 GG geschützten Meinungskundgaben, reicht ein allgemeines Gesetz zwar nicht aus, da Art. 5 Abs. 3 GG nur durch kollidierendes Verfassungsrecht eingeschränkt werden kann. Als Konkretisierung der politischen Treuepflicht des Beamten gehört das Mäßigungs- und Zurückhaltungsgebot gleichwohl zu den hergebrachten Grundsätzen des Berufsbeamtentums, Art. 33 Abs. 5 GG,[362] und kann damit als kollidierendes Verfassungsgut herangezogen werden.

Bei der Beurteilung, ob eine derartige Stellungnahme die dienstlichen Pflichten beeinträchtigt und daher rechtliche Konsequenzen zu ziehen sind, ist der wissenschaftliche oder künstlerische Charakter der Tätigkeit besonders berücksichtigungsfähig. Aufgrund des starken Grundrechtsschutzes wissenschaftlicher oder künstlerischer Publikationen ist dem tätig Werdenden mehr Freiheitsraum zuzugestehen, als wenn es sich um eine Meinungskundgabe ohne künstlerische oder wissenschaftliche Einbettung handeln würde.

Der Beamte ist nicht an wissenschaftlichen oder künstlerischen Stellungnahmen, die im Gegensatz zur Auffassung der Regierung oder einer Behörde stehen, gehindert. Eine sachliche Kritik muss grundsätzlich immer statthaft sein.[363]

---

360 Zu den Gründen eingehend Hagenah, Die Pflicht des Beamten zur Zurückhaltung bei politischer Betätigung, 2002, S. 67; Bieback/Kutscha, Politische Rechte, S. 78; Sieweke, ZBR 2010, 157; Schrödter, Die Wissenschaftsfreiheit des Beamten, 1974, S. 107 ff.

361 BVerwGE 73, 263 (284); 76, 157 (161); 83, 158 (161); ablehnend Wilhelm, Die freie Meinung im öffentlichen Dienst, 1968, S. 44; Konow, ZBR 1972, 49 (50); differenzierend Lecheler, JZ 1987, 448 ff; Döring, ZBR 1968, 293 f.; Schrödter, Die Wissenschaftsfreiheit des Beamten, 1974, S. 151 ff; Sembner, PersV 1981, 305 (308 f.); Sieweke, ZBR 2010, 157.

362 BVerfGE 39, 334 (367). Zum politischen Mäßigungsgebot für „sonstige" Beamte, vgl. Konow, ZBR 1972, 47 ff; Döring, ZBR 1968, 293 f.; Sembner, PersV 1981, 305 (308 f.); Sieweke, ZBR 2010, 157; Badura, in: Maunz/Dürig, GG, Art. 33 GG, RN 60, RN 66. Mit Bezug zur Wissenschaftsfreiheit Schrödter, Die Wissenschaftsfreiheit des Beamten, 1974, S. 151 ff.

363 Dazu Geis, in: Fürst, GKÖD, L § 100, RN 26.

Ein Verstoß gegen die Loyalitätspflicht liegt indes vor, wenn die gebotene Form nicht eingehalten wird, z. B. bei hetzerischen Äußerungen oder solchen, die eine Person oder eine Mehrheit von Personen in ihrer Ehre kränken. Zum Schutz dienstlicher Belange kann zudem vom wissenschaftlich oder künstlerisch tätigen Beamten abverlangt werden, dass er die kommunizierte eigene Meinung auch als solche kennzeichnet und sie nicht gegenüber Dritten als eine des Dienstherrn wirken lässt.[364] Während in der wissenschaftlichen Auseinandersetzung neben der sachlichen Kritik tatsächlich eine angemessene Form des Diskurses einzuhalten ist, wenn die Begriffsmerkmale der Wissenschaftsfreiheit, die sich durch Inhalt und Form als ernsthafter planmäßiger Versuch zur Ermittlung der Wahrheit auszeichnet,[365] bejaht werden sollen, ist dies auf die Kunst nur schwerlich übertragbar. Künstlerische Tätigkeiten zeichnen sich durch eine Subjektivität aus, die nicht selten auch von unsachlichen Provokationen geprägt ist. Besonders die engagierte Kunst lebt von der Überzeichnung realer Umstände.

(2) Das Mäßigungs- und Zurückhaltungsgebot des Hochschullehrers

Ob die soeben aufgestellten Grundsätze auf den verbeamteten Hochschullehrer bedingungslos übertragen werden können, ist aufgrund des Schutzgehaltes des Art. 5 Abs. 3 GG und der Sonderstellung des Professors fraglich. Dies gilt zum einen für die Ausübung seiner hauptamtlichen Pflichten und zum anderen für Tätigkeiten außerhalb des Dienstes. Nachdem der Hochschullehrer seine Dienstaufgaben selbstständig wahrnimmt, liegt ein gradueller Schutzgehaltunterschied von Dienstaufgaben und Nebentätigkeiten nahe. Aufgrund der Sonderstellung des Hochschullehrers sind an die Voraussetzungen zur Rechtfertigung eines Eingriffs in das Recht der selbstständigen Aufgabenwahrnehmung hohe Anforderungen zu stellen. Es wird daher vertreten,[366] dass der handelnde Professor – zumindest im Hauptamt – überhaupt nicht der politischen Mäßigungs- und Zurückhaltungspflicht unterworfen sei, da dies zu einer verfassungswidrigen inhaltlichen Bindung von Kunst, Forschung und Lehre führen würde, sähe er sich für sein Tätigwerden möglichen disziplinarrechtlichen Konsequenzen ausgesetzt. Demgegenüber wird davon auszugehen sein, dass die beamtenrechtliche Zurückhaltungs- und Mäßigungspflicht auch auf das Hochschulrecht

---

364 Schrödter, Die Wissenschaftsfreiheit des Beamten, 1974, S. 151 ff.
365 BVerfGE 35, 79 (113); 90, 1 (12).
366 Brünneck, KJ 1972, 54 (56). Mit Bezug zur Wissenschaftsfreiheit des verbeamteten Hochschullehrers vgl. Waldeyer, in: Hailbronner/Geis (Hg.), HRG-Kommentar, § 49, RN 9. Zur Bindung der Wissenschaftsfreiheit an die Treueklausel des Art. 5 Abs. 3 S. 2 GG, vgl. Schrödter, Die Wissenschaftsfreiheit des Beamten, 1974, S. 115 ff.

grundsätzlich Anwendung finden muss und die Wissenschafts- oder Kunstfreiheit des Hochschullehrers im Rahmen der praktischen Konkordanz besonders zu berücksichtigen ist.[367] Trotz der abstrakten Befürchtung einer mittelbaren Steuerung der Kunst- und Wissenschaftsfreiheit ist die Professorenschaft nicht von sämtlichen Loyalitätspflichten ungeprüft zu entbinden.

Wenngleich sie in ihrer Aufgabenwahrnehmung weitgehend frei sind, haben sie sich mit ihrer Entscheidung, in den Staatsdienst einzutreten, verpflichtet, die Belange des Dienstherrn grundsätzlich zu berücksichtigen und zu schützen. Die Besorgnis einer Steuerung der Kunst- und Wissenschaftsfreiheit durch eine „gleichgeschaltete" Professorenschaft ist bereits mit dem Grundsatz der selbstständigen Aufgabenwahrnehmung und der Kunstfreiheit unvereinbar. Der hohe Schutzgehalt des Art. 5 Abs. 3 GG gewährt bereits ein hohes Maß an Sicherheit. Damit bedarf es keiner völligen Entbindung von dem Loyalitätsgebot.

Nicht jede abweisende oder unsachliche Äußerung oder Stellungnahme, die der Loyalitätspflicht widerspricht, vermag einen Eingriff in die Kunstfreiheit zu rechtfertigen. Aufgrund der oben dargestellten ureigenen Aufgabe engagierter Kunst und der Sonderstellung des Hochschullehrers, sind an die Möglichkeit, kritische Beiträge zu unterbinden, äußerst hohe Anforderungen zu stellen. Solange nicht wesentliche und schützenswerte Belange des Dienstherrn durch die Ausübung engagierter Kunst betroffen sind, ist ein Eingriff in den Schutzgehalt des Art. 5 Abs. 3 GG kaum zu rechtfertigen.

Selbiges gilt grundsätzlich, wenn die engagierte Kunst nicht als Dienstaufgabe, sondern in Form einer Nebentätigkeit ausgeübt wird. Wenngleich der zusätzliche Schutz durch die selbstständige Aufgabenwahrnehmung im Hauptamt hier nicht greift, strahlt die Kunstfreiheitsgarantie auf die Auslegung des unbestimmten Rechtsbegriffs der dienstlichen Interessen aus. Selbst wenn eine Beeinträchtigung dienstlicher Interessen vorliegen sollte, hat die Behörde im Einzelfall zu prüfen, ob aufgrund der Natur engagierter Kunst diese nicht doch hingenommen werden kann. Nur wenn die außerdienstliche Betätigung des Hochschullehrers die Achtung und das Vertrauen in das Amt oder das Ansehen des Beamtentums eklatant zu beeinträchtigen vermag, muss im Rahmen einer Verhältnismäßigkeitsprüfung auch die Untersagung einer künstlerischen Tätigkeit aufgrund ihres politischen Inhalts als ultima ratio möglich sein.

---

367 Mit Verweis auf § 35 BRRG, vgl. Scholz, in: Maunz/Dürig, GG, Art. 5 Abs. 3 GG, RN 178; Sieweke, ZBR 2010, S. 157 ff.

(3) Zusammenfassung

Eine vollständige Entbindung des künstlerisch tätigen Hochschullehrers von den allgemeinen Treuepflichten kann somit nicht erfolgen. Seine dienstrechtliche Sonderstellung, der hohe Schutzgehalt der vorbehaltlos gewährleisteten Kunstfreiheit und das öffentliche Interesse an der Kunstausübung sind bei der Beurteilung jedoch im besonderen Maße zu berücksichtigen. Bei der Abwägung zwischen den widerstreitenden Interessen ist danach zu differenzieren, ob die Tätigkeit als hauptamtliche Aufgabe oder als Nebentätigkeit ausgeübt wird, und ob und im welchem Umfang sie in ihrer jeweiligen Funktion die Grenzen des Mäßigungs- und Zurückhaltungsgebots überschreitet.

IV. Die Abgrenzungsfragen im grundrechtlich bedingten Stufenverhältnis

1. Genehmigungsfreie Nebentätigkeiten

Da die Ausübung von Nebentätigkeiten durch Hochschullehrer nicht per se als negativ angesehen wird, ist auch das Nebentätigkeitsrecht der Hochschullehrer selbst nach seinem Eingriffsgehalt abgestuft und insgesamt „nebentätigkeitsfreundlich" ausgestaltet. Allerdings ist zwischen besonders förderungswürdigen und lediglich „geduldeten" Nebentätigkeiten zu differenzieren.

Privilegiert sind die genehmigungsfreien Nebentätigkeiten. Hier obliegt dem Hochschullehrer maximal eine Anzeigepflicht. Eine vorherige Genehmigungserteilung ist demgegenüber gerade nicht erforderlich. Zu den im Hochschullehrernebentätigkeitsrecht besonders relevanten genehmigungsfreien Nebentätigkeiten zählen neben den unentgeltlichen Nebentätigkeiten[368] auch die Verwaltung eigenen oder die Nutznießung eigenen Vermögens. Gleiches gilt für den relevanten Bereich der schriftstellerischen, wissenschaftlichen, künstlerischen Nebentätigkeit oder den der Vortragstätigkeit sowie für die mit Lehr- und Forschungsaufgaben verbundenen selbstständigen Gutachtertätigkeiten.

---

368 Die Nebentätigkeit ist unentgeltlich, wenn sie ohne Zahlung einer Vergütung erfolgt. Gemäß § 2 Abs. 5 S. 2 BayHSchLNV gilt eine Nebentätigkeit auch als unentgeltlich, wenn der Beamte eine ehrenamtliche Tätigkeit für gemeinnützige (z.B. sportlich, wissenschaftliche oder sonst kulturelle) mildtätige oder kirchliche Einrichtungen oder Organisationen ausübt und die hierfür gewährte Vergütung jährlich 1.848 € nicht übersteigt. Ebenso § 6 BremNVO; § 2 Abs. 6 saarländische Hochschullehrer-Nebentätigkeitsverordnung.

Für diese Untersuchung besonders bedeutsam ist die Einordnung der künstlerischen Tätigkeit als genehmigungsfreie Nebentätigkeit. Deren Begriffsbestimmung kommt aber nicht nur eine entscheidende Bedeutung zu. Mit ihr gehen auch schwierige Abgrenzungsfragen einher.

a) Begriff der künstlerischen Tätigkeit

Unter einer künstlerischen Tätigkeit in diesem Sinne versteht man zunächst jede Art von freier, schöpferischer Gestaltung.[369] Wird der Begriff ebenso weit gefasst wie der verfassungsrechtliche Kunstbegriff, wäre lediglich zwischen Kunst und Nicht-Kunst zu differenzieren. Auf einen ästhetischen Gehalt wäre dann nicht abzustellen. Ein hergebrachter Grundsatz des Berufsbeamtentums, der zu einer restriktiven Auslegung des Begriffs der „künstlerischen Tätigkeit" zwingen würde, ist aber nicht erkennbar.[370] Dennoch stellt sich die Frage, ob der Begriff allein im Lichte des Art. 5 Abs. 3 GG interpretiert werden kann.[371] Auch im Dienst- und Arbeitsrecht wurde versucht, den Terminus der künstlerischen Tätigkeit auf die „reine Kunst" zu reduzieren, weshalb eine Nebentätigkeit konsequenterweise nur dann künstlerisch und damit genehmigungsfrei ist, wenn ihr ein Mindestmaß an ästhetischem Gehalt kommt. Ein „künstlerischer Einschlag" reicht nicht aus.[372]

Vor dem Hintergrund des Sach- und Sinnzusammenhang mit den anderen relevanten Verfassungsnormen, resp. Art. 33 Abs. 5 GG, erscheint eine Gleichsetzung mit dem verfassungsrechtlichen Kunstbegriff zunächst nicht zwingend erforderlich.[373] Auch der Sinn und Zweck des Nebentätigkeitsrechts kann dafür angeführt werden: Dieses hat zum Ziel, die Verletzung dienstlicher Interessen durch die Ausübung von Nebentätigkeiten zu unterbinden. Dienstliche Belange, insbesondere die Arbeitskraft des verbeamteten Hochschullehrers, sollen nicht beeinträchtigt werden. Nebentätigkeiten sind daher grundsätzlich

---

369 Ob diese auch produzierend schöpferisch sein muss, war umstritten. Mittlerweile wurde diese Ansicht aufgegeben, vgl. etwa Weiß/Niedermaier/Summer, BayBG Komm, 109. Erg.Lfg. Mai 2000, Art. 74 BayBG, 8d.
370 So auch Jansen, Nebentätigkeit im Beamtenrecht, 1981, S. 75.
371 VGH Baden-Württemberg, ZBR 1979, 28; Sembdner, PersV 1981, 305 (306).
372 VGH Baden-Württemberg, ZBR 1979, 28. Dazu Jansen, Nebentätigkeit im Beamtenrecht, 1981, S. 73. Für den Parallelfall der Befreiung von der Ablieferungspflicht für Nebentätigkeiten im öffentlichen Dienst, vgl. BayVGH, U.v. 11.05.1994 – 3 B 93.1517, S. 8ff; OLG Stuttgart ZUM 1989, 255. Besondere Bedeutung erlangt dieses Merkmal im Bereich der Baukunst, vgl. 4. Kap. V.
373 BVerwG NJW 1993, 1491 f m. Anm. Würkner, NJW 1993, 1446. Für das Urheberrecht Fahse, GRUR 1996, 331 (332).

genehmigungsbedürftig. Die genehmigungsfreie Beschäftigung stellt hier die Ausnahme dar, da ihre Wahrnehmung im öffentlichen Interesse liegt und sie aus den dargestellten Gründen nicht als schädlich angesehen wird.[374] Da es sich bei den genannten Fällen (wissenschaftliche, künstlerische oder Vortragstätigkeiten) um gesetzlich normierte Ausnahmefälle handelt, sei es geboten, den Begriff der künstlerischen Nebentätigkeit vergleichsweise eng zu fassen.[375] In den Genuss dieser Privilegierung soll nur derjenige kommen, der unabhängig und entschlussfrei ein besonderes Maß an künstlerischer Leistung erbringt. Da der Hochschullehrer einen gebundenen Anspruch auf die Genehmigungserteilung hat, sei mit der Ablehnung des künstlerischen Charakters und der Einordnung als genehmigungspflichtige Nebentätigkeit kein Nachteil verbunden.

Möglicherweise spricht für die restriktive Begriffsauslegung auch der Vergleich zu anderen einfachgesetzlichen Regelungen, insbesondere des Urheber- und Denkmalschutzrechts, da in diesen Rechtsmaterien die Deckungsgleichheit des Begriffs des Kunstwerks mit dem verfassungsrechtlichen Verständnis ebenso streitig ist.

Gemäß § 2 Abs. 1 Nr. 4, Abs. 2 UrhG ist ein Kunstwerk urheberrechtlich geschützt. Ein Kunstwerk im Sinne des UrhG wird definiert als eine persönliche geistige Schöpfung, die mit den Darstellungen der Kunst durch formgebende Tätigkeit hervorgebracht und vorzugsweise für die ästhetische Anregung des Gefühls, der Anschauung bestimmt ist. Der ästhetische Gehalt des Werkes muss grundsätzlich ein solches Ausmaß erreichen, dass nach Auffassung der „für Kunst empfänglichen Kreise von einer künstlerischen Leistung gesprochen werden kann, und zwar ohne Rücksicht auf den höheren oder geringeren Kunstwert und ohne Rücksicht darauf, ob das Werk neben dem ästhetischen Zweck noch einem praktischen Zweck dient".[376]

---

374 Vgl. bereits 4. Kap. I 3.
375 Zum vergleichbaren Fall der Ausnahme von der Ablieferungspflicht für künstlerische Nebentätigkeiten im öffentlichen Dienst, BayVGH v. 11.05.1994 – 3 B 93.1517, S. 9; BVerwG v. 26.11.1992 – 7 C 20.92, S. 12 f.
376 BGHZ 22, 309 (215); 24, 55 (63 f.); 27, 351 (356); BGH GRUR 1959, 289 (290); BGH GRUR 1979, 332 (336); BGH GRUR 1984, 453; BGH GRUR 1999, 420 (422); OLG Schleswig GRUR 1985, 289 (290); Loewenheim, § 6, RN 10; kritisch Erdmann, in: FS v. Gamm, S. 389 f; Schack, Kunst und Recht, 2004, RN 8; Wandtke, ZUM 2005, 769 (770); Hesse, BauR 1971, 209 ff.

Diese Begriffsbestimmung, die das Merkmal der „ästhetischen Anregung" enthält, ist für sich bereits verfassungsrechtlich bedenklich.[377] Aufgrund wandelnder gesellschaftlicher Verhältnisse und des damit verbundenen weiten Kunstverständnisses muss die Begriffsbestimmung weit erfolgen. Der Ästhetikbegriff des 18. und 19. Jahrhunderts ist überholt. Was verfassungsrechtlich gilt, muss grundsätzlich gleichermaßen im einfachen Recht gelten. Der Schutz des Urheberrechts darf daher nicht nur auf den individuellen Schönheitssinn des Betrachters abstellen. Maßgeblich ist vielmehr der Gehalt einer aus geistiger Arbeit erwachsenden und sinnlich wahrnehmbaren eigenschöpferischen Gestaltung.[378]

Gleichwohl ist ein Mindestgehalt an schöpferischer Eigenleistung zu verlangen, um dem Ausufern des Urheberrechts entgegenzutreten. Dessen Schutzzweck spricht ebenso für dieses Ergebnis. § 2 Abs. 1, 2 UrhG schützt nur das Kunst*werk* und damit das Endprodukt künstlerischen Schaffens, nicht aber die künstlerische Tätigkeit an sich, namentlich auch die geistige Vorarbeit und den Werkbereich des Künstlers. Eine künstlerische Idee genießt den Schutz des Urheberrechts erst in dem Moment, in dem sie „materialisiert" wird.[379] Das UrhG zielt primär darauf ab, den Urheber des Werks vor unberechtigten Zugriffen Dritter zu bewahren und ihm eine angemessene Vergütung für seine Tätigkeit zu garantieren. Aufgrund des Schutzzwecks des Gesetzes mag zwar jede Art von Kunst verfassungsrechtlich über Art. 5 Abs. 3 S. 1 GG geschützt sein, aber nicht jedes Kunstwerk bedarf auch eines urheberrechtlichen Schutzes.[380] Nicht der Kunst-, sondern der Werkbegriff des § 2 Abs. 2 UrhG ist daher als Korrektiv gegen eine uferlose Ausweitung des Urheberrechtschutzes zu verstehen. Die Termini des Urheberrechts sind folglich bereits aufgrund des Schutzwecks des Gesetzes wesentlich enger zu verstehen als der verfassungsrechtliche Begriff.

Der Kunstbegriff des Denkmalschutzrechts weist vergleichbare Elemente auf. Nach der Rechtsprechung hat ein Grundstück Bedeutung für die Kunst, wenn die auf ihm befindlichen Anlagen „das ästhetische Empfinden im besonderen

---

377 Umfassend Schack, Kunst und Recht, 2004, RN 8; Fahse, GRUR 1996, 331 f.; Wandtke, ZUM 2005, 769 ff; Hesse, BauR 1971, 209 (210 ff.); vgl. jedoch Schneider, Die Freiheit der Baukunst, 2002, 122 f.
378 Schulze, GRUR 1984, 400 (403); ders., in: Dreier/Schulze, UrhG, § 2, RN 12 mit Verweis auf BGH GRUR 1985, 1041 (1047).
379 Zur Rechtsprechung der „Werkverkörperung", vgl. BGH GRUR 1985, 529 f. = NJW 1985, 1633 f.; Fahse, GRUR 1996, 331 (332) m.w.N.
380 Wandtke, ZUM 2005, 769 (770); Schack, Kunst und Recht, 2004, RN 4; Fahse, GRUR 1996, 331.

Maße ansprechen oder zumindest den Eindruck vermitteln, dass etwas nicht Alltägliches oder eine Anlage mit Symbolgehalt geschaffen worden ist".[381] Auch in dieser Definition findet sich folglich das bedenkliche Ästhetikmerkmal wieder.

Das Denkmalschutzrecht hat zum Ziel, den Bestand kulturell bedeutsamer Gegenstände, insbesondere Bauwerke, dauerhaft zu sichern und so zum Erhalt des kulturellen Erbes beizutragen. Von ihm werden Gebäude mit „Bedeutung für die Kunst" erfasst. Dies können ebenso Bauwerke des alltäglichen Gebrauchs (z. B. Brücken oder Wohnhäuser) sein, wenn sie im Einzelfall als kulturell besonders bedeutsam erscheinen.

Aufgrund des grundrechtlich bedingten Auftrags, das kulturelle Erbe zu sichern, ist auch hier nachvollziehbar, dass es stets eines relevanten Mindestmaßes an künstlerischer Leistung bedarf und nicht alles, was unter den verfassungsrechtlichen Kunstbegriff subsumiert werden kann, auch nach dem Denkmalschatzrecht schützenswert ist. Der Begriff des Denkmalschutzrechts ist folgerichtig hier ebenfalls enger als der verfassungsrechtliche Wortgebrauch.

Wie bereits festgestellt, verfolgt das Nebentätigkeitsrecht demgegenüber andere Zwecke:

Es dient dazu, die Beeinträchtigung dienstlicher Interessen zu unterbinden. Gleichzeitig sucht es einen angemessenen Ausgleich zu dem verfassungsrechtlich gewährleisteten Interesse des Hochschullehrers an der Ausübung von Nebentätigkeiten und den Interessen des Dienstherrn. Besonders im Hochschullehrernebentätigkeitsrecht wird die Wahrnehmung von Nebentätigkeiten positiv beurteilt, da nur so notwendige Verbindungen von Theorie und Praxis geschaffen und Synergieeffekte erzielt werden können. Auch vor dem Hintergrund, dass die Kunsthochschule selbst Teil staatlicher Kulturförderung ist, ergibt sich kein anderes Ergebnis. Sie darf sich nicht darauf beschränken als reine Lehranstalt zukünftige Künstlergenerationen auszubilden, sondern soll durch die an ihr tätigen Künstler einen eigenen Beitrag zur Kunstlandschaft leisten. Renommierte Künstler und Musiker mit guten Verbindungen zur Praxis sollen an die Kunsthochschulen gebunden werden, was nur durch ein nebentätigkeitsfreundliches Umfeld umsetzbar ist. Daher ist nicht nur das Nebentätigkeitsrecht als Ganzes, sondern auch der einzelne Privilegierungstatbestand nebentätigkeitsfreundlich auszulegen.

Sein Schutzzweck ist, anders als im Urheberrecht, nicht auf einen bestimmten Bereich des künstlerischen Schaffens reduziert. Nicht nur das Kunst*werk*, also das Endprodukt des künstlerischen Entwicklungsprozesses, sondern Werk- und

---

381 BVerwGE 11, 32 (35); Schneider, Die Freiheit der Baukunst, 2002, S. 127 f.

Wirkbereich sind vom Recht der Nebentätigkeit gleichermaßen erfasst. So facettenreich die Kunst selbst ist, wird sie auch durch Kunsthochschullehrer ausgeübt. Eine Eingrenzung des Begriffs der künstlerischen Tätigkeit ist zudem im Vergleich mit der Interpretation der wissenschaftlichen Nebentätigkeit nicht haltbar. Diese wird – wie selbstverständlich – im Sinne des Art. 5 Abs. 3 GG verstanden.[382] Für die Kunst kann daher nichts anderes gelten. Die Begrenzung des Begriffs der künstlerischen Nebentätigkeit, sei es auf Tätigkeiten mit einem ästhetischen Mindestgehalt oder auf bestimmte Produkte schöpferischer Gestaltung, ist somit entschieden abzulehnen. Aus dem Wortlaut sowie dem Sinn und Zweck ergibt sich vielmehr, dass der Begriff der künstlerischen Tätigkeit weit auszulegen ist.[383]

b) Die Verfassungsmäßigkeit der Anzeigepflicht

Bei der Ausübung einer genehmigungsfreien Nebentätigkeit dürfen dienstliche Interessen gleichwohl nicht beeinträchtigt werden. Auch hier hat der Dienstherr ein berechtigtes Interesse daran, dass die Einsatz- und Leistungsfähigkeit des Beamten und das Ansehen der öffentlichen Verwaltung gesichert und Interessenkonflikte verhindert werden. Aufgrund des starken Schutzgehaltes des Art. 5 Abs. 3 GG ist für die Untersagung einer genehmigungsfreien Nebentätigkeit jedoch Voraussetzung, dass eine Beeinträchtigung der dienstlichen Belange positiv festgestellt wird.[384] Um die Feststellung einer potentiellen Beeinträchtigung zu ermöglichen, wurde in den meisten landesrechtlichen Regelungen eine Anzeigepflicht vorgesehen.[385] Hat der Dienstherr von der Ausübung einer Nebentätigkeit selbst überhaupt keine Kenntnis, hängt auch die Kenntnisnahme von einer Beeinträchtigung dienstlicher Belange vom Zufall ab.

Eine Anzeigepflicht sah auch § 52 HRG a.F. für die Ausübung von Nebentätigkeiten von Hochschullehrern vor. Zwar ist § 52 HRG a.F. im Zuge der

---

382 Schrödter, Die Wissenschaftsfreiheit des Beamten, 1974, S. 20 ff; Tettinger/Lux-Weser, in: Hartmer/Detmer, HSchR-Praxishandbuch, S. 231. Geis, § 52 HRG, in: HRG-Kommentar, RN 62.
383 Vgl. Müller, Nebentätigkeitsrecht in NRW, 1982, § 9, RN 1; Sembdner, PersV 1981, 305 (306); Geis, § 52 HRG, in: HRG-Kommentar, RN 64; Tettinger/Lux-Weser, Kooperation, in: Hartmer/Detmer, S. 231; Wagner, NVwZ 1989, 515 (518); BVerfGE 30, 173 (189); 67, 213 (225).
384 4. Kap. III 3.
385 Die Anzeigepflicht ist in Bayern durch § 1 Nr. 5 der 6 VO zur Änderung der Bayerischen Hochschullehrernebentätigkeitsverordnung v. 28.09.2006 (GVBl. S. 790) aufgehoben worden. Siehe bereits 4. Kap. III 3 c) aa).

Föderalismusreform I entfallen. Bis auf Bayern findet sich aber in allen landesrechtlichen Vorschriften eine entsprechende Regelung.

Diese Anzeigepflicht gilt zumindest dann, wenn die genehmigungsfreie Nebentätigkeit gegen ein Entgelt vorgenommen wird. Von ihr betroffen sind insbesondere die hier relevanten künstlerischen Nebentätigkeiten. Der Hochschullehrer hat Art und Umfang sowie die Höhe des erwarteten Entgelts oder geldwerten Vorteils anzugeben. Die Konkretisierungspflicht bietet eine ausreichende Beurteilungsgrundlage, ob dienstliche Belange beeinträchtigt sind. Hinzukommend ist jede Änderung dem Dienstherrn mitzuteilen.

Das Bundesverfassungsgericht hat zur Verfassungsmäßigkeit der Anzeigepflicht Stellung genommen. Es erkannte ihre Verfassungsmäßigkeit in der Gestalt, wie sie das Land Nordrhein-Westfalen vorsah, in einem nicht veröffentlichten Beschluss vom 27.3.1981 an.[386] Wenngleich die überwiegende Meinung in Rechtsprechung und Literatur der Auffassung des Gerichts gefolgt ist, sieht sich die Anzeigepflicht bis heute – teils heftiger – Kritik ausgesetzt.[387] Besonders kontrovers diskutiert wird die Erstreckung der Anzeigepflicht nicht nur auf Art und Umfang der Nebentätigkeit, sondern auch auf die Höhe der erzielten Vergütung.

Die Problematik wurde mit der Einführung der Anzeigepflicht für alle sonstigen Beamten, vgl. § 100 Abs. 2 S. 1 BBG und die entsprechenden landesrechtlichen Vorschriften, im Jahre 1997 und der Nichtannahmeentscheidung des Bundesverfassungsgerichts mit Beschluss vom 01.09.2008 wieder diskutiert.[388] Hervorzuheben ist in diesem Zusammenhang die umfangreiche verfassungsrechtliche Auseinandersetzung von *Ossenbühl* und *Cornils*. Diese kamen zu dem Ergebnis, dass die Anzeigepflicht für alle sonstigen Beamten gegen die Grundrechte verstoße und damit verfassungswidrig sei.[389]

Das Gericht sah dagegen keine ungerechtfertigte Ungleichbehandlung zwischen dem Hochschulpersonal, für die zu diesem Zeitpunkt alleine eine

---

386 BVerfG v. 27.3.1981 – 2 BvR 1472/80.
387 Blümel, in: FS Ule, S. 305 f.; Störle, BayVBl. 1978, 109 (110); Götz, ZBR 1973, 101 (104); Engelken, DVBl. 2008, 117; Battis, in: FS Fürst, S. 50; Badura, ZBR 2000, 109; Geis, § 52 HRG, in: HRG-Kommentar zu § 52, RN 14 ff. Blümel/Scheven, HBdWissR, S. 474 m. Anm. 288; Tettinger/Lux-Wesener, in: Hartmer/Detmer, S. 233 m. Anm. 171.
388 BVerfG B. v. 1.09.2008 – 2 BvR 1872/07; BVerwG DVBl. 2008, 114 ff. Engelken, DVBl. 2008, 117 (120). Grundlegend Ossenbühl/Cornils, Nebentätigkeit und Grundrechtsschutz, 1999, S. 25 ff; Geis, § 52 HRG, in: HRG-Kommentar, RN 14 ff; Baßlsperger, ZBR 2004, 369 (382 ff); Gärditz, ZBR 2009, 145 (149 ff m.w.N.).
389 Ossenbühl/Cornils, Nebentätigkeit und Grundrechtsschutz, 1999, S. 1 ff.

Anzeigepflicht galt, und den sonstigen Beamten. Art. 3 Abs. 1 GG sei demnach nicht verletzt. Insbesondere würden sich für eine Differenzierung sachliche Gründe anführen lassen, denn im Hochschulbereich habe das Nebentätigkeitsrecht naturgemäß eine größere praktische Bedeutung. Hinzukommend rechtfertige auch die Nähe der künstlerischen und wissenschaftlichen Nebentätigkeiten zum Hauptamt eine Differenzierung. Schließlich sei gerade im Hochschulbereich eine Trennung zwischen Hauptamt und Nebentätigkeit problematisch. Nicht nur in sachlicher Hinsicht sei die Trennung zum Hauptamt diffizil, sondern auch deshalb, weil der Hochschullehrer keinen Weisungen unterworfen ist und es wegen der fehlenden Dienstzeitbindung schnell zu Kontrolldefiziten kommen könne. Da die Sonderrechte der Hochschullehrer damit eine effektive Überwachung der Einhaltung der dienstlichen Belange erheblich erschweren würden, es aber dennoch ihrer ausreichenden Sicherung bedürfe, würden sachliche Erwägungen vorliegen.

Da die Ausübung von wissenschaftlichen oder künstlerischen Nebentätigkeiten an sich durch die Anzeigepflicht nicht eingeschränkt wird, sei außerdem kein Verstoß gegen Art. 5 Abs. 3 GG gegeben. Die Anzeigepflicht stehe der Ausübung einer Nebentätigkeit, anders als etwa das Genehmigungserfordernis, nicht unmittelbar entgegen. Es handle sich lediglich um eine verfassungsrechtlich unbedenkliche Festschreibung beamtenrechtlicher Pflichten, zumal durch das Erfordernis einer vorherigen Anzeige die wissenschaftliche oder künstlerische Unabhängigkeit nicht in Frage gestellt werde.

Im Übrigen liege auch kein Verstoß gegen Art. 2 Abs. 1 GG vor. Zwar sei ein Eingriff in die allgemeine Handlungsfreiheit gegeben. Die hergebrachten Grundsätze des Art. 33 Abs. 5 GG, und damit die Hingabepflicht des Beamten, sind aber als Teil der verfassungsgemäßen Ordnung anzusehen und vermögen den Eingriff in den Schutzbereich zu rechtfertigen. Demgegenüber ergebe sich aus Art. 33 Abs. 5 GG kein Recht des Hochschullehrers, eine Nebentätigkeit völlig uneingeschränkt auszuüben. Insbesondere sei ihm zumutbar, den eigenen Dienstherrn über die Ausübung einer Nebentätigkeit Auskunft zu erteilen.[390] Hinsichtlich der Eignung und Erforderlichkeit einer Anzeigepflicht betont die Rechtsprechung immer wieder den weiten Bewertungsspielraum des Gesetzgebers. Sie stelle auch ein weit milderes Mittel als das Erfordernis einer Nebentätigkeitsgenehmigung dar, so dass letztlich von ihrer Verhältnismäßigkeit auszugehen sei.[391]

---

390 Zum Ganzen vgl. BVerfG v. 27.3.1981 – 2 BvR 1472/80, S. 15, 17 f.
391 So auch zur Verfassungsmäßigkeit der Anzeigepflicht gem. § 46 DRiG iVm § 66 BBG, BVerfG NVwZ 2007, 571; BVerwG NJW 2007, 3450.

Die Rechtsprechung ist in der Wissenschaft auf geteiltes Echo gestoßen. Während die Kritiker die Anzeigepflicht als unverhältnismäßig zurückweisen, halten die Befürworter der Entscheidung die Anzeigepflicht aufgrund der besonderen Gegebenheiten an den Hochschulen zum Schutz der dienstlichen Belange grundsätzlich für zweckmäßig und erforderlich.[392]

Neben der Frage, ob eine Anzeigepflicht aufgrund ihrer unmittelbaren oder mittelbaren Eingriffswirkung in die Grundrechte an sich gerechtfertigt ist, sieht sich jedenfalls ihr Umfang beachtlicher Kritik ausgesetzt.

Die Anzeigepflicht greift zumindest *unmittelbar* in das Recht auf informationelle Selbstbestimmung gemäß Art. 2 Abs. 1 GG i.V.m. Art. 1 Abs. 1 GG ein, da sie einen staatlichen Zugriff auf bestimmte persönliche Daten (Art und Umfang der Nebentätigkeit sowie die Vergütungshöhe) ermöglicht und den Hochschullehrer zwingt, diese zu offenbaren.[393] Dazu kommt nach vertretener Auffassung noch eine erhebliche *mittelbare* Eingriffswirkung (insbesondere in Art. 5 Abs. 3 GG), die sich verhaltenssteuernd auf die Ausübung von Nebentätigkeiten auswirken kann.[394] Die Besorgnis, dass anzeigepflichtige Nebentätigkeiten zurückhaltender ausgeübt werden, weil bei Kenntnis ihrer konkreten Art der Dienstherr den Hochschullehrer negativ beurteilen könnte, besteht in einem vergleichbaren Ausmaß wie im allgemeinen Beamtenrecht allerdings nicht. Der Hochschullehrer nimmt seine Aufgaben schließlich im Hauptamt selbstständig wahr und unterliegt gerade nicht denselben Beurteilungskriterien wie sonstige Laufbahnbeamte.

Unabhängig von der Frage, ob zudem eine etwaige Beeinträchtigung des Geheimhaltungsinteresses den Hochschullehrer tatsächlich von der Ausübung der Tätigkeit abzuhalten vermag, betrifft diese Problematik primär die Forschungsarbeit. Ein Geheimhaltungsinteresse im künstlerischen Bereich wird demgegenüber grundsätzlich nicht bestehen. Nachdem die Hochschullehrer keinen festen Arbeitszeitregelungen unterworfen sind und die Abgrenzung von Hauptamt und Nebentätigkeit besonders schwierig ist, ist auch die Pflicht zur Angabe des

---

392 Geis, § 52 HRG, in: HRG-Kommentar, RN 84.
393 Ossenbühl/Cornils, Nebentätigkeit und Grundrechtsschutz, 1999, S. 48 ff; 59, 61; BVerwG NJW 2007, 3450 = DVBl. 2008, 114. Nach Kahl, ZBR 2001, 225 (228) handelt es sich beim Schutz vor berufsbezogenen Auskunftspflichten um die durch Art. 12 Abs. 1 GG geschützte informationelle Selbstbestimmung im en Beruf.
394 Badura, ZBR 2000, 109 (110); Ossenbühl/Cornils, Nebentätigkeit und Grundrechtsschutz, 1999, 28 ff; Gärditz, ZBR 2009, 145 (150).

zeitlichen Umfangs der Nebentätigkeit zur Missbrauchskontrolle notwendig und auch angemessen.[395]

Bezüglich der Pflicht, die *Höhe* der für die Nebentätigkeit erhaltenen Vergütung anzugeben, bestehen vergleichbare Bedenken, denn die Höhe der Vergütung lässt nicht zwingend einen Rückschluss auf die tatsächliche Belastung des Beamten durch die Nebentätigkeit zu. Insbesondere im Hochschulbereich hängt die Höhe des Entgelts entscheidend von der fachlichen Expertise des Hochschullehrers ab und nicht von dem tatsächlich angefallenen Zeitaufwand.[396] Ebenso wenig lässt sich aus der Höhe der Nebentätigkeitsvergütung zwingend die Gefahr einer Kollision mit den Dienstpflichten ableiten.[397] Mit der vorzugswürdigen Ansicht der Literatur ist daher davon auszugehen, dass es dem Dienstherrn grundsätzlich möglich sein muss, die Beeinträchtigung der dienstlichen Belange zu überprüfen und es ohne eine Anzeigepflicht lediglich vom Zufall abhängen würde, ob und wann der Dienstherr Kenntnis von der Ausübung einer Nebentätigkeit erlangt. Die dienstlichen Interessen haben aufgrund des verhältnismäßig geringen Eingriffsgehalts der Anzeigepflicht Vorrang. Da die erhaltene Vergütung aber keinerlei Rückschluss auf die Beeinträchtigung der dienstlichen Interessen zulässt und sie daher nur als ein vages Indiz angesehen werden kann, ist die Normierung einer Anzeigepflicht insoweit als zu weitgehend abzulehnen.

c) Einzelfälle

Obwohl der Kunstbegriff des Grundgesetzes zur Begriffsbestimmung herangezogen werden kann und sich damit ein weites Feld genehmigungsfreier Nebentätigkeiten eröffnet, ergeben sich vereinzelte Abgrenzungsprobleme.

aa) Gewerbliche Tätigkeit und entgeltliche Verwertung

Dies gilt insbesondere für Fälle, in denen für die Ausübung der künstlerischen Nebentätigkeit ein Entgelt entrichtet wird oder die Tätigkeit wegen ihres Umfangs bereits als kunstgewerblich bezeichnet werden kann. Ob letztere als genehmigungsfrei angesehen werden können, ist besonders fraglich. Der Begriff des Kunstgewerbes ist nicht deckungsgleich mit dem des § 1 GewO, da davon Betätigungen „höherer Art", wie etwa wissenschaftliche oder künstlerische Tätigkeiten, gerade nicht erfasst werden. Dennoch zeichnet sich eine kunstgewerbliche

---

395 Geis, § 52 HRG, in: HRG-Kommentar, RN 86 m.w.N.
396 Vgl. bereits 4. Kap. III 3 c) bb).
397 Siehe 4. Kap. III 3 a) bb). So auch Duttge, ZRP 1997,72 ff; Badura, ZBR 2000, 109 ff; Baßlsperger, ZBR 2004, 369 (383); Gärditz, ZBR 2009, 145 (150 f.).

Beschäftigung durch eine auf Dauer angelegte und mit Gewinnerzielungsabsicht ausgeübte Tätigkeit aus. Teilweise wird sie mit der Begründung als genehmigungspflichtige Nebentätigkeit eingeordnet, dass sie zu einem Abhängigkeitsverhältnis vom Auftraggeber führen könne und es somit an der erforderlichen Entschlussfreiheit, Unabhängigkeit und Selbstständigkeit fehle.[398] Bereits deswegen könne keine förderungswürdige genehmigungsfreie Nebentätigkeit angenommen werden. Wie bereits festgestellt, ist die Entgeltlichkeit allerdings nur ein Indiz für das Vorliegen einer Auftragstätigkeit. Ob es dem Hochschullehrer tatsächlich an der erforderlichen Unabhängigkeit fehlt, ist anhand des Einzelfalls zu ermitteln.

Richtig ist jedenfalls, dass die Überstrapazierung der Genehmigungsfreiheit auf jede gewerbliche Betätigung, die eine gewisse Beziehung zum Künstlerischen aufweist, zu vermeiden ist. Ansonsten kann keine oder nur noch eine eingeschränkte Missbrauchskontrolle erfolgen.[399] Wird eine Tätigkeit allerdings wiederkehrend gegen ein Entgelt erbracht, liegt jedoch die Vermutung nahe, dass dienstliche Interessen besonders gefährdet sind, so dass tendenziell eher von einer genehmigungspflichtigen als von einer genehmigungsfeien Nebentätigkeit auszugehen ist.[400] Nachdem es nur natürlich ist, dass jemand seinem Geldgeber gegenüber wohlgesonnen ist, ist ein generelles Misstrauen gegen solche Tätigkeiten aber nicht begründet. Dies insbesondere deshalb, weil der Kunsthochschullehrer in der Praxis oftmals nicht nur mit einem Vertragspartner, sondern mit mehreren Interessenten geschäftlich verkehren wird.

Voraussetzung für die Einordnung als gewerbliche Tätigkeit ist allerdings ein wiederkehrendes zeitliches Element. Wird der Hochschullehrer nicht nur einmalig oder gelegentlich tätig, sondern verrichtet er die entgeltliche Tätigkeit regelmäßig, ist eine Überbeanspruchung der Arbeitskraft naheliegend. Führt die Ausübung einer Nebentätigkeit also dazu, dass diese sowohl in zeitlicher als auch in finanzieller Hinsicht der hauptamtlichen Tätigkeit in nichts nachsteht, ist diese üblicherweise mit dem Hauptamt als unvereinbar anzusehen. Aus diesem Grund kann es auch keinen Unterschied machen, ob der Hochschullehrer seine

---

398 BayVGH v. 11.05.1994 – 3 B 1517/93, S. 10.
399 Dazu Sembdner, PersV 1981, 305 (307); Jansen, Nebentätigkeit im Beamtenrecht, 1983, S. 74; Wagner, NVwZ 1989, 515 (517).
400 Thiele, DÖD 1957, 7 (9); ähnlich für freiberufliche Nebentätigkeiten Störle, Das Nebentätigkeitsrecht der Hochschullehrer in Bayern, 2007, S. 59; Weiß/Niedermaier/Summer/Zängl, Bayerisches Beamtengesetz, Kommentar, Art. 73 Erl. 19 d.

eigenen Produkte gewerbsmäßig vermarktet oder Drittprodukte in die Vermarktung mit einbezieht.[401]

Diese Einordnung steht im Einklang mit der ständigen Rechtsprechung des Bundesverfassungsgerichts,[402] die eine gewerbliche Tätigkeit nicht als vom Schutzbereich des Art. 5 Abs. 3 GG erfasst ansieht. Die gewinnbringende Veräußerung des Kunstwerks ist für den Freiheitsgebrauch nicht erforderlich. Nur Werk- und Wirkbereich werden von Art. 5 Abs. 3 GG geschützt, nicht aber die Verwertungshandlung als solche bzw. der Schutz des „Gewinn- und Erwerbsstrebens". Insbesondere ist die gewerbliche Ausübung nicht Teil des „Wirkbereichs". Dieser umfasst zwar das Recht, ein Werk der Öffentlichkeit zugänglich zu machen, nicht aber es auch gerade gegen eine Vergütung zu verwerten. Ist die Verwertungshandlung betroffen, ist konsequenterweise auf die anderen Grundrechte, insbesondere Art. 12 Abs. 1 GG und Art. 14 Abs. 1 GG, zurückzugreifen.

Demgegenüber kann die gelegentliche wirtschaftliche Verwertung von Kunstwerken mit einer gewerblichen Tätigkeit nicht ohne weiteres gleichgesetzt werden, da die Ausstrahlungswirkung der Kunstfreiheitsgarantie hinreichend zu berücksichtigen ist. Ob der verbeamtete Hochschullehrer für den gelegentlichen Verkauf eines Kunstwerks oder für einen Auftritt, z.B. als Pianist, ein Entgelt erhält, muss für die Genehmigungsfreiheit unerheblich sein. Nachdem Art. 5 Abs. 3 GG die Veröffentlichung des geschaffenen Kunstwerks garantiert, wäre Gegenteiliges nicht mit den Grundrechten vereinbar. Der Schutzbereich des Art 5 Abs. 3 GG wird durch begleitende wirtschaftliche Motive nicht ausgeschlossen. Dies gilt zumindest solange, wie das grundrechtlich relevante Verhalten noch als künstlerischer Erkenntnis- und Entwicklungsprozess anzusehen ist. Dabei muss die eigene schöpferische Gestaltung den Schwerpunkt der Betätigung darstellen und das Gewinnstreben dahinter zurücktreten.[403]

---

401 So aber Sembdner, PersV 1981, 305 (308), der danach differenziert, ob die vom Bediensteten selbst geschaffenen Kunstwerke von ihm persönlich verbreitet werden. Dann sei die Tätigkeit genehmigungsfrei. Wird der Handel aber auf Erzeugnisse Dritter ausgedehnt, handle es sich um eine genehmigungspflichtige Nebentätigkeit, und zwar selbst dann, wenn die Erzeugnisse mit dem Urheberrecht des Verkäufers belastet sind.
402 BVerfG-K JZ 2007, 519 (520); BVerfGE 31, 229 (239); 49, 382 (392); 71, 162 (176). Zustimmend Geis, in: Fürst, GKÖD, L § 99, RN 35; ders., § 52, in: HRG-Kommentar, RN 64; Schnellenbach, Beamtenrecht in der Praxis, 2001, S. 184; Störle, Das Nebentätigkeitsrecht der Hochschullehrer in Bayern, 2007, S. 78; kritisch Gärditz, ZBR 2009, 145 (147). A.A. Ule, Beamtenrecht, § 42 BRRG, RN 3.
403 Gärditz, ZBR 2009, 145 (147) m.w.N.

Selbst wenn man die Verwertungshandlung selbst nicht mehr als vom Schutzbereich des Art. 5 Abs. 3 GG, sondern nur von dem des Art. 12 Abs. 1 GG bzw. des Art. 14 Abs. 1 GG erfasst ansieht, ist die Verwertung des künstlerischen Werks grundsätzlich so eng mit dem Freiheitsgebrauch des Art. 5 Abs. 3 GG verbunden, dass sie als Annex zur künstlerischen Tätigkeit selbst angesehen werden muss. Sie ist dieser damit nebentätigkeitsrechtlich gleich zu stellen.

Auch hohe Honorarzahlungen stehen diesem Ergebnis nicht entgegen. Es ist zwar zutreffend, dass eine solche Nebentätigkeit tendenziell eher als genehmigungspflichtig einzuordnen ist. Der Schluss von der Höhe des Entgelts auf die aufgewendete Arbeitszeit ist, wie in anderem Zusammenhang bereits festgestellt, nicht möglich. Die Zahlung eines hohen Entgelts kann, muss aber nicht eine Honorierung für die aufgewendete Arbeitszeit darstellen.[404]

Deshalb ist grundsätzlich von einer genehmigungsfreien Nebentätigkeit auszugehen. Wird die Verletzung dienstlicher Belange tatsächlich festgestellt, kann die Tätigkeit weiterhin untersagt werden. Da die Beweispflicht der Behörde obliegt, ist dieses Instrument gegenüber der Genehmigungspflicht das vorzugwürdigere, da mildere, Mittel.

Gleiches gilt für die Fälle, in denen die Kunstausübung faktisch von ihrer Vermarktung abhängt.[405] Eine vorstellbare Konstellation liegt etwa vor, wenn der Hochschullehrer zunächst ganz erhebliche eigene finanzielle Aufwendungen zu tätigen hat, um die Kunstausübung zu ermöglichen, und diese getätigten Ausgaben durch die nachträgliche oder gleichzeitige entgeltliche Verwertung zumindest amortisiert werden sollen.[406] Man denke nur an die Anmietung eines Theaters oder Konzertsaals, um die Kunst dem Publikum überhaupt zugänglich zu machen. Ohne die entgeltliche Verwertung wäre die Umsetzung der künstlerischen Idee mit einer persönlichen Vermögenseinbuße verbunden. Die Vorstellung, dass sich ein Künstler oder Musiker willentlich durch eine Vorleistung einen Vermögensverlust zufügt und aus „kulturaltruistischen" Motiven handelt, wäre lebensfremd. Letztlich ist in dieser Konstellation also der Wirkbereich des Art. 5 Abs. 3 GG selbst betroffen.

Zudem ist der kulturfördernde Staat darauf angewiesen, die Hochschullehrertätigkeit attraktiv zu gestalten, will er hochqualifizierte Kräfte an die

---

404 Vgl. Kap. 4 III 3 a) bb) m.w.N.
405 Geis, § 52 HRG, HRG-Kommentar, RN 64 mit Fn. 164; BVerfGE 31, 229 (240).
406 Ähnlich Jansen, Nebentätigkeit im Beamtenrecht, 1981, S. 76. Allerdings wäre abzugrenzen, ob es sich tatsächlich um eine entgeltliche Tätigkeit handelt, da lediglich ein Aufwendungs- bzw. Aufwendungsersatz entrichtet wird, Battis, BBG, § 100, RN 15.

Kunsthochschulen gewinnen. Es würde kaum gelingen, renommierte Persönlichkeiten anzuwerben, wenn diese jede ihrer Nebentätigkeiten, für die sie – was häufig der Fall sein wird – ein nicht unerhebliches Entgelt erhalten, vorher unter nicht unerheblichem bürokratischen Aufwand genehmigen lassen müssten.

Auch der besoldungsrechtliche Hintergrund bestätigt diesen Befund. Mit Einführung der W-Besoldung ist die Grundalimentation des verbeamteten Hochschullehrers im Vergleich zur früheren C-Besoldung gesunken.[407] Allerdings bieten die Neuerungen durch die Besoldungsreform dem Hochschullehrer den Anreiz, durch herausragende Leistungen seine Grundalimentation aufzustocken.

Ein Kriterium, das bei den wissenschaftlichen Hochschulen gerne zur Bestimmung solcher honorierungswürdigen Leistungen herangezogen wird, ist die Einwerbung von Drittmitteln. Wie bereits dargestellt, nimmt die Drittmittelförderung an Kunsthochschulen bislang jedoch einen vergleichsweise geringen Stellenwert ein. Die Bestimmung der Gewährung von Leistungszulagen ist an Kunsthochschulen daher an andere Kriterien geknüpft.

Neben der Wahrnehmung zusätzlicher (Hochschul-)Aufgaben ist ein solches Kriterium auch die fachliche Exzellenz des Professors, die er durch hauptamtliche Tätigkeiten unter Beweis gestellt hat. Besonders im künstlerischen Bereich wird die künstlerische Exzellenz nicht nur nach dem handwerklichen Können bewertet, sondern nach dem Bekanntheitsgrad des Hochschullehrers. Ob er bereits den „künstlerischen Durchbruch" geschafft hat, lässt sich auch anhand von Anzahl und Qualität der wahrgenommenen Nebentätigkeiten messen. Dies führt paradoxerweise dazu, dass die Ausübung von Nebentätigkeiten nicht nur die Höhe der Alimentation im Hauptamt mitbestimmen könnte, sondern auch, dass die Leistungszulagen primär denen gewährt werden, die bereits finanziell häufig lukrativen Nebentätigkeiten nachgehen. Um dies zu verhindern, liegt die Verteilung der bereitgestellten Mittel für die Leistungszulagen nach dem „Gießkannenprinzip" nahe. Beliebt ist dabei eine Aufstockung der geringen W2-Besoldung, um sie zumindest so der Besoldungshöhe einer W3-Professur anzunähern. Die Umverteilung nach dem „Gießkannenprinzip" führt im Gegenzug dazu, dass besonders renommierte Künstlerpersönlichkeiten im Vergleich zu ihren

---

407 Zur Verfassungswidrigkeit der W-Besoldung, vgl. BVerfGE 130, 263 ff. Kritisch auch Kempen, ZBR 2006, 145 ff; ders., DVBl. 2005, 1082 ff; Löwer, Professorenbesoldung, 2003, S. 25 ff; Oechsler, ZBR 1996, 202 ff; Mager, VVDStRL 65 (2006), 274 ff; Wahlers, ZBR 2006, 149 ff; Sieweke, Wissenschaftsmanagement 2010, 40 ff; Böhm, ZBR 2000, 154 ff; Derlien, F & L, 516 ff; Cirpka/Schilling/Hartwig, F & L 2006, 516 ff; Wolff, DÖV 2007, 504 ff; ders., WissR 46 (2013), 126 ff; Gawel, DÖV 2013, 285 ff.

Kollegen nur verhältnismäßig wenig von den bereitgestellten finanziellen Honorierungsmöglichkeiten profitieren. Die gesetzgeberische Intention, durch die Gewährung von Leistungszulagen besondere Anreize für den Hochschullehrer zu schaffen, wird durch diese Verteilungsmethode selbstverständlich unterlaufen, was aber nichts daran ändert, dass sie dennoch praktiziert wird.

Die wenig Leistungsanreize bietende Professorenbesoldung gepaart mit dem Aufbau bürokratischer Hürden durch das Nebentätigkeitsrecht, wie etwa die Statuierung einer Genehmigungspflicht für entgeltliche Tätigkeiten, hätte zur Folge, dass einige renommierte Künstler und Musiker möglicherweise von der Übernahme einer Professur abgehalten werden könnten. Wenngleich dieses Szenario nur auf die Entscheidung weniger Persönlichkeiten zutreffen mag, würde es nicht nur der nationalen und internationalen Wettbewerbsfähigkeit der Kunsthochschulen zuwiderlaufen, sondern hätte auch negative Einflüsse auf die studentische Ausbildung und damit – in letzter Konsequenz – verhängnisvolle Auswirkungen auf den Kulturstandort Deutschland.

Die punktuelle entgeltliche Verwertung des Produktes künstlerischen Schaffens ist daher genehmigungsfrei. Selbst wenn zwischen Fertigung des Kunstwerks und wirtschaftlicher Verwertung eine zeitliche Zäsur liegen sollte, ist ein Umschlagen der zunächst unentgeltlichen und damit in jedem Fall genehmigungsfreien Nebentätigkeit in eine genehmigungspflichtige Nebentätigkeit abzulehnen. Die entgeltliche Verwertung ist vielmehr als „Annex" zur Kunstausübung nebentätigkeitsrechtlich gleich zu bewerten. Der Auftritt gegen ein Entgelt ist beispielsweise wie das entgeltliche Absetzen eigener Werke so eng mit der künstlerischen Betätigung verknüpft, dass eine differenzierte rechtliche Beurteilung nicht geboten ist. Eine genehmigungsfreie künstlerische Nebentätigkeit liegt mithin auch dann vor, wenn es sich nicht nur um bloße „Liebhaberei" handelt, sondern finanzielle Interessen mitbestimmend sind.[408]

Entscheidend ist folglich der Schwerpunkt der Tätigkeit: Liegt dieser auf der dauerhaften Gewinnerzielung, ist weder nach Sinn und Zweck noch begrifflich eine künstlerische Tätigkeit gegeben, sondern eine genehmigungspflichtige, da gewerbliche Nebentätigkeit. Der hohe Schutzgehalt der Kunstfreiheitsgarantie ist hier gerade nicht geboten. Zudem ist die Beeinträchtigung der dienstlichen Interessen besonders naheliegend, so dass deren Sicherung durch die vorherige Einholung einer Genehmigung eher gerechtfertigt ist, als es bei einer genehmigungsfreien Nebentätigkeit der Fall wäre. Das gewerbsmäßige Absetzen (auch

---

408 Sembdner, PersV 1981, 305 (308); Lynen, Kunsthochschulen, in: HRG-Kommentar, RN 86; Post, Das Post, Nebentätigkeitsrecht NRWS. 62.

eigener) künstlerischer Produkte ist damit genauso genehmigungspflichtig wie der regelmäßige entgeltliche Auftritt als Sänger oder Theaterschauspieler.[409]

bb) Auftragstätigkeiten

Die vorstehenden Erwägungen stehen im engen Zusammenhang mit der Auftragskunst, da die Entgeltlichkeit einer Tätigkeit ein starkes Indiz für das Vorliegen einer Auftragsarbeit darstellt. Wie gesehen, handelt es sich bei Letzteren häufig um Nebentätigkeiten und nicht um dienstliche Aufgaben.[410] Die Zurechnung zum Hauptamt ist grundsätzlich nicht möglich, weil es dem Hochschullehrer an der erforderlichen Unabhängigkeit, Selbstständigkeit und Entschlussfreiheit fehlt.[411] Zudem soll durch die Einordnung als Nebentätigkeit verhindert werden, dass Dritte auf die Ressourcen der Hochschule und damit auf den geregelten Hochschulbetrieb einen ungehinderten Zugriff erhalten. Es ist selbstverständlich, dass die personellen und sachlichen Mittel der Hochschule nicht eingesetzt werden dürfen, um die meist kommerziellen Interessen Dritter zu befriedigen.

Ähnliche Überlegungen, die bereits bei der Abgrenzung von Hauptamt und Nebentätigkeit tragend waren, sind bei der Einordnung einer Nebentätigkeit als genehmigungspflichtig oder genehmigungsfrei anzustellen.

Nachdem der Hochschullehrer bei Nichtvorliegen einer Beeinträchtigung dienstlicher Interessen einen gebundenen Anspruch auf Genehmigungserteilung hat[412] und im Parallelfall der Auftragsforschung ebenfalls verbreitet von einer genehmigungspflichtigen Nebentätigkeit ausgegangen wird,[413] spricht zunächst vieles für das Erfordernis einer Genehmigungspflicht. Nach der gesetzgeberischen Intention, z.B. Nr. 6 der KMK-Empfehlung,[414] werden einige, nicht abschließende Regelbeispiele genannt, bei deren Vorliegen typischerweise von einer nicht privilegierungswürdigen Nebentätigkeit auszugehen ist, weil es dem Hochschullehrer an der erforderlichen Unabhängigkeit, Selbstständigkeit und Entschlussfreiheit fehlt. Darunter fallen grundsätzlich auch die Auftragsarbeiten. Die Zuordnung zu den genehmigungspflichtigen Nebentätigkeiten soll auch hier dem Schutz der dienstlichen Belange dienen. Der von Dritten beauftragte

---

409 So Nr. 1 VwV LSA. Dazu auch Schnellenbach, Beamtenrecht in der Praxis, 2001, S. 184.
410 4. Kap. II 3 b) m.w.N.
411 Zur Abgrenzung von Hauptamt und Nebentätigkeit, vgl. 4. Kap. II 3 b).
412 Der Behörde steht kein Ermessen zu, vgl. BVerwGE 60, 254 (255); 67, 293; BayVGH, ZBR 1962, 326.
413 Vgl. auch Baßlsperger, in: Weiß/Niedermaier/Summer, Zängl, BayBG, Art. 74 Nr. 8c.
414 Nr. 6 KMK-Empfehlung vom 31.1.1981 i.d. F. vom 4.12.1992.

Hochschullehrer darf seine Dienstpflichten nicht verletzen. Durch die Einordnung als genehmigungspflichtige Nebentätigkeit erhält die Dienstbehörde bereits von Anfang an Kenntnis von einer potentiellen Gefährdungslage und hat die Möglichkeit, auf diese rechtzeitig zu reagieren.

(1) Die genehmigungsfreie Nebentätigkeit
Allerdings darf nicht verkannt werden, dass das Verbot mit Erlaubnisvorbehalt die grundrechtliche Freiheitsentfaltung spürbar einschränkt.

Für die Einordnung als genehmigungsfreie Nebentätigkeit sprechen insbesondere die bereits genannten grundlegenden Überlegungen, die auf sämtliche Abgrenzungsfragen des Nebentätigkeitsrechts übertragbar sind. Die besonderen Umstände an Kunsthochschulen und die Tatsache, dass besonders renommierte Künstler nur an die Hochschule gebunden werden können, wenn man ihnen durch ein liberal ausgestaltetes Nebentätigkeitsrecht entsprechende Anreize bietet, sind hier gleichfalls zu berücksichtigen. Die Annahme von Drittaufträgen von einflussreichen Auftraggebern ist ein besonders probates Mittel um die eigene Reputation zu steigern und ist im nationalen und internationalen Wettbewerb ein unausweichliches Kriterium. Ein Musikprofessor, der dauerhaft als Dirigent ein bekanntes Orchester leitet, ein Opernstar auf Konzertreise oder ein Kunsthochschulprofessor, der das Porträt des Altkanzlers für die Galerie des Bundeskanzleramts fertigt, erhält naturgemäß mehr öffentliche Beachtung als ein Hochschullehrer, der außerhalb der Hochschule selten oder gar keinen Tätigkeiten nachgeht.

Vor dem Hintergrund, dass das private Mäzenatentum eine erhebliche Rolle bei der Förderung der Künste spielt und sich insbesondere größere Unternehmen zunehmend öffentlichkeitswirksam als Kunstförderer profilieren, nehmen Auftragsarbeiten einen zunehmend höheren praktischen Stellenwert ein. Sie haben sich als Mittel der Kunstförderung bewährt und sind daher nicht als schlechthin negativ zu bewerten. Schließlich kommt die Beauftragung eines Künstlers nicht nur ihm persönlich zugute, sondern dient letztlich der kulturell interessierten Öffentlichkeit. Die Auftragskunst leistet daher einen wesentlichen Beitrag zur Erhaltung und Förderung kultureller Errungenschaften über die Grenzen der Hochschule hinaus.

Auch die Frage, ob eine Beeinträchtigung dienstlicher Belange vorliegt, ist mit Blick auf Art. 5 Abs. 3 GG mit Zurückhaltung und differenziert zu beurteilen. Zum einen ist – anders als in der Wissenschaft – eine Steuerung ganzer Kunstbereiche durch einflussreiche Dritte praktisch kaum zu befürchten. Die Kunst und Musik erfordert nicht nur die Beherrschung von handwerklichen Techniken, sondern ist Ausdruck freier schöpferischer Gestaltung. Dem Auftraggeber wird es primär darauf ankommen, dass der Künstler persönlich interpretativ-schöpferisch tätig wird. Die Vorgabe eines konkreten Ergebnisses, das ausschließlich den Vorstellungen des Auftraggebers entspricht, wird häufig nicht erwünscht sein, da es künstlerischen oder musikalischen Meisterwerken immanent ist, dass sich die Persönlichkeit und der Stil des Künstlers in ihnen widerspiegeln. Zwar mag der Besteller seine Vorstellungen über die Gestaltung äußern und dem Künstler bestimmte Vorgaben, wie etwa hinsichtlich der Farbwahl eines Gemäldes, machen können. Der Auftrag eines Dritten schließt allerdings die Unabhängigkeit und Entschlussfreiheit nach Zielrichtung und Formsprache der künstlerischen Arbeit nicht schlechthin aus.[415] Die Beeinträchtigung der Selbstständigkeit, Entschlussfreiheit und Unabhängigkeit des Hochschullehrers, verbunden mit der Einflussnahme Dritter auf den geordneten Hochschulbetrieb, ist demgemäß nicht im selben Ausmaß wie in der Wissenschaft zu befürchten.

Zum anderen lässt sich der Argwohn gegen die Genehmigungsfreiheit von Auftragskunst nur mit der Vermutung begründen, dass der Hochschullehrer seine dienstlichen Pflichten zugunsten der Auftragstätigkeit vernachlässigen würde. Da sich der Professor durch die Wahrnehmung solcher Nebentätigkeiten einer zusätzlichen zeitlichen Belastung ausgesetzt sieht, besteht die Gefahr, dass er seine Dienstpflichten nur eingeschränkt auszuüben vermag. Im Einzelfall kann es tatsächlich zu einer Qualitätsminderung in der Lehre kommen. Typische Beispiele sind in diesem Zusammenhang ein Musikprofessor, der sich auf einer längeren Konzertreise befindet, oder ein Dirigent, der dauerhaft ein großes Orchester leitet. Aber selbst in diesen Extremfällen ist eine pauschale Aussage nicht möglich. Insbesondere können in solchen Fällen zwischen Professor und Hochschule Abreden getroffen werden, die die Interessen beider Beteiligten angemessen berücksichtigen. Geht der Hochschullehrer beispielsweise regelmäßig im Ausland bestimmten Auftragstätigkeiten nach und ist dies bereits vor Annahme der Professur bekannt, kann schon in der Berufungsvereinbarung verabredet werden, dass er sein Lehrdeputat nebentätigkeitsverträglich in Blockveranstaltungen erfüllt, wenn dies die Art seines vertretenen Fachs zulässt.[416] Jedenfalls kann nicht jede musikalische oder künstlerische Darbietung auf Initiative Dritter unabhängig von der realen Gefährdung dienstlicher Interessen als genehmigungspflichtige Nebentätigkeit klassifiziert werden. Vielmehr wird es sich bei der

---

415 Zu dieser Grundüberlegung bereits 4. Kap. II 3 b) bb).
416 Zu den unterschiedlichen Anforderungen an die Anforderungen des vertretenen Fachs, vgl. 4. Kap. III 1.

Mehrzahl der künstlerischen Auftragstätigkeiten um dienstrechtlich unproblematische Tätigkeiten handeln, wie z.B. die vereinzelte Anfertigung eines Porträts oder die gelegentliche Darbietung musikalischer Fähigkeiten im Rahmen eines Konzerts, so dass sich eine Beeinträchtigung der Dienstpflichten nur selten realisieren wird.

(2) Die genehmigungspflichtige Nebentätigkeit

Wenngleich eine flächendeckende Lenkung ganzer Kunst- oder Musikbereiche grundsätzlich nicht zu befürchten ist, ist von einer Genehmigungspflicht auszugehen, wenn dem Kunst- oder Musikprofessor jede Form von Selbstständigkeit, Unabhängigkeit und Entschlussfreiheit genommen wurde. Dies kann bejaht werden, wenn er nur noch als ein Instrument bzw. als eine Marionette des Auftraggebers zu bezeichnen ist.

Ob dies der Fall ist, ist indes mit Zurückhaltung zu beurteilen. Eine solche Konstellation wird weniger in der bildenden Kunst, als vielmehr in der Musik oder in der darstellenden Kunst gegeben sein. Beispielsweise sei hier ein Pianist genannt, der ein vom Auftraggeber festgelegtes Stück als Mitglied eines Orchesters darbieten soll, oder der Schauspieler in einem Theaterensemble. Der Beauftragte hat hier wenige bis gar keine Einflussmöglichkeiten und kann seine individuelle Kreativität nur eingeschränkt zum Ausdruck bringen. Er wäre durch jemanden mit vergleichbaren künstlerisch-handwerklichen Fähigkeiten ersetzbar. Auf einen interpretativ-gestalterischen Beitrag des Individuums kommt es dem Auftraggeber weniger bis gar nicht an.[417] Ein sich dem Willen eines Dritten unterwerfender Hochschullehrer kann sich dann nicht in einem Ausmaß künstlerisch entfalten, die eine Befreiung von der Genehmigungspflicht rechtfertigen würde. Deshalb besteht für eine nebentätigkeitsrechtliche Privilegierung kein Bedürfnis.

Aufgrund der freiheitsverkürzenden Wirkung dieser grundlegenden Einordnung genügt jedoch nicht nur das Überwiegen des Anteils der unselbstständigen Tätigkeit.[418] Vielmehr muss eindeutig sein, dass es dem Hochschullehrer an Selbstständigkeit, Unabhängigkeit und Entschlussfreiheit ermangelt. Dies ist nur zu bejahen, wenn der Professor bedenkenlos als ein austauschbares Werkzeug des Auftraggebers ohne schöpferische Eigenständigkeit angesehen werden kann.

---

417 Vgl. zu der ähnlichen Überlegung bei der Abgrenzung von Hauptamt und Nebentätigkeit, 4. Kap. II 3 b) bb).
418 So aber Geis, § 52 HRG, in: HRG-Kommentar, RN 62, der eine Genehmigungspflicht bejahen will, wenn der unselbstständige Teil der Arbeit überwiegt.

Eine weitere Konstellation in der von einer Genehmigungspflicht auszugehen ist, ist gegeben, wenn der Kunsthochschullehrer die Auftragstätigkeit dauerhaft gegen ein Entgelt erbringt. Schulbeispiele sind der Solist, der sich im Auftrag eines Dritten gegen Entgelt auf einer längeren Konzertreise befindet, oder der Dirigent eines philharmonischen Orchesters.

Die Einordnung solcher Beschäftigungen als genehmigungspflichtige Nebentätigkeit ergibt sich jedoch nicht aus dem Umstand, dass es sich um eine Auftragsarbeit handelt, sondern bereits daraus, dass sie mit einem gewerblichen Charakter betrieben wird.[419]

(3) Zusammenfassung

Die Genehmigungspflicht ergibt sich nicht bereits aus der Natur eines Auftragsverhältnisses. Diese sind vielmehr grundsätzlich als genehmigungsfreie Nebentätigkeiten einzuordnen. Dieses Ergebnis entspricht nicht nur praktischen Überlegungen, sondern leitet sich bereits aus der Eigengesetzlichkeit künstlerischer Handlungsabläufe ab. Der Künstler wird interpretativ-schöpferisch tätig. Ein spürbarer Einfluss des Dritten auf das konkrete Ergebnis ist nur partiell möglich und oft vom Auftraggeber nicht gewünscht. Auch der allgemeine Rückschluss von der möglichen Beeinträchtigung dienstlicher Interessen auf das Erfordernis einer Genehmigungspflicht ist grundsätzlich abzulehnen. Nimmt der Auftraggeber jedoch eine dominierende Stellung ein, so dass es dem Hochschullehrer an Unabhängigkeit, Selbstständigkeit und Entschlussfreiheit ermangelt, er also zur „Marionette" des Auftragsgebers gemacht wird, ist von einer genehmigungspflichtigen Nebentätigkeit auszugehen. Aufgrund der einschneidenden Auswirkungen der Genehmigungspflicht ist das Fehlen dieser Merkmale aber mit Zurückhaltung zu bewerten.

cc) Engagierte Kunst

Unproblematisch kann auch eine künstlerische Nebentätigkeit vorliegen, wenn es sich um engagierte Kunst handelt. Für die Einordnung als genehmigungsfreie Nebentätigkeit ist es unerheblich, ob eine Meinung transportiert wird oder nicht. Da ein Gleichlauf mit der verfassungsrechtlichen Begriffsbestimmung angezeigt ist, ist einzig entscheidend, ob die Tätigkeit als künstlerisch im Sinne des Art. 5 Abs. 3 GG bezeichnet werden kann. Wird die engagierte Kunst im Auftrag Dritter wahrgenommen, exemplarisch sei die Anfertigung einer Karikatur für eine Tageszeitung genannt, gelten dieselben Abgrenzungskriterien wie bei der

---

419 Vgl. oben Kap. 4 III 3.

Auftragskunst. Entscheidend ist daher lediglich, ob die erforderliche Entschlussfreiheit, Unabhängigkeit und Selbstständigkeit gewahrt ist oder nicht.

2. Genehmigungspflichtige Nebentätigkeit

Liegt keine genehmigungsfreie Beschäftigung vor, ist grundsätzlich von einer genehmigungspflichtigen Nebentätigkeit auszugehen. Die Genehmigungserteilung ist zu versagen, wenn zu besorgen ist, dass durch die Nebentätigkeit dienstliche Interessen beeinträchtigt werden.

In einigen Ausnahmefällen ist die Genehmigungserteilung allerdings an erhöhte Anforderungen gebunden. Dies ist für unternehmerische oder freiberufliche Tätigkeiten in einem Büro ausdrücklich gesetzlich normiert.[420] Letztere sind bereits keine genehmigungsfreien Tätigkeiten, da es dem Hochschullehrer grundsätzlich an der erforderlichen Unabhängigkeit, Entschlussfreiheit und Selbstständigkeit fehlt. Die Beschäftigungen sind üblicherweise auf Dauer angelegt und werden mit Gewinnerzielungsabsicht betrieben. Es handelt sich zudem regelmäßig um sehr arbeitsintensive Beschäftigungen, die bereits aufgrund ihres Zeitelements dienstliche Interessen zu beeinträchtigen vermögen und daher einer intensiveren Missbrauchskontrolle durch die Behörden bedürfen. Diese erhöhten Anforderungen an die Genehmigungserteilung sollen folglich dafür Gewähr tragen, dass der Hochschullehrer nicht über die Maßen in Anspruch genommen wird.[421]

Die Genehmigung soll zum Schutz der öffentlichen Belange daher nur unter den Voraussetzungen erteilt werden, dass sie in vertretbarer Nähe zum Dienstort ausgeübt wird, der Professor nicht daran gehindert wird, der Hochschule an einer vom Dienstherren bestimmten Anzahl von Tagen für Dienstaufgaben voll zur Verfügung zu stehen, und die eindeutige Trennung der Aufgaben sowie der sachlichen und personellen Ausstattung des Büros von den Hochschuleinrichtungen gewährleistet ist.[422] Letzteres sichert die Trennung der sachlichen und personellen Ausstattung des Büros von den Hochschuleinrichtungen. Nachdem

---

420 § 6 Abs. 1 HNTVO B-W; § 10 BayHSchLNV; § 5 Abs. 2 HNtVO Ber; § 5 Abs. 2 HNtV Bgb; § 5 Abs. 1. HNVO LSA. Kritisch Störle, Das Nebentätigkeitsrecht der Hochschullehrer in Bayern, 2007, S. 59.
421 Dazu Störle, Das Nebentätigkeitsrecht der Hochschullehrer in Bayern, 2007, S. 58 f.
422 Vgl. 5.1 der „Empfehlung der Kultusministerkonferenz zur Vereinheitlichung des Nebentätigkeitsrechts im Hochschulbereich der Länder, Beschluss der Kultusministerkonferenz vom 30.1.1981 i.d. F. vom 4.12.1992" bzw. mit Abweichungen im Einzelfall § 6 HNTVO B-W; § 10 BayHSchLNV; § 5 Abs. 2 HNtVO Ber; § 5 Abs. 2 HNtV Bbg; § 4 HNtV NRW; § 10 HNtV Saarl; § 5 HNVO LSA.

der Hochschullehrer seinen Arbeitsplatz vielmehr frei wählen kann, ist eine Vermengung der Ressourcen zu befürchten. Besonders im Hochschulbereich wird der Hochschullehrer einen Großteil seiner Tätigkeit an den heimischen Arbeitsplatz oder in sein privates Atelier verlagern, wenn er nicht auf bestimmte Instrumente oder technische Gerätschaften, die nur der Hochschule zur Verfügung stehen, angewiesen ist. Zudem ist der Übergang zwischen Hauptamt und Nebentätigkeit häufig fließend, so dass die Trennung der Tätigkeitsfelder und die Inanspruchnahme der Hochschulmittel schwer fallen.

Die dienstlichen Interessen sollen auch bei der Ausübung zeitintensiver freiberuflicher oder unternehmerischer Nebentätigkeit in jedem Falle gewahrt bleiben und den unberechtigten Zugriff auf die Sachmittel der Hochschule verhindern. Dabei handelt es sich um legitime Zwecke, deren Durchsetzung erforderlich und angemessen ist, weshalb die erhöhten Genehmigungsanforderungen nicht zu beanstanden sind.

3. Allgemein genehmigte Nebentätigkeiten

Die im Hochschulrecht verbreiteten allgemein genehmigten Nebentätigkeiten liegen (von ihrer Eingriffsintensität in die Grundrechte des Hochschullehrers her betrachtet) zwischen den genehmigungsfreien und den genehmigungspflichtigen Nebentätigkeiten. Obwohl die Ausübung der Nebentätigkeit eigentlich genehmigungspflichtig ist, gilt die Genehmigung als erteilt. Stellt sich später eine Beeinträchtigung der dienstlichen Belange heraus, ist die Behörde aber zum sofortigen Einschreiten berechtigt. Bis dahin besteht lediglich eine Anzeigepflicht für die Fälle, dass eine Vergütung bezahlt wird oder es sich nicht um eine einmalige Tätigkeit handelt.[423]

Diese Einschränkungen liegen allerdings nicht nur im Interesse des Dienstherrn, sondern auch in dem des Hochschullehrers, denn die allgemein genehmigten Nebentätigkeiten zeichnen sich durch eine enge Verknüpfung zu den Dienstaufgaben aus. Die Anzeige des Hochschullehrers hat daher insoweit die klärende Funktion, dass seine Tätigkeit auch als Nebentätigkeit und nicht im Hauptamt wahrgenommen wird. So kann etwa das Missverständnis, dass es sich

---

423 Zur Vergütung §§ 9, 2 HNtV i.V.m. § 10 NtV NRW. Mit einzelnen Abweichungen, insbesondere hinsichtlich der Geringwertigkeit (maximal die Dauer von einem Monat und keine Überschreitung des Entgelts über 511, 29 €) oder wenn für die Nebentätigkeit nicht mehr als ein Arbeitstag verwendet wird, § 6 HNtVO Berl. Zur wiederholten Nebentätigkeit: §§12 Abs. 2 i.V.m. § 11 Abs. 3 BayHSchLNV; § 6 HNtV Bbg; § 3 Abs. 2 HNtVO Nds a.F.; § 4 Abs. 2 HNVO LSA.

bei der ausgeübten Tätigkeit um eine dem Hauptamt zugehörige handelt, vermieden werden.[424]

Auch allgemein genehmigte Nebentätigkeiten finden ihre Grenzen dort, wo dienstliche Interessen beeinträchtigt werden. Ergibt sich nach der Anzeige der Tätigkeit oder während ihrer Ausübung eine Beeinträchtigung der dienstlichen Interessen, ist die Genehmigung einzelfallbezogen zu widerrufen.[425]

Der Vergleich der landesrechtlichen Normen zeigt zwei grundlegende Regelungsmuster auf: Entweder gilt die Nebentätigkeit als allgemein genehmigt, weil es aufgrund des *Umfangs* der Tätigkeit unwahrscheinlich ist, dass dienstliche Interessen beeinträchtigt werden,[426] oder die ausdrückliche Zuordnung bestimmter Nebentätigkeiten zur Gruppe der allgemein genehmigten Tätigkeiten lässt darauf schließen, dass der Gesetzgeber bei bestimmten Nebentätigkeiten aufgrund ihrer *inhaltlichen* Ausrichtung nicht von einer Beeinträchtigung dienstlicher Belange ausgeht.

Zu den allgemein genehmigten Tätigkeiten zählen demzufolge die Tätigkeit als Herausgeber oder Schriftleiter von wissenschaftlichen oder künstlerischen Zeitschriften, Sammelwerken oder vergleichbaren Publikationen, die Übernahme von Forschungs- und Entwicklungsaufträgen sowie die für den Wissenschafts- und Technologietransfer erforderlichen Beratertätigkeiten, die Tätigkeit eines Professors der Rechtswissenschaft als Verteidiger oder Prozessvertreter, die Lehr- und Unterrichtstätigkeit,[427] die Tätigkeit als Preisrichter, Schiedsrichter oder Sachverständiger vor Gericht und die Mitwirkung an staatlichen oder akademischen Prüfungen, soweit diese nicht Teil der Dienstaufgaben und damit nicht bereits dem Hauptamt zugeordnet sind.[428]

Die künstlerische Beratung oder die künstlerische Betreuung eines Bauvorhabens wird in der KMK-Empfehlung zwar gleichfalls zu den allgemein genehmigten Nebentätigkeiten gezählt;[429] in den landesrechtlichen Vorschriften spiegelt sich dies jedoch vielfach nicht wider.[430] Im letzteren Fall ist nach den

---

424 Hellfeier, in: Leuze/Epping, HG NRW, RN 52.
425 Post, Das Post, Nebentätigkeitsrecht NRWS. 59.
426 So § 2 Abs. 1 HNtVO Berl; § 4 Abs. 1 HNTV Bbg; § 4 Abs. 1 HNVO LSA.
427 Für gewöhnlich bis zu vier Wochenstunden, vgl. § 11 Abs. 2 Nr. 2 BayHSchLNV in Berlin jedoch nur zwei Wochenstunden, § 2 Abs. 2 Nr. 5 HNtVO Berl.
428 Vgl. Nr. 7 der KMK-Empfehlung v. 30.1.1981 i.d.F. v. 4.12.1992; § 4 Abs. 1 HNTVO B-W; §§ 11 Abs. 2, 12 BayHSchLNV; § 2 HNtVO Berl; § 4 HNtV Bbg; § 3 HNtVO Nds a.F.
429 So auch Berlin, Hamburg, Sachsen.
430 Nicht geregelt etwa in B-W, Bay, Bbg; NRW, Saarl, S-H und Thür.

aufgestellten Grundsätzen zwischen genehmigungspflichtigen und genehmigungsfreien Nebentätigkeiten abzugrenzen, so dass eine genehmigungsfreie Nebentätigkeit auch hier immer nur dann vorliegt, wenn die Entschlussfreiheit, Unabhängigkeit und Selbstständigkeit des Hochschullehrers unberührt bleibt. Da es sich bei der künstlerischen Betreuung eines Bauvorhabens häufig um eine Auftragsarbeit handeln wird, bedarf es einer genauen Prüfung, ob diese genannten Voraussetzungen im Einzelfall gewahrt sind.

4. Die Nebentätigkeiten im öffentlichen Dienst

Die Regelungen über die Anordnung bzw. Zulassung von Nebentätigkeiten im öffentlichen Dienst dienen der Ausübung der Organisations- und Planungshoheit des Dienstherrn.[431] Für die Ausübung von Nebentätigkeiten im öffentlichen Dienst gelten Besonderheiten. Zum einen bestehen aufgrund des Verbots der Doppelalimentation hinsichtlich der Vergütung Sonderregelungen und zum anderen kann der Beamte zur Übernahme einer Nebentätigkeit verpflichtet werden.

Die Aufgaben, die für das Land, für Kommunen, Gemeindeverbände oder sonstige unter der Aufsicht des Staates stehende Körperschaften, Anstalten oder Stiftungen des öffentlichen Rechts wahrgenommen werden, sollen aber zweckmäßigerweise in ein Hauptamt eingeordnet werden, wenn sie mit diesem im Zusammenhang stehen.[432]

a) Begriff des öffentlichen Dienstes

Zur Abgrenzung von den „privaten" Nebentätigkeiten bedarf es einer Begriffsbestimmung des „öffentlichen Dienstes". Während einige Hochschullehrernebentätigkeitsverordnungen eine Legaldefinition zur Erleichterung der Abgrenzungsfrage eingeführt haben,[433] ist in anderen Bundesländern der Rückgriff auf die allgemeinen Nebentätigkeitsverordnungen für die sonstigen Beamten[434] oder gar der Rückgriff auf das jeweilige Beamtengesetz erforderlich. Gemäß § 4 BayHSchLNV ergibt sich beispielsweise folgende Abgrenzung:

---

431 Lecheler, ZBR 1985, 97 mit Bezug auf Battis, Zur verfassungsrechtlichen Zulässigkeit, S. 20.
432 Vgl. etwa § 5 BayHSchLNV.
433 § 4 BayHSchLNV; § 8 Abs. 1 HNtVO Ber.
434 Z.B. § 2 LNTVO B-W; § 3 BremNVO; § 1a HVO Hes; § 4 NebVO RhPf; § 3 SächsNTVO; § 2 NVO LSA.

(1) ¹ Nebentätigkeit im öffentlichen Dienst ist jede für den Freistaat Bayern, den Bund, ein Land, eine Gemeinde, einen Gemeindeverband oder andere Körperschaften, Anstalten oder Stiftungen des öffentlichen Rechts im Bundesgebiet oder für Verbände von juristischen Personen des öffentlichen Rechts ausgeübte Nebentätigkeit; dies gilt auch, wenn die Tätigkeit auf Grund eines Vertragsverhältnisses wahrgenommen wird. ² Ausgenommen ist eine Nebentätigkeit für öffentlich-rechtliche Religionsgemeinschaften oder deren Verbände.
(2) Einer Nebentätigkeit im öffentlichen Dienst steht gleich eine Nebentätigkeit für
1. Vereinigungen, Einrichtungen oder Unternehmen, deren Kapital (Grund- oder Stammkapital) sich unmittelbar oder mittelbar ganz oder überwiegend in öffentlicher Hand befindet oder die fortlaufend ganz oder überwiegend aus öffentlichen Mitteln unterhalten werden,
2. zwischenstaatliche oder überstaatliche Einrichtungen, an denen eine juristische Person oder ein Verband im Sinn des Absatzes 1 Satz 1 Halbsatz 1 durch Zahlung von Beiträgen oder Zuschüssen oder in anderer Weise beteiligt ist,
3. natürliche oder juristische Personen oder Personenvereinigungen des Privatrechts, die der Wahrung von Belangen einer juristischen Person oder eines Verbands im Sinn von Absatz 1 Satz 1 Halbsatz 1 dient.

Sicherlich liegt eine Tätigkeit für den öffentlichen Dienst vor, wenn ein Dienstverhältnis zu einem öffentlichen Dienstgeber besteht. Die Begriffsbestimmung ergibt sich aber primär aus der Struktur des Nebentätigkeitsrechts und dem Sinn und Zweck der anzuwendenden Vorschriften.[435] Der von dem Begriff des öffentlichen Dienstes erfasste Sachverhalt soll sowohl die Möglichkeit einer Verpflichtung des Bediensteten zur Übernahme einer Nebenbeschäftigung begründen können als auch die Ablieferungspflicht rechtfertigen.

Die Wahrnehmung von Nebentätigkeiten im öffentlichen Dienst wird selbst zwar nicht als zwingend schädlich empfunden, allerdings soll ihre Ausübung auch nicht überhand nehmen, damit die Grundpflicht des Bediensteten, insbesondere zum Einsatz seiner ganzen Arbeitskraft für den Dienstherrn, nicht beeinträchtigt wird. Daneben gilt es, im Interesse einer sparsamen Haushaltsführung einer Doppelbesoldung aus öffentlichen Mitteln entgegenzutreten. Diese Intention findet sich im beamtenrechtlichen Alimentationsprinzip wieder.[436] Demgegenüber will der Staat die Leistungskraft und Erfahrung seiner Beamten auch außerhalb des Hauptamtes nutzen und auf ihre Fähigkeiten zurückgreifen. Damit spricht viel für eine weite Auslegung des Begriffs des öffentlichen Dienstes.

---

435 Vgl. BVerfGE 15, 46 (61 f.); 38, 326 (338); 48, 64 (84); 55, 207 (227 ff).
436 Zu den Gründen umfassend BVerfGE 55, 207 (230 ff).

Vor diesem Hintergrund ist nach der Rechtsprechung deshalb auch die Art der rechtlichen Bindung unerheblich. Es kommt daher nicht darauf an, ob die Tätigkeit im Rahmen eines abhängigen Dienstverhältnisses erfolgt oder es sich um eine selbstständige Tätigkeit im Sinne eines Auftragsverhältnisses, eines Werkvertrages oder eines sonstigen gesetzlich begründeten Rechtsverhältnisses handelt. Nach den gesetzgeberischen Intentionen kann es nicht darauf ankommen, aufgrund welcher Rechtsbeziehung die Nebentätigkeit geleistet wird und welches Rechtsverhältnis ihrer Vergütung zu Grunde liegt.[437] Eine Nebentätigkeit im öffentlichen Dienst liegt daher auch dann vor, wenn die Arbeitsstelle faktisch bzw. wirtschaftlich von der öffentlichen Hand beherrscht und die zu zahlende Vergütung aus Beiträgen der öffentlichen Haushalte bestritten wird. Dies gilt selbst dann, wenn die Finanzierung nur mittelbar aus öffentlichen Mitteln erfolgt.[438] Nach der Rechtsprechung liegt eine Nebentätigkeit im öffentlichen Dienst weiterhin dann vor, wenn die Finanzierungsquelle nicht eindeutig ist, aber die Ausgestaltung als öffentlich-rechtliche Organisationsform mit den sich daraus ergebenden Konsequenzen für Haushalt, Personal und Aufgabenstruktur angenommen werden kann.[439]

Demgegenüber kann nicht jede beliebige Tätigkeit dem öffentlichen Dienst gesetzlich zugeordnet werden. Dies würde einen aus sachfremden Gründen erfolgenden und daher ungerechtfertigten Eingriff in die allgemeine Handlungsfreiheit des Beamten darstellen. Vielmehr ist ein Zusammenhang der Tätigkeit mit dem öffentlichen Dienst unter den soeben genannten Voraussetzungen zu fordern.

Die in § 4 Abs. 2 BayHSchLNV genannten Beschäftigungen werden daher in verfassungsrechtlich nicht zu beanstandender Weise denjenigen für den öffentlichen Dienst gleichgestellt. Dem Gesetzgeber ist es insbesondere möglich, den nebentätigkeitsrechtlichen Begriff des Dienstverhältnisses auf Tätigkeiten für eine juristische Person des Privatrechts, deren überwiegende Anteile einer juristischen Person des öffentlichen Rechts gehören und die faktisch hoheitliche Aufgaben wahrnimmt, auszudehnen.[440] In Anbetracht der zahlreichen Ausnahmenvorschriften von der Ablieferungspflicht für grundrechtlich privilegierte

---

437 BVerfGE 55, 207 (230 ff).
438 BVerfGE 55, 207 (234 f.).
439 BVerwG NVwZ-RR 2004, 49 (50).
440 Zweifelnd Thieme, DVBl. 2001, 1025 (1027 f.), der die Ausdehnung des Begriffs des „öffentlichen Dienstes" auf ein werkvertragliches Verhältnis als mit der Verfassung für unvereinbar ansieht. Kritisch auch Gärditz, ZBR 2009, 145 (153). Zur Verfassungsmäßigkeit der Ablieferungspflicht auch Ludwig, ZBR 1979, 225.

Nebentätigkeiten oder für solche, die im öffentlichen Interesse stehen, ist diese Begriffsausdehnung auch nicht unverhältnismäßig, sondern begrüßenswert. Dieses stellt nämlich ein äußert effektives Kontrollinstrument dar. Vor dem Hintergrund der zunehmenden Privatisierung öffentlicher Aufgabenbereiche ist diese Ausdehnung nur konsequent, wenn der Schutzzweck des Gesetzes nicht leer laufen soll. Wie an anderer Stelle bereits festgestellt,[441] erfolgt auch in der Kulturförderung eine weitere Verlagerung ins Privatrecht. Vermehrt werden kommunale Einrichtungen, wie Theater oder Museen, als Gesellschaften des Privatrechts ausgestaltet, ohne dass hinter der Gesellschaft des Privatrechts ein öffentlicher Träger steht.

b) Relevanz der künstlerischen Nebentätigkeiten im öffentlichen Dienst

Anders als die wenig praxisrelevante Zwangsverpflichtung von Professoren, sind die freiwillig ausgeübten Nebentätigkeiten im öffentlichen Dienst weit verbreitet. Dies gilt im besonderen Maße für die Wahrnehmung durch Kunsthochschullehrer, ist sie doch letztlich logische Konsequenz der staatlichen Kulturförderung.

Wie die Förderpraxis bestätigt, ist eines ihrer wesentlichen Elemente die Beschäftigung von Künstlern in öffentlich unterhaltenen und betriebenen Kunst- und Kultureinrichtungen.

Exemplarisch sei nicht nur die Unterhaltung eines kommunalen Theaters genannt, sondern auch die staatlich finanzierte Orchesterlandschaft, die etwa 130 Symphonie- und Kammerorchester mit knapp 10.000 Planstellen umfasst. Daneben existieren nur noch wenige privatwirtschaftlich organisierte Ensembles, wie beispielsweise die Deutsche Kammerphilharmonie Bremen oder einige auf bestimmte Musikepochen oder Stile spezialisierte Orchester.[442] Besonders im musischen Bereich und in der darstellenden Kunst, sei es im Theater oder beim Ballett, kommt der Künstler während seines Berufslebens meist zwangsläufig in Kontakt mit staatlichen Stellen. Vor der Berufung auf eine Professur werden

---

441 2 Kap. II 1.
442 Dazu gehörten im Jahre 2010 insgesamt 84 Theaterorchester, die überwiegend für die Bereiche Oper, Operette und Musical die Stadt- und Staatstheater bedienen, 30 Konzertorchester, die ausschließlich oder überwiegend im Konzertsaal arbeiten, wie die Berliner Philharmoniker, 12 Rundfunk- bzw. Radiosymphonieorchester, die besonders die zeitgenössische Musik mit zahlreichen Auftragskompositionen und Uraufführungen pflegen und sieben Kammerorchester, die mit öffentlichen Mitteln finanziert werden und die in der Regel ohne eigene Bläserbesetzung als reine Streichorchester arbeiten. Vgl. Deutsches Musikinformationszentrum, Leibniz-Institut für Länderkunde 2009, abrufbar unter: http://www.miz.org/artikel/kulturorchester.pdf.

daher viele der infrage kommenden Persönlichkeiten bereits in einem öffentlichen Beschäftigungsverhältnis als Musiker, im Theater oder als Bühnentänzer gestanden haben, so dass sich aus der Rekrutierungsbesonderheit der Kunst- und Musikhochschullehrer eine enge Verflechtung von erfolgreicher Kunstausübung und der Tätigkeit im öffentlichen Dienst ergibt. Diese besteht auch nach der Berufung in das Professorenverhältnisses fort. Die geknüpfte Verbindung zur Praxis und die Tatsache, dass sich die Hochschullehrer besonders im künstlerischen Bereich immer wieder außerhalb der Hochschule unter Beweis zu stellen haben, begründet die Relevanz der Beschäftigungen für den öffentlichen Dienst.

c) Besonderheiten von Nebentätigkeiten im öffentlichen Dienst

aa) Übernahmeverpflichtung

Gemäß Art. 81 Abs. 1 BayBG, der auf das Nebentätigkeitsrecht der Hochschullehrer entsprechend Anwendung findet, kann der Beamte überdies zur Übernahme einer Nebentätigkeit verpflichtet werden. Dies gilt indes nur, wenn diese Tätigkeit auch seiner Vor- und Berufsausbildung entspricht, die mit den Einstellungsvoraussetzungen für das konkrete Amt gleichgesetzt werden kann. Darüber hinaus darf ihn die Ausübung der Nebentätigkeit nicht über Gebühr in Anspruch nehmen. Alles andere wäre mit den Grundrechten des Hochschullehrers unvereinbar.[443]

Eine Überbeanspruchung der Arbeitskraft ist gegeben, wenn durch die Ausübung der Nebentätigkeit die nach Art. 5 Abs. 3 GG verbürgte Wahrnehmung der hauptamtlichen Aufgaben nicht nur unerheblich beeinträchtigt wird.[444] Dies ist etwa auch dann zu bejahen, wenn der Hochschullehrer durch die übernommene Nebentätigkeit keine ausreichende Regenerationszeit hat bzw. das Nebeneinander von Hauptamt und Nebentätigkeit ihn psychisch oder physisch übermäßig beeinträchtigt, so dass sie sich negativ auf seine Leistungsfähigkeit im Hauptamt auswirkt. Sofern kein Ausgleich gewährt wird, kann die Übernahme vom Hochschullehrer daher nicht verlangt werden.

Während in der Wissenschaft, in der Hochschulmedizin und in der Lehre die Möglichkeit einer Übernahmeverpflichtung in Grenzen noch ein geeignetes Instrumentarium sein mag, um auf die Expertise des Hochschullehrers zurückzugreifen, steht die Zweckmäßigkeit bei künstlerischen Tätigkeiten in Frage. Dies gilt insbesondere für die Fälle, in denen nicht nur zur Übernahme von

---

443 Störle, Das Nebentätigkeitsrecht der Hochschullehrer in Bayern, 2007, S. 37.
444 Vgl. Störle, Das Nebentätigkeitsrecht der Hochschullehrer in Bayern, 2007, S. 37; Eschenburg, Nebentätigkeitsrecht, S. 120 ff.

Lehrveranstaltungen oder sonstigen Verwaltungsaufgaben, sondern vielmehr zur Kunstausübung verpflichtet werden soll.

Wesentliches Element der Kunstausübung ist die individuell-schöpferische Gestaltungskraft der Kunstschaffenden. Aufgrund des höchstpersönlichen Charakters künstlerischer Handlungsabläufe ist eine staatliche Anordnung, also „Kunst auf Befehl", in vielen Bereichen wenig bis nicht zielführend. Überall dort, wo Kreativität und Fantasie gefragt sind, verfehlt die Zwang- und Druckausübung auf den Handelnden naturgemäß ihren Zweck. Verlangt die geforderte Tätigkeit dagegen kein oder nur ein minimales schöpferisches Gestaltungsvermögen, stehen die handwerklichen Fähigkeiten also deutlich im Vordergrund, kommt eine Übernahmeverpflichtung unter den oben genannten Voraussetzungen grundsätzlich in Betracht. Zu denken wäre beispielsweise an einen Cellisten, der in einem Orchester mitwirken und dabei eine untergeordnete Rolle einnehmen soll, so dass er die eigene schöpferische Gestaltungskraft nicht oder nur äußerst eingeschränkt einbringen kann.

Solange die Übernahmeverpflichtung die Ausnahme bleibt, die geforderte Tätigkeit der Vorbildung des Hochschullehrer entspricht und seine hauptamtlichen Aufgaben nicht beeinträchtigt werden, bestehen folglich keine verfassungsrechtlichen Bedenken gegen die Zwangsverpflichtung. Aus den genannten Gründen wird sie in der künstlerischen Praxis allerdings die Ausnahme bleiben.

bb) Vergütung

Aus Art. 33 Abs. 5 GG ergibt sich der allgemeine Grundsatz, dass der Beamte einen Anspruch auf eine amtsangemessene Alimentation hat. Dieses Alimentationsprinzip gilt grundsätzlich für sämtliche Tätigkeiten, die der Beamte für den Dienstherrn erbringt.

Wenngleich es keinen verfassungsrechtlichen Anspruch auf Erhaltung des Besitzstandes in Bezug auf ein einmal erreichtes Einkommen gibt, ist es ein „hergebrachter Grundsatz" im Sinne des Art. 33 Abs. 5 GG, dass dem Beamten nach seinem Dienstrang, nach der mit seinem Amt verbundenen Verantwortung und nach Maßgabe der Bedeutung des Berufsbeamtentums für die Allgemeinheit entsprechend der Entwicklung der allseitigen wirtschaftlichen und finanziellen Verhältnisse und des allgemeinen Lebensstandards ein angemessener Lebensunterhalt zu gewähren ist.[445] Der Dienstherr hat folglich einen Gestaltungsspielraum hinsichtlich der Art und Höhe der gewährten Alimentation. Dies gilt zumindest

---

445 BVerfGE 8, 1 (16 f.); 44, 240 (263); 76, 256 (298); BVerwGE 41, 316 (322 ff) st. Rspr. Zur amtsangemessenen Alimentation, Bamberger, ZBR 2008, 361 ff.

solange diese den Ansprüchen der hauptamtlichen Tätigkeit entspricht, sie also als amtsangemessen zu bezeichnen ist. Nachdem der Dienstherr die Versorgung des Beamten lediglich im amtsangemessenen Umfang zu gewähren hat, ist das Verbot der Doppelalimentation grundsätzlich gerechtfertigt. Der Staatsdiener soll nur einmal vergütet werden, unabhängig davon, welche Tätigkeit er dafür erbringt. Daraus ergibt sich ein grundsätzliches Vergütungsverbot für sämtliche weiteren Tätigkeiten im öffentlichen Dienst mit einer sich aus ihr ergebenden Ablieferungspflicht.

Dieses Doppelbesoldungsverbot ist zumindest insoweit unstreitig, als der Beamte nicht für eine Leistung eine doppelte Bezahlung aus den öffentlichen Kassen erhalten soll. Problematisch ist es allerdings, wenn der Beamte unterschiedliche Leistungen für verschiedene Dienstherren, nämlich eine im Hauptamt und eine in Form einer Nebentätigkeit, erbringt. Aus dem Doppelbesoldungsverbot ergibt sich, dass eine Vergütung grundsätzlich nicht gewährt werden darf. Eine dennoch erhaltene Entlohnung ist an den Dienstherrn abzuliefern. Die Ablieferungspflicht wird als „Kernpunkt des Doppelalimentationsproblems" bezeichnet.[446]

Die Ablieferungspflicht dient ersichtlich als Steuerungselement zur Begrenzung von Nebentätigkeiten und der damit verbundenen Belastung öffentlicher Kassen. Vor diesem Hintergrund, ist nachvollziehbar, dass sowohl genehmigungsfreie als auch genehmigungspflichtige Nebentätigkeiten von ihr gleichermaßen betroffen sind.

Gemäß § 16 Abs. 1 BayHSchLNV darf beispielsweise für eine Nebentätigkeit im öffentlichen Dienst grundsätzlich nur eine Vergütung gewährt werden

1. bei Gutachtertätigkeiten,
2. bei Tätigkeiten, für die auf andere Wiese eine geeignete Arbeitskraft ohne erheblichen Mehraufwand nicht gewonnen werden kann,
3. bei Tätigkeiten, deren Ausübung ohne Zahlung einer Vergütung nicht zugemutet werden kann.

Für die in einem Kalenderjahr ausgeübten und nach § 16 Abs. 1 BayHSchLNV vergüteten Nebentätigkeiten im öffentlichen Dienst gilt im Falle der Besoldungsgruppen C 1 kw bis C 3 kw bzw. W 1 und W 2 der Höchstbetrag von 4.908 € und im Falle der Besoldungsgruppe C 4 kw bzw. W 3 der Höchstbetrag von 5.520 €, vgl. § 16 Abs. 3 BayHSchLNV. Eine diesen Höchstbetrag übersteigende

---

446 Umfassend Thieme, DVBl. 2001, 1025.

Vergütung ist gemäß § 17 Abs. 1 BayHSchLNV grundsätzlich an den Dienstherrn abzuliefern.

Das Verbot der Doppelalimentation und die sich aus ihr ergebende Ablieferungspflicht werden vom Bundesverfassungsgericht in ständiger Rechtsprechung als mit den Grundrechten vereinbar angesehen.[447] Zwar würden sich aus Art. 2 Abs. 1 GG Zweifel an der Verfassungsmäßigkeit der Ablieferungspflicht ergeben, da dieses Grundrecht jedem Staatsbürger und somit auch den Beamten eine umfassende Handlungsfreiheit gewährleistet, die das Recht zur entgeltlichen Verwertung der eigenen Arbeitskraft mit einschließt. Jedoch hat der Gesetzgeber selbst Art. 2 Abs. 1 GG durch den Vorbehalt der „verfassungsmäßigen Ordnung" begrenzt. Zur verfassungsmäßigen Ordnung gehören auch die hergebrachten Grundsätze des Berufsbeamtentums. Der Beamte hat daher solche gesetzlichen Beschränkungen des Rechts auf Persönlichkeitsentfaltung hinzunehmen, die sich aus der gebotenen Berücksichtigung der hergebrachten Grundsätze des Berufsbeamtentums nach Art. 33 Abs. 5 GG ergeben.[448]

Das Gericht erkennt, dass der Dienstherr dem Beamten gegenüber zur Fürsorge verpflichtet ist, so dass es ihm nicht möglich ist, von seinen Bediensteten „rund um die Uhr" die Erbringung von Dienstleistungen zu fordern und für die gesamte Tätigkeit im öffentlichen Dienst lediglich eine Alimentation zu leisten. Es ist zwar zutreffend, dass mit der Berufung in das Beamtenverhältnis die Verpflichtung der „vollen Hingabe an das Amt" verbunden ist. Die vom Beamten zu erbringenden dienstlichen Tätigkeiten richten sich allerdings nach den „jeweiligen Anforderungen" des Dienstverhältnisses. Diese haben sich mit der zunehmenden Verkürzung der Arbeitszeit verändert. Dem Beamten verbleibt mehr Freizeit, die es ihm ermöglicht Nebentätigkeiten nachzugehen. Dies gilt aber nur solange wie dienstliche Interessen, insbesondere die Leistungsfähigkeit des Beamten und das allgemeine Vertrauen in eine loyale und neutrale Verwaltung, nicht beeinträchtigt werden.[449] Aus Sicht des Gerichts liegt durch die Ablieferungspflicht dennoch kein Verstoß gegen Art. 2 Abs. 1 GG vor. Dies ergebe sich daraus, dass die entgeltlich ausgeübten Nebentätigkeiten erfahrungsgemäß ein Ausmaß erreichen können, das die Erfüllung der hauptamtlichen Pflichten zu beeinträchtigen vermag. Nachdem sich der Beamte mit seiner vollen Arbeitskraft den Aufgaben seines Hauptamtes zu widmen hat, verbleibt ihm ohne Beeinträchtigung seiner vollen Arbeitskraft naturgemäß nur eine begrenzte Möglichkeit

---

447 BVerfGE 55, 207 (229 ff.); BVerfG B. v. 16.1.2007 – 2 BvR 1188/05 = JZ 2007, 519 ff. = NVwZ 2007, 571 ff.
448 BVerwGE 25, 210 (220); 29, 304 (307); 41, 316 (321 ff.).
449 BVerfGE 21, 329 (345); BVerwGE 41, 316 (321 f.).

zur Kraftanstrengung außerhalb der Dienstzeit. Daher könnten Nebentätigkeiten nur im beschränkten Umfang ausgeübt werden. Zu ihrer Eindämmung dürfe das Doppelalimentationsverbot zur Rechtfertigung des Grundrechtseingriffs grundsätzlich herangezogen werden. Hinzukommend soll der Beamte auch aus öffentlichen Kassen nicht mehr an Alimentation und Nebentätigkeitsvergütung fordern können, als einer mit voller Arbeitskraft erledigten Haupttätigkeit und der daneben in der „Freizeit" noch möglichen Nebentätigkeit entspricht. Die Höhe der festgelegten Freibeträge entspricht nach der Auffassung des Gesetzgebers dem Umfang der Ausübung von Nebentätigkeiten, der ohne die Beeinträchtigung dienstlicher Interessen noch möglich sein soll. Die Rechtsprechung geht davon aus, dass der Gesetzgeber hier im Rahmen seiner Befugnis handelt. Er darf durch „Generalisierung und Typisierung das außerdienstliche Engagement seiner Staatsdiener durch die Festlegung von Einkommensgrenzen in verfassungsrechtlich nicht zu beanstandender Weise steuern." Daher liege auch kein Verstoß gegen Art. 33 Abs. 5 GG vor.[450] Zudem sei in der Differenzierung von privaten Nebentätigkeiten und Nebentätigkeiten für den öffentlichen Dienst kein Verstoß gegen Art. 3 Abs. 1 GG gegeben. In dem Verbot der Doppelalimentation liege vielmehr ein sachlicher Grund vor, der eine Ungleichbehandlung zu rechtfertigen vermag.[451]

Die Rechtsprechung ist in der Literatur auf heftige Kritik gestoßen, da die Ablieferungspflicht zu einer allgemeinen Einnahmeabschöpfung ausarten würde, die mit „der Einkommensteuer vergleichbar" und schon deshalb verfassungsrechtlich nicht haltbar sei.[452] Die Schonung öffentlicher Kassen sei ferner kein ausreichender Grund, um die Ungleichbehandlung zu „privaten" Nebentätigkeiten zu rechtfertigen. Ginge es lediglich darum, die Ausübung von Nebentätigkeiten einzudämmen, weil dienstliche Interessen beeinträchtigt werden könnten, müssten erst recht Nebentätigkeiten in der Privatwirtschaft erfasst werden. Richtigerweise wird auch darauf hingewiesen, dass das Verbot der Doppelalimentation voraussetze, dass sich der öffentliche Dienst „zu einer fiktiven Alimentierungseinheit öffentlicher Kassen" zusammenfassen lassen

---

450 Die vermögensrechtlichen Ansprüche haben in Art. 33 Abs. 5 GG eine Sonderregelung gefunden, da zu den hergebrachten Grundsätzen des Berufsbeamtentums der Grundsatz gehört, dass dem Beamten ein angemessener Lebensunterhalt zu gewähren ist, vgl. BVerfGE 3, 58 (153); BVerfG, NVwZ 2007, 571 (573); BVerwGE 2, 10 (14); 41, 316 (322 ff.); 49, 184 (190 f.). Art. 14 GG wird von Art. 33 Abs. 5 GG verdrängt, vgl. 1. Kap. III 2.
451 BVerfGE 27, 364 (374); 33, 44 (51 f.); 55, 207 (239 ff.); BVerwGE 41, 316 (323).
452 Kritisch insbesondere Thieme, DVBl. 2001, 1025 ff.

könnte.⁴⁵³ Dies ist aufgrund der föderalen Struktur und der funktionalen- und haushaltsrechtlichen Unterschiede bei der Aufgabenwahrnehmung durch die verschiedenen Träger öffentlicher Gewalt indes nicht der Fall. Damit wird die Alimentationseinheit öffentlicher Haushalte als Rechtfertigungselement tatsächlich von der Rechtsprechung fingiert. Die Leistungen anderer öffentlicher Kassen (neben der des eigentlichen Dienstherrn) sind daher nicht uneingeschränkt Bestandteil der Alimentation des Beamten zur Bestreitung dessen amtsangemessenen Lebensunterhalts.

Auch die Beeinträchtigung dienstlicher Interessen, insbesondere die Sorge um die Leistungsfähigkeit und die Neutralitätspflicht des Beamten, können nur bedingt zur Rechtfertigung herangezogen werden.

In Anbetracht der fachlichen Expertise des Hochschullehrers sind die gewährten Freibeträge verhältnismäßig niedrig. Zudem wurden diese in der Vergangenheit kaum erhöht, weshalb eine schleichende Aushöhlung des grundrechtlich geschützten Rechts auf Verwertung der Arbeitskraft stattfindet.⁴⁵⁴ Jeglicher (finanzieller) Anreiz zur Ausübung einer Nebentätigkeit für den öffentlichen Dienst wird mit Überschreiten der Vergütungshöchstgrenze genommen. Es erfolgt abermals ein unzulässiger Rückschluss von der Höhe der Vergütung auf die dafür aufgewendete Arbeitszeit. Der Gesetzgeber wollte durch die Normierung der Ablieferungspflicht für die den Freibetrag übersteigende Vergütung dem Hochschullehrer ersichtlich eine psychologische Hemmschwelle setzen. Die der aufgewendeten Arbeitszeit entsprechende Höhe des Freibetrages sei so gewählt, dass von einer Beeinträchtigung der hauptamtlichen Pflichten noch nicht ausgegangen werden könne. Wie bereits an anderer Stelle gesehen,⁴⁵⁵ handelt es sich dabei indes um eine sachfremde Erwägung. Dies ist insbesondere im Hochschulbereich ersichtlich, da aufgrund der Expertise des Hochschullehrers sehr schnell hohe Summen erzielt werden, ohne dass dies zwingend einen Rückschluss auf die aufgewendete Arbeitszeit und damit auf die Beeinträchtigung der Leistungsfähigkeit des Hochschullehrers zulassen würde. Nur aufgrund der Höhe des entrichteten Entgelts kann zudem nicht alleine an der Loyalität und Neutralität des Hochschullehrers gezweifelt werden.

Dies gilt im besonderen Maße für den Fall, dass die Tätigkeit gerade im öffentlichen Dienst und nicht in der Privatwirtschaft erfolgt. Bei letzterer würde

---

453 Ausdrücklich BVerfG, JZ 2007, 519 (520) mit der überzeugenden Kritik von Gärditz, ZBR 2009, 145 (152 f.).
454 Thieme, DVBl. 2001, 1025 ff; Gärditz, ZBR 2009, 145 (151 ff.); ders., JZ 2007, 521 ff; Haberstumpf, ZBR 2007, 405 (406 ff.); Geis, in: Fürst, GKÖD, L § 98, RN 24 m.w.N.
455 4. Kap. III 3 c) bb).

die Vermutung eines Abhängigkeitsverhältnisses des Hochschullehrers vom Auftraggeber noch begründet werden können und daher zu rechtfertigen sein, als wenn der Professor neben seinem Hauptamt eine weitere Tätigkeit im öffentlichen Dienst verrichtet. Die Rechtsprechung zielt also primär darauf ab, eine zusätzliche Belastung öffentlicher Kassen abzuwenden. Aufgrund der verhältnismäßig geringen Freibeträge ist der Eingriff in das grundrechtlich geschützte Recht des Beamten, die eigene Arbeitskraft zu verwerten, als gewichtig zu bezeichnen.

Demgegenüber ist zu berücksichtigen, dass dem Gesetzgeber selbstverständlich ein erheblicher Gestaltungsspielraum zuzugestehen ist, zumal mit der Verbeamtung wesentliche Privilegierungen des Beamten einhergehen. In Anbetracht dessen ist es diesem grundsätzlich zumutbar, im Gegenzug für seine privilegierte Stellung gegenüber den sonstigen Arbeitnehmern Einschränkungen hinsichtlich der Ausübung von Nebentätigkeiten hinzunehmen. Dies muss grundsätzlich selbst dann gelten, wenn die dogmatische Begründung der Ablieferungspflicht selbst lückenhaft sein mag.

Da die Wahrnehmungen von Nebentätigkeiten durch Hochschullehrer aber aus den bereits genannten Gründen an sich begrüßenswert ist und die niedrige Vergütungshöchstgrenze jeglichen finanziellen Anreiz nimmt, wäre es überlegens- und wünschenswert, diese um einen signifikanten Betrag anzuheben und einer regelmäßigen Überprüfung zu unterwerfen. Aufgrund der fachlichen Expertise des Hochschullehrers und der steigende Teuerungsrate wäre eine Verdoppelung der aktuell bestehenden bayerischen Vergütungshöchstgrenzen sicherlich angemessen.[456]

cc) Ausnahmen vom Verbot der Doppelalimentation

Für das grundsätzliche Festhalten an der Ablieferungspflicht spricht außerdem die Vielzahl der gesetzlich vorgesehenen Ausnahmen. Aufgrund des starken Schutzgehalts des schrankenlos gewährleisteten Art. 5 Abs. 3 GG sind neben sonstigen, im öffentlichen Interesse stehenden Tätigkeiten auch künstlerische und wissenschaftliche Nebentätigkeiten für öffentlichen Dienst von dem

---

456 Die saarländische Hochschullehrer-Nebentätigkeitsverordnung sieht in § 14 Abs. 3 etwa eine als angemessen zu bezeichnende Vergütungshöchstgrenze von 10.000 € pro Kalenderjahr vor.

Vergütungsverbot und der Ablieferungspflicht ausgenommen, vgl. etwa § 18 BayHSchLNV:[457]

Dem Vergütungsverbot bzw. der Ablieferungspflicht unterliegen danach beispielsweise nicht

- eine Lehr- oder Unterrichtstätigkeit,
- eine Mitwirkung bei Prüfungen,
- eine schriftstellerische, wissenschaftliche oder künstlerische Tätigkeit oder eine Vortragstätigkeit,
- Tätigkeiten auf dem Gebiet der anwendungsbezogenen oder wissenschaftlichen Forschung,
- eine mit Lehr- oder Forschungsaufgaben zusammenhängende selbstständige Gutachtertätigkeit,
- Tätigkeiten als gerichtlicher oder staatsanwaltschaftlicher Sachverständiger,
- Gutachtertätigkeiten von Ärzten, Zahnärzten oder Tierärzten für Versicherungsträger oder für andere juristische Personen des öffentlichen Rechts,
- ärztliche, zahnärztliche oder tierärztliche Verrichtungen, für die nach den Gebührenordnungen Gebühren zu zahlen sind,
- Arbeitnehmererfindungen,
- Tätigkeiten, die ausschließlich während eines unter Fortfall der Dienstbezüge gewährten Urlaubs von mehr als drei Monaten oder in besonderen Ausnahmefällen von mehr als einem Monat ausgeübt werden,
- Tätigkeiten, die zur Aufrechterhaltung des Dienstbetriebs oder im öffentlichen Interesse notwendig sind, soweit das Staatsministerium eine Ausnahme von der Ablieferungspflicht für erforderlich hält,
- die vertretungsweise Wahrnehmung der Planstelle eines wissenschaftlichen oder künstlerischen Beamten an einer Hochschule,
- die Tätigkeit als Professor,
- Tätigkeiten im Vollzug staatlicher Programme und in staatlich geförderten Einrichtungen, die der Innovationsförderung oder dem Technologietransfer dienen,
- Tätigkeiten als Rechtsvertreter vor Gericht auf Grund eines Auftrags einer Körperschaft des öffentlichen Rechts.

Die Ablieferungspflicht hat wegen dieses umfassenden Ausnahmekataloges im Hochschullehrernebentätigkeitsrecht nur eine eingeschränkte Bedeutung. Im

---

457 Mit Abweichungen § 12 HNtVO NRW; § 9 NebVO Rh-Pf; § 16 HSchlNtVO Saarl; § 7 Abs. 2 HNVO LSA.

Kunsthochschulrecht besonders relevant werden hier meist die Unterrichts- und Lehrtätigkeiten, die künstlerischen Tätigkeiten, Tätigkeiten, die ausschließlich während eines unter Fortfall der Dienstbezüge gewährten Urlaubs von mehr als drei Monaten oder in besonderen Ausnahmefällen von mehr als einem Monat ausgeübt werden, oder die Vertretungstätigkeit auf einer anderen Planstelle sein. Voraussetzung für das Greifen dieses Privilegierungstatbestandes ist aber, dass es sich besonders um eine künstlerische Tätigkeit handelt. Der Begriffsbestimmung kommt mithin auch an dieser Stelle eine maßgebliche Bedeutung zu. Der Terminus der „künstlerischen Tätigkeit" muss sich grundsätzlich an dem bereits herausgearbeiteten Begriffsverständnis, das sich weitgehend mit dem des Art. 5 Abs. 3 GG deckt, orientieren.

(1) Auftragskunst

Es ist daher nur konsequent, wenn man bei Vorliegen eines Auftragsverhältnisses eine Befreiung von der Ablieferungspflicht ausschließlich bejaht, wenn die Tätigkeit Ausdruck freier schöpferischer Gestaltung ist. Wie bereits festgestellt, kann dies bei Auftragsarbeiten im Einzelfall bejaht werden. Die Initiative eines Dritten vermag den künstlerischen Charakter einer Tätigkeit nicht zwingend auszuschließen.[458] Gegenteiliges ist nur anzunehmen, wenn derart enge Grenzen gesetzt werden, dass nicht mehr von einer eigenschöpferischen Gestaltung gesprochen werden kann. Dominieren die handwerklichen Elemente derart, dass der Künstler nur noch als Werkzeug des Auftraggebers anzusehen ist, fehlt es an der notwendigen künstlerischen Eigenständigkeit.

Da die Vergabe von künstlerischen Auftragsarbeiten durch die öffentliche Hand ein Bestandteil der staatlichen Kunstförderung ist und einen hohen praktischen Stellenwert einnimmt, hat die Beurteilung, ob der Künstler fremdgesteuert ist, mit ganz besonderer Zurückhaltung zu erfolgen. Dies gilt umso mehr, weil die Gefahr eines Abhängigkeitsverhältnisses nicht im selben Umfang gegeben ist wie bei Nebentätigkeiten für private Auftraggeber. Dort ist eher von einer Einflussnahme durch den Auftraggeber auszugehen, weil der Besteller seine „teuer bezahlten" subjektiv-individuellen Interessen erfahrungsgemäß vehementer vertreten wird, als es durch den als „kollektiv-neutral" zu bezeichnenden öffentlichen Auftraggeber erfolgen wird. Letzterer hat grundsätzlich keine persönlichen Interessen, sondern beurteilt die Lage normalerweise anhand objektiv festgelegter Kriterien. Auch die Tatsache, dass der private Auftraggeber aus mannigfaltigen, z.B. aus finanziellen Gründen das Auftragsverhältnis (unter Wahrung der

---

458 4. Kap. II 3 b) bb); IV 1 c) bb) (1).

zivilrechtlichen Voraussetzungen) jederzeit durch Kündigung beenden kann, spricht für ein gesteigertes Abhängigkeitsverhältnis bei einer Auftragstätigkeit in der Privatwirtschaft.

Solange keine entgegengesetzten Anhaltspunkte ersichtlich sind, ist daher von einer eigenständigen und schöpferischen Leistung des Hochschullehrer auszugehen. Ist er nicht als bloßes Werkzeug des Auftraggebers anzusehen, sind seine Handlungen grundsätzlich als privilegierte künstlerische Tätigkeiten einzuordnen.

(2) Kunstgewerbliche Tätigkeiten

Besondere Probleme ergeben sich auch im Falle der kommerziellen Verwertung künstlerischer Leistungen. Wie festgestellt, ist die gewerbsmäßige Verwertung einer künstlerischen Leistung selbst nicht vom Schutzbereich des Art. 5 Abs. 3 GG umfasst. Nur Werk- und Wirkbereich werden geschützt, nicht aber die Verwertungshandlung als solche bzw. der Schutz des Gewinn- und Erwerbsstrebens. Die gewerbliche Ausübung ist gerade nicht Teil des „Wirkbereichs", denn dieser umfasst zwar das Recht, ein Werk der Öffentlichkeit zugänglich zu machen, nicht aber es auch gerade gegen eine Vergütung zu verwerten.[459] Ist alleine die Verwertungshandlung betroffen, ist der Rückgriff auf die anderen Grundrechte, insbesondere Art. 12 Abs. 1 GG und Art. 14 Abs. 1 GG, notwendig.

Da die Beeinträchtigung dienstlicher Interessen im Falle einer gewerblichen Nebentätigkeit in der Privatwirtschaft nahe liegt, wird sie dort richtigerweise als genehmigungspflichtige Tätigkeit behandelt. Nachdem die gewerbsmäßige Absetzung von Kunstwerken ein wiederholendes Moment innehat und daher eine Beeinträchtigung von dienstlichen Interessen besonders nahe liegt, ist sie konsequentermaßen nicht als künstlerische Tätigkeit im Sinne des Ausnahmetatbestandes anzusehen.

(3) Gelegentliche entgeltliche Verwertung

Sollte es sich indes um die vereinzelte wirtschaftliche Verwertung von Kunstwerken handeln, ist aufgrund der Ausstrahlungswirkung des Art. 5 Abs. 3 GG ebenfalls eine differenzierte Betrachtung erforderlich. Wie gezeigt, ist es für die Genehmigungsfreiheit einer privatwirtschaftlichen Nebentätigkeit unerheblich, ob der verbeamtete Hochschullehrer für den gelegentlichen Verkauf eines Kunstwerks oder für vereinzelte Auftritte als Pianist ein Entgelt erhält.[460]

---

459 Siehe 4. Kap. IV 1 c) aa) m.w.N.
460 Siehe 4. Kap. II 2 b); IV 1 c) aa) m.w.N.

Das Bundesverfassungsgericht hat für den Fall einer wissenschaftlichen Tätigkeit zuletzt entschieden, dass die „verfassungsrechtlich verbürgte Freiheit wissenschaftlicher Betätigung nicht den Schutz des Gewinn- und Erwerbsstrebens" umfasse.[461] Wenngleich für das Parallelproblem der künstlerischen Nebentätigkeit bisweilen noch keine eigene Rechtsprechung existiert, ist eine Übertragung der für die wissenschaftlichen Nebentätigkeiten aufgestellten Grundsätze naheliegend. Zwar mag die isoliert abgrenzbare Verwertungshandlung tatsächlich nicht der Kunstfreiheitsgarantie unmittelbar unterfallen. Es ist allerdings zu berücksichtigen, dass die Ausdehnung der Ablieferungspflicht auf die entgeltliche Verwertung künstlerischer Leistungen eine erhebliche Lenkungswirkung entfaltet. Von der Ausübung derartiger Nebentätigkeiten könnte automatisch abgesehen werden. Daher kann zumindest von einem mittelbaren Eingriff in Art. 5 Abs. 3 GG ausgegangen werden. Begleitende wirtschaftliche Motive schließen den Schutzbereich des Art. 5 Abs. 3 GG zudem nicht aus. Das grundrechtlich relevante Verhalten kann im Einzelfall noch als künstlerischer Erkenntnisprozess angesehen werden. Dies ist immer dann der Fall, wenn die persönliche schöpferische Gestaltung den Schwerpunkt der Betätigung darstellt und das Gewinnstreben dahinter zurücktritt. Insbesondere, wenn der künstlerische Wirkbereich und die wirtschaftliche Verwertung in einer Handlung zeitgleich zusammenfallen, ist eine künstliche Aufspaltung eines einheitlichen Lebensvorgangs problematisch. Zu denken wäre etwa an die unmittelbar gewährte Vergütung für einen öffentlichen Auftritt als Pianist.[462] Die wirtschaftliche Verwertung des künstlerischen Werks ist hier folglich so eng mit dem Freiheitsgebrauch des Art. 5 Abs. 3 GG verbunden, dass sie als Fortsetzung der künstlerischen Tätigkeit angesehen werden muss und dieser nebentätigkeitsrechtlich gleich zu stellen ist.[463] Selbst wenn mit dem Bundesverfassungsgericht die Eröffnung des Schutzbereichs ablehnen wollte, und die entgeltliche Verwertung ausschließlich anhand von Art. 12 Abs. 1 GG bzw. von Art. 2 Abs. 1 GG messen will, sind die genannten mittelbaren Folgen der Ablieferungspflicht auf die künstlerische Freiheit zu erwarten, ohne dass eine erhebliche Beeinträchtigung dienstlicher Interessen zu befürchten wäre. Während die gewerbliche Wahrnehmung von Nebentätigkeiten, aufgrund ihres zeitlichen Elements, dienstliche Interessen

---

461 BVerfG JZ 2007, 519 (520); BVerfG NVwZ-RR 2008, 74 (75).
462 In Bezug auf die Wissenschaftsfreiheit nennt Gärditz die Publikation eines Beitrags gegen ein Autorenhonorar in einer Fachzeitschrift, vgl. ders., ZBR 2009, 145 (147).
463 Umfassend zum parallelen Abgrenzungsproblem der Bestimmung genehmigungsfreier künstlicher Nebentätigkeiten, vgl. Kap. 4 IV 1 c) aa).

tatsächlich erheblich zu beeinträchtigen vermag, ist die Gefährdungslage bei Wahrnehmung künstlerischer Nebentätigkeiten – besonders für den öffentlichen Dienst – geringer. Wie mehrfach festgestellt, ist auch der Schluss von der Höhe des Entgelts auf die aufgewendete Arbeitszeit nicht möglich. Nachdem bei vereinzelten entgeltlichen Verwertungshandlungen grundsätzlich auch keine langfristige und zeitintensive Arbeit erforderlich ist, ist die Beeinträchtigung der dienstlichen Belange durch nichtgewerbliche Nebentätigkeiten eher unwahrscheinlich. Zudem wird bei der gelegentlichen entgeltlichen Verwertung kein ausgeprägtes Abhängigkeitsverhältnis vom Auftraggeber gegeben sein. Auch deshalb ist eine Beeinträchtigung der dienstlichen Belange nicht zu erwarten. Diese graduellen Unterschiede zwischen den gewerblichen und nichtgewerblichen Nebentätigkeiten im öffentlichen Dienst sind im Rahmen der Eingriffsrechtfertigung entsprechend zu berücksichtigen.

Die Notwendigkeit der Eindämmung einer entgeltlichen Verwertung der künstlerischen Leistung durch die Statuierung einer Ablieferungspflicht ist auch im Hinblick auf den Wirkungsgrad des Eingriffs in die grundrechtliche Freiheit fraglich. Dies zeigt der Vergleich zwischen der Rechtslage für „private" Nebentätigkeiten und der für Nebentätigkeiten für den öffentlichen Dienst. Die vereinzelte entgeltliche Verwertung ist in der Privatwirtschaft grundsätzlich als genehmigungsfreie Nebentätigkeit anzusehen, während gewerbliche Nebentätigkeiten als genehmigungspflichtig einzuordnen sind. Obwohl bei letzteren eher von einer Gefährdung der dienstlichen Belange auszugehen ist, kann der Ausübende die Vergütung ungekürzt für sich beanspruchen. Die Abschöpfung der gewährten Vergütung für vereinzelte Nebentätigkeiten im öffentlichen Dienst ist deshalb auch insofern nicht gerechtfertigt, als dass durch ihre Ausübung dienstliche Interessen weniger gefährdet werden als es bei genehmigungspflichtigen Nebentätigkeiten in der Privatwirtschaft der Fall wäre.

Unabhängig von der Gefährdungslage werden Nebentätigkeiten im öffentlichen Dienst durch die normierte Ablieferungspflicht faktisch benachteiligt. Der finanzielle Anreiz wird genommen, während gewerbliche Nebentätigkeiten in der Privatwirtschaft „nur" einer Genehmigungspflicht unterliegen, sie wirtschaftlich aber durchaus lukrativ bleiben können.

Darüber hinaus wird nicht hinreichend berücksichtigt, dass nicht nur die unmittelbare Förderung durch Auftragsvergaben oder durch die Subventionierung von Künstlern und Kultureinrichtungen, sondern auch die mittelbare Privilegierung künstlerischer Tätigkeiten durch das besondere Verwaltungsrecht erprobte Mittel staatlicher Kunstförderung sind.

Nr. 2 der KMK-Empfehlung[464] manifestiert ausdrücklich den Willen, dass die im allgemeinen Interesse liegenden Nebentätigkeiten zu privilegieren sind, nachdem an ihrer Übernahme die Gesellschaft bereichert wird. In der jüngeren Entwicklung des Hochschulrechts kommt daneben unverkennbar auch zum Ausdruck, dass eine tiefergehende Vernetzung von Hochschule, Politik und Gesellschaft erwünscht ist.[465]

Sicherlich steht es dem Staat zusteht, seine Förderleistungen zu reduzieren oder gar ganz einzustellen. Allerdings darf nicht vernachlässigt werden, dass die Auswirkung einer Ablieferungspflicht im diametralen Widerspruch zu dem Grundsatz steht, dass künstlerische Nebentätigkeiten wünschenswert und förderungswürdig sind. Eine die Ausübung von Nebentätigkeiten mittelbar beschränkende Begriffsinterpretation kann folglich nicht gewollt sein.

Ergibt somit die Einzelfallprüfung, dass lediglich eine entgeltliche Verwertung der künstlerischen Leistung vorliegt und diese nach Art und Umfang nicht als gewerblich bezeichnet werden kann, ist im Zweifel von einer privilegierungswürdigen künstlerischen Nebentätigkeit im öffentlichen Dienst auszugehen. Ob die Verwertungshandlung, isoliert betrachtet, möglicherweise nicht dem Schutzbereich des Art. 5 Abs. 3 GG unterfällt, ist irrelevant, wenn die Verwertung in einem engen raumzeitlichen Zusammenhang mit dem Wirkbereich der Kunst steht. Die Verwertungshandlung ist dann so eng mit der Kunstausübung verbunden, dass sie nebentätigkeitsrechtlich gleich zu behandeln ist.

Zusammenfassend kann insoweit festgehalten werden, dass die Wahrnehmung einer Hochschullehrernebentätigkeit für den öffentlichen Dienst weit verbreitet ist. Sie ist nicht nur ein integraler Bestandteil der Kunstförderung, sondern auch ein charakteristisches Merkmal der sich aus der Rekrutierungsbesonderheit an Kunsthochschulen ergebenden engen Verknüpfung von Hochschule und Praxis. Nachdem mit der Einordnung als Nebentätigkeit im öffentlichen Dienst erhebliche Konsequenzen verbunden sind, besteht Streit über die Auslegung des Begriffs „öffentlicher Dienst". Mit dem Bundesverfassungsgericht ist der Terminus weit auszulegen, so dass auch Nebentätigkeiten für juristische Personen des Privatrechts, deren Anteile allerdings überwiegend von der öffentlichen Hand gehalten werden, darunter fallen.

Liegt eine Nebentätigkeit im öffentlichen Dienst vor, greift eine Vergütungshöchstgrenze und eine Ablieferungspflicht für darüber hinausgehende

---

464 Vgl. Nr. 2 Empfehlung der Kultusministerkonferenz zur Vereinheitlichung des Nebentätigkeitsrechts im Hochschulbereich der Länder, Beschluss der Kultusministerkonferenz vom 30.1.1981 i.d.F. vom 4.12.1992.
465 2. Kap. I.

Entlohnungen. Davon sind allerdings für künstlerische Tätigkeiten Ausnahmen vorgesehen. Der Begriff der künstlerischen Tätigkeit ist in diesem Zusammenhang ebenso weit zu verstehen, wie es bei der Abgrenzung von genehmigungsfreien und genehmigungspflichtigen Nebentätigkeiten in der Privatwirtschaft erforderlich ist. Daher können sowohl bestimmte Auftragstätigkeiten als auch sonstige wirtschaftliche Verwertungshandlungen unter den Begriff der künstlerischen Nebentätigkeit subsumiert werden.

5. Inanspruchnahme von Einrichtungen, Personal und Material

Die Genehmigung, ob eine Nebentätigkeit überhaupt ausgeübt werden darf, beinhaltet nicht das Recht des Hochschullehrers, die sachlichen Mittel der Hochschule auch zu nutzen. Vielmehr bedarf es hierfür einer unabhängigen Genehmigung.

Nachdem der Hochschule viele Sachmittel zur Verfügung stehen, die der Künstler als Privatmann nicht oder nur mit einem unverhältnismäßigen finanziellen Aufwand nutzen könnte, handelt es sich bei der Nutzungserlaubnis letztlich erneut um eine Form von Kunstförderung. Typische Beispiele sind etwa die Verwendung von im Eigentum des Dienstherrn stehenden Brennöfen für Keramik- oder Tonarbeiten, Tonmischgeräten, Lautsprechern oder Scheinwerfern.

Stellvertretend für die anderen Landesgesetze nennt die bayerische Regelung des § 21 Abs. 1 BayHSchLNV die Bedingungen für die Nutzung:[466]

> „[1] Der Beamte bedarf der vorherigen schriftlichen Genehmigung durch die Hochschule, im Bereich der Universitätsklinika durch das jeweilige Universitätsklinikum, wenn er bei der Ausübung einer Nebentätigkeit Einrichtungen, Personal oder Material seines Dienstherrn in Anspruch nehmen will; (…). [2] Die Genehmigung darf nur erteilt werden, wenn ein öffentliches oder wissenschaftliches Interesse an der Ausübung der Nebentätigkeit besteht."

Auffällig ist erneut, dass sich die Ausgestaltung der landesrechtlichen Regelungen symptomatisch am Recht der wissenschaftlichen Nebentätigkeit orientiert,

---

466 Mit Abweichungen § 87 LBG B-W; § 64 LBG Bln; § 89 LBG Bbg; § 74 Abs. 2 BremBG; § 74 HmbBG; § 81 Abs. 1 HBG; § 74 LBG MV; § 74 NBG; § 54 LBG NRW; § 73 Abs. 5 LBG Rh-Pf; § 88 SächsBG. Die Regelungen des allgemeinen Beamtenrechts sind auch auf das Nebentätigkeitsrecht der Hochschullehrer entsprechend anwendbar bzw. dort explizit geregelt § 8 HNTVO B-W; § 13 HNTVO Berl; § 8 HNtV Bbg; § 9 HNtVO Nds; § 13 HNtV NRW; § 9 HNebVO Rh-Pf; § 10 HNVO LSA; § 9 HNTVO S-H.

während die spezifischen Besonderheiten künstlerischer Tätigkeiten nur vereinzelt oder überhaupt keine Berücksichtigung finden.

Zu den Einrichtungen des Dienstherrn zählen nach § 20 S. 1 BayHSchLNV grundsätzlich alle sächlichen Mittel, insbesondere die Diensträume und deren Ausstattung, sowie die darin vorhandenen Maschinen, Apparate und Instrumente. Die davon erfassten „unverbrauchbaren" Mittel zeichnen sich durch ihre mangelnde Zugänglichkeit für die Allgemeinheit und eine Beschränkung des Gebrauchs auf die dienstliche Nutzung aus. Im Unterschied zu den Einrichtungen, die allein die nicht verbrauchbaren Sachmittel betreffen, sind mit „Material" alle verbrauchbaren Gegenstände gemeint. Zu nennen sind zudem die allgemein genutzten Ressourcen wie Energie (insbesondere Strom und Heizung).[467] Kunstspezifische Beispiele hierfür sind Malerutensilien wie Ölfarben, Pinsel oder Lacke. Zum Personal zählen alle Beschäftigten des Dienstherrn, unabhängig von ihrer besoldungsrechtlichen Eingruppierung oder dienstrechtlichen Stellung.[468] Der Begriff ist folglich weit zu verstehen. Erfasst werden daher sowohl andere Hochschullehrer oder Mitarbeiter des akademischen Mittelbaus als auch die an der Hochschule angestellte Sekretärin.

Eine Inanspruchnahme liegt vor, wenn der Hochschullehrer die Ressourcen tatsächlich gebraucht. Ein Verbrauch oder Verschleiß ist nicht zwingend erforderlich.[469] Das Personal des Dienstherrn darf grundsätzlich nur innerhalb deren Dienstzeit und nur im Rahmen der üblichen Dienstaufgaben beigezogen werden.[470]

Die Unterstützung des Künstlers durch seine Mitarbeiter ist auch in der Kunst und Musik weit verbreitet. Für das erfolgreiche Gelingen künstlerischer Arbeiten ist der Hochschullehrer häufig auf die Hilfe Dritter angewiesen, sei es auf die anderer Künstler (man denke an einen Tenor, der sich bei seinem Gesangsvortrag von einem Pianisten begleiten lassen möchte) oder auf jene, die nur handwerklich unterstützend tätig werden, wie etwa ein Handwerker, der nach den Vorgaben des Künstlers ein Bühnenbild für eine Theateraufführung

---

467 Gegen die Beschränkung auf rein körperliche Sachen, vgl. Plog/Wiedow/Lemhöfer, BBG/BeamtVG, § 69 BBG a.F. Rn. 17; Geis, in: Fürst, GKÖD, L § 101, RN 9; Störle, Das Nebentätigkeitsrecht der Hochschullehrer in Bayern, 2007, S. 88.
468 Vgl. etwa Geis, § 52 HRG, in: HRG-Kommentar, RN 97 m.w.N.
469 Von dem „Verbrauchserfordernis" scheint allerdings Störle, Das Nebentätigkeitsrecht der Hochschullehrer in Bayern, 2007, S. 88, auszugehen.
470 § 21 Abs. 3 BayHSchLNV. Aufgrund des Wortlauts „grundsätzlich" kann in Ausnahmefällen auch Mehrarbeit angeordnet werden, vgl. Störle, Das Nebentätigkeitsrecht der Hochschullehrer in Bayern, 2007, S. 89.

aufbauen soll. Wie Beispiele aus der Vergangenheit und Gegenwart beweisen, bedienten sich auch namhafte Künstler wie Rembrandt,[471] Immendorff oder Serra häufig ihrer künstlerischen Mitarbeiter zur Umsetzung ihrer Ideen. Gleichzeitig vermittelten sie aber ihren Mitarbeitern weitere Fertigkeiten. Die Einbindung in ihre Projekte ist daher sogleich eine Unterrichtsstunde. Zuletzt stieß dieser Usus im Streit um die Urheberschaft von künstlerischen Arbeiten, die in der Werkstatt des 2007 verstorbenen Düsseldorfer Kunstprofessors Jörg Immendorff entstanden sind, auf öffentliches Interesse. Wenngleich dieser die von seinen Mitarbeitern ausgeführten Arbeiten nicht nur überwachte, sondern auch lenkte, war die Unterstützung der Assistenten aufgrund der Erkrankung des Künstlers an amyotropher Lateralsklerose für die Realisierung seiner späten Kunstwerke entscheidend.[472]

Mit Genehmigungserteilung für die Inanspruchnahme des Personals des Dienstherrn wird die Erledigung der Arbeiten durch die anderen Beschäftigten zu deren dienstlicher Tätigkeit. Demgegenüber bleiben Vereinbarungen zwischen dem Hochschullehrer und den Mitarbeitern über eine private Mithilfe außerhalb deren Dienstzeit unberührt. Hier handelt es sich bereits begrifflich nicht mehr um eine Inanspruchnahme des Personals des Dienstherrn handelt. Die Mitarbeiter gehen dann allerdings ihrerseits einer (genehmigungsbedürftigen oder genehmigungsfreien) Nebentätigkeit nach.[473]

Neben dem Personal des Dienstherrn können bei den Nebentätigkeiten des Hochschullehrers auch Personen mitarbeiten, die in keinem öffentlichen Dienstverhältnis stehen. Möchte der Professor Hochschulexterne in seine Projektarbeit einbeziehen, darf er dies im räumlichen Bereich der Kunst- und Musikhochschule nur, wenn die dienstlichen Interessen nicht beeinträchtigt werden und

---

471 Bahre, Rembrandt. Genie auf der Suche, 2006, S. 28 f.
472 Ob die geschaffenen Werke auch urheberrechtlich als Originalwerke des Künstlers behandelt werden können, ist äußerst fraglich, da das Kunstwerk nicht eigenhändig geschaffen wurde. Ein Originalwerk des bildenden Künstlers liegt nur dann unzweifelhaft vor, wenn der Künstler ein Werk nach persönlichen Vorstellungen eigenhändig erstellt. Er kann sich der Hilfe anderer bei der Erzeugung des Werks bedienen, indem er diese ganz oder zum Teil in die Entwicklung des Werkes mit einbindet. Wie weit diese Mitwirkung Dritter reichen darf, richtet sich nach der Art des Werks und dem von dem Künstler selbst vorgegebenen Konzept. So kann die Originaleigenschaft von der Eigenhändigkeit des Schaffensprozesses abhängen. Bei expressiver Malerei ist dies beispielsweise grundsätzlich der Fall, da die eigenhändige Farbsetzung entscheidend ist.
473 Geis, in: Fürst, GKÖD, § 101, RN 10; Dietrich, Nebentätigkeitsrecht B-W, S. 78; Störle, Das Nebentätigkeitsrecht der Hochschullehrer in Bayern, 2007, S. 89.

ihm eine vorherige Genehmigung erteilt wurde.[474] Dies soll nicht nur den ungestörten Hochschulbetrieb gewährleisten, sondern hat sicherlich auch versicherungsrechtliche Gründe.

Hinsichtlich der Nutzung des Ateliers sieht § 20 S. 2, S. 3 BayHSchLNV eine weitreichende Privilegierung vor: Neben Büchern und anderen wissenschaftlichen Werken werden die Ateliers oder Arbeitsräume des Kunsthochschullehrers bei Ausübung einer privaten Nebentätigkeit nicht als Einrichtungen im obigen Sinne eingeordnet. Die Nutzung des Ateliers oder der Arbeitsräume unterliegt daher selbst dann nicht der Genehmigungspflicht, wenn sie die Dienstaufgaben weder fördern, noch die Ergebnisse des künstlerischen Schaffens der Allgemeinheit zugänglich gemacht werden. Gesetzessystematisch ergibt sich damit eine Besserstellung gegenüber anderen Landeshochschullehrernebentätigkeitsverordnungen, die die Nutzung der Ateliers unter den Begriff der Inanspruchnahme der Einrichtungen des Dienstherrn subsumieren, aber grundsätzlich von einer allgemein genehmigten Nebentätigkeit ausgehen und von der Entrichtung eines Nutzungsentgeltes für deren Benutzung absehen.[475]

a) Möglichkeit der Genehmigung der Inanspruchnahme

aa) Kein Rechtsanspruch auf Genehmigungserteilung

Gemäß § 20 Abs. 1 S. 2 BayHSchLNV kann die Genehmigung für die Inanspruchnahme von Einrichtungen, Personal oder Material des Dienstherrn zum Schutz der vom Staat bereitgestellten Ressourcen nur erteilt werden, wenn ein öffentliches oder wissenschaftliches Interesse an der Ausübung der Nebentätigkeit besteht.

Ein Rechtsanspruch auf Genehmigungserteilung besteht nach dem eindeutigen Wortlaut des § 21 Abs. 2 BayHSchLNV nicht. Vielmehr liegt die Genehmigungserteilung im Ermessen der Behörde. Dies gilt unabhängig davon, ob es sich um eine künstlerische oder um eine wissenschaftliche Nebentätigkeit handelt. Aus den Grundrechten, resp. Art. 5 Abs. 3 GG, kann auch kein Rechtanspruch gefolgert werden. Dies gilt selbst für den Fall, dass es sich eindeutig um eine privilegierungswürdige künstlerische Nebentätigkeit handelt und diese ohne die Bereitstellung der Einrichtungen, des Personals oder Materials durch den Dienstherrn nicht ausgeübt werden kann.[476]

---

474 Z.B. § 10 HmbHNVO; § 13 HNtV NRW.
475 Siehe sogleich unter 4. Kap. IV 4 a) aa) jeweils m.w.N.
476 Vgl. aber Keymer/Kolbe/Braun, Das Nebentätigkeitsrecht in Bund und Ländern, Art. 73 BayBG, RN 29; Post, Das Post, Nebentätigkeitsrecht NRWS. 79.

Zwar mag sich die, mit dem Anspruch auf Genehmigungserteilung einhergehende, Vereinfachung des Zugriffs auf öffentliche Mittel positiv auf die Verknüpfung von Theorie und Praxis auswirken. Art. 5 Abs. 3 GG statuiert indes grundsätzlich nur ein Abwehrrecht gegen staatliche Eingriffe. Es beinhaltet kein originäres Leistungsrecht, sondern nur ein Teilhaberecht, welches sich allerdings nicht aus der Kunstfreiheitsgarantie, sondern aus Art. 3 Abs. 1 GG ergibt. Der Staat ist lediglich aufgrund des Gleichheitssatzes verpflichtet, die gleichen Chancen auf eine Teilhabe an der staatlichen Förderung einzuräumen.[477] Selbst die bevorzugte rechtliche Stellung des Hochschullehrers rechtfertigt jedenfalls keine deutlich weitergehende Privilegierung gegenüber jenen Künstlern, die in keinem öffentlichen Dienstverhältnis stehen und damit naturgemäß keinen Anspruch auf die Zurverfügungstellung der Hochschulressourcen haben. Die positiven Wirkungen der Ausübung von Nebentätigkeiten wiegen nicht so schwer, als dass sie den Dienstherrn verpflichten würden, seine Mittel zur Verfügung zu stellen. Dem Gesetzgeber ist bei der Bereitstellung des Förderumfang ein großer Entscheidungsspielraum einzuräumen. Insbesondere muss es ihm unter dem Gesichtspunkt der sparsamen Haushaltsführung in Zeiten der Finanzknappheit in öffentlichen Kassen und aufgrund des Missbrauchsrisikos gestattet sein, seine Ressourcen vor dem Zugriff Dritter zu schützen. Ein Anspruch auf die Erteilung der Genehmigung kann somit aus Art. 5 Abs. 3 GG nicht abgleitet werden.[478]

Lediglich unter dem Aspekt eines derivativen Teilhaberechts kann gegebenenfalls ein Anspruch des Hochschullehrers auf Genehmigung der Nutzung abgeleitet werden.[479] Dies kommt etwa in Betracht, wenn in der Vergangenheit bei einer ähnlichen Sachlage dem Hochschullehrer selbst oder einem seiner, mit ihm dienstrechtlich vergleichbaren, Kollegen die Inanspruchnahme der Einrichtungen, des Personals oder der Mittel genehmigt wurden. Sollte dann im Falle der Nichtgewährung der Leistung kein sachlicher Grund vorgetragen werden, kann eine ungerechtfertigte Ungleichbehandlung vorliegen. Diese kann im Einzelfall tatsächlich zu einem Anspruch auf Genehmigungserteilung führen. Dogmatisch handelt es sich allerdings um eine Ermessensreduzierung auf Null, die aus der Selbstbindung der Verwaltung resultiert,[480] und nicht um einen Anspruch, der direkt aus Art. 5 Abs. 3 GG abgeleitet werden könnte. Die Entscheidung,

---

477 Hierzu bereits 2. Kap. II 1 a) m.w.N.
478 So auch ausdrücklich Störle, Das Nebentätigkeitsrecht der Hochschullehrer in Bayern, 2007, S. 90; Blümel/Scheven, HdBWissR, S. 477.
479 Dazu bereits oben 2. Kap. II 1 a).
480 Zur Selbstbindung der Verwaltung BVerwGE 8, 4 (10); 34, 278 (280); 44, 70 (74); 55, 349 (351 ff).

ob die Inanspruchnahme der Einrichtungen gewährt wird, hat aufgrund einer pflichtgemäßen Ermessensentscheidung zu erfolgen. Es sind insbesondere Art und Umfang der Nebentätigkeit sowie die Auswirkungen auf die bereitgestellten Ressourcen zu berücksichtigen. Bei den Erwägungen hat die Behörde den Sinn des nebentätigkeitsfreundlichen Hochschullehrernebentätigkeitsrechts zu berücksichtigen.

bb) Öffentliches oder wissenschaftliches Interesse

Auch der unbestimmte Rechtsbegriff des öffentlichen Interesses ist hochschullehrerfreundlich auszulegen. Dies entspricht dem Sinn und Zweck des Hochschullehrernebentätigkeitsrechts, das zwischen Theorie und Praxis Synergieeffekte schaffen soll. Unschädlich – aber doch bezeichnend – ist, dass das künstlerische Interesse in § 21 Abs. 1 S. 2 BayHSchLNV nicht explizit genannt wird. Künstlerische Tätigkeiten liegen grundsätzlich stets im öffentlichen Interesse, so dass auf diesen Auffangbegriff zurückzugreifen ist. Dieses ist jedenfalls dann zu bejahen, wenn es sich um eine künstlerische Tätigkeit handelt und das Ergebnis der Allgemeinheit zugänglich gemacht wird. Selbst wenn eine Veröffentlichung des Werkes seiner Natur nach nicht in Betracht kommt, weil es sich etwa um eine Auftragsarbeit handelt und das Ergebnis ausschließlich für den Auftraggeber bestimmt ist, kann ein öffentliches Interesse bestehen. Dieses wird insbesondere dann zu bejahen sein, wenn die Art der künstlerischen Tätigkeit mit den Dienstaufgaben im engen Zusammenhang steht und der Hochschullehrer durch sie seine Reputation und Erfahrung steigern kann, was wiederum einen positiven Einfluss auf die Lehre hat. Bei der Ausübung von Nebentätigkeiten, die keinerlei Zusammenhang zum Hauptamt aufweisen und von denen die Allgemeinheit nur wenig oder gar nicht profitiert, besteht demgegenüber kein öffentliches Interesse. Ein Zugriff auf die staatlichen Ressourcen kann damit nicht begründet werden.

cc) Allgemeine Genehmigung für förderungswürdige Nebentätigkeiten

Im Falle besonders förderungswürdiger Nebentätigkeiten oder bei solchen, die eine Beeinträchtigung der dienstlichen Interessen nicht erwarten lassen, gilt zur Vereinfachung und zum Abbau von Verwaltungsaufwand die Genehmigung als erteilt. Beispielhaft sei hier § 22 Abs. 1 und Abs. 2 BayHSchLNV genannt.[481] Eine Genehmigung gilt danach allgemein als erteilt, wenn

---

481 Mit landesspezifischen Abweichungen, vgl. auch § 14 HNtV NRW; § 9 HNVO LSA.

(1) ein öffentliches oder wissenschaftliches Interesse an ihrer Ausübung vorliegt und ein Entgelt nicht entrichtet wird oder
(2) der Hochschullehrer die Ressourcen, die ihm zur Erfüllung der Dienstaufgaben bereits zur Verfügung stehen, für die Ausübung einer genehmigungsfreien oder allgemein genehmigten Tätigkeit nutzt, soweit die Nebentätigkeit Lehr- oder Forschungsaufgaben auf seinem Fachgebieten fördert und dienstliche Interessen nicht beeinträchtigt werden.

Während § 22 Abs. 1 BayHSchLNV die unentgeltliche Wahrnehmung von Nebentätigkeiten im öffentlichen oder wissenschaftlichen Interesse durch die allgemeine Genehmigung der Inanspruchnahme der Mittel des Dienstherrn privilegieren will, sind im Falle der entgeltlichen Ausübung, also bei Einschlägigkeit des § 22 Abs. 2 BayHSchLNV, erhöhte Anforderungen zu stellen.

Vernachlässigt der Hochschullehrer aufgrund der Wahrnehmung der Nebentätigkeit seine hauptamtlichen Pflichten, liegt begrifflich eine Beeinträchtigung der dienstlichen Interessen vor. Ob dies der Fall ist, ist aber bereits bei der Frage, unter welchen Voraussetzungen eine Nebentätigkeitgenehmigung erteilt wird bzw. ob die Behörde bei einer genehmigungsfreien Nebentätigkeit einzugreifen hat, zu prüfen. Im vorliegenden Kontext ist indes alleine relevant, ob die dienstlichen Belange durch die Inanspruchnahme der Ressourcen beeinträchtigt werden. Trotz gleicher Begrifflichkeiten liegen hier folglich unterschiedliche Bezugspunkte vor.

Eine Beeinträchtigung im Sinne des § 22 BayHSchLNV wäre beispielsweise zu bejahen, wenn aufgrund der Ausübung einer privaten Nebentätigkeit dringend benötigte Räumlichkeiten, Substanzen oder Geräte gar nicht mehr oder nur zeitversetzt zur Verfügung stünden, so dass andere Hochschullehrer deshalb in ihrer Diensterfüllung beeinträchtigt würden. Zudem liegt eine Beeinträchtigung in diesem Sinne vor, wenn durch die Bindung von Personal die Verwaltungs- oder Lehraufgaben nicht mehr in einem ausreichenden Umfang wahrgenommen werden könnten.[482] Selbiges gilt, wenn die Ressourcen des Dienstherrn dem unberechtigten Zugriff Dritter ausgesetzt wären. Der für die Inanspruchnahme von Landeseinrichtungen relevante Terminus der Beeinträchtigung dienstlicher Interessen ist mithin weit zu verstehen.

Im Übrigen gilt die Inanspruchnahme der Arbeitsmittel des Dienstherrn nur dann als allgemein genehmigt, wenn die Ressourcen dem Hochschullehrer bereits zur Diensterfüllung zur Verfügung stehen. Dies ist nachvollziehbar, wenn

---

482 Störle, Das Nebentätigkeitsrecht der Hochschullehrer in Bayern, 2007, S. 92; Post, Das Post, Nebentätigkeitsrecht NRWS. 82.

man bedenkt, dass damit eine Beeinträchtigung der dienstlichen Belange eher unwahrscheinlich ist; schließlich sind in solchen Fällen die Ressourcen bereits durch die dienstliche Nutzung an den Hochschullehrer bzw. den Lehrstuhl gebunden sind. Sie müssten daher nicht mehr zum Nachteil eines Kollegen von den allgemein zur Verfügung stehenden Mitteln abgezogen werden.

Zugleich muss die Nebentätigkeit die Erfüllung der Dienstaufgaben fördern. Dies ist immer anzunehmen, wenn die Tätigkeit in dem vom Hochschullehrer vertretenen Fach erfolgt,[483] so dass zwischen der Ausübung der Nebentätigkeit und den Dienstaufgaben eine positive Wechselwirkung entstehen kann. Da durch die Ausübung von Nebentätigkeiten Theorie und Praxis miteinander verknüpft und die fachlichen Fähigkeiten des Hochschullehrers angewandt und verbessert werden können, wird dies meist bejaht werden können.

b) Die Pflicht zur Entrichtung eines Nutzungsentgelts

Der Dienstherr muss dem Beamten Einkünfte aus Nebentätigkeiten nicht ungeschmälert belassen, wenn sich der Staatsdiener zu ihrer Erzielung der Sachausstattung oder des Personals des Dienstherrn bedient. Ein entsprechender hergebrachter Grundsatz des Berufsbeamtentums existiert nicht.[484] Es steht dem Dienstherrn zu, dem Hochschullehrer die Nutzungsgenehmigung grundsätzlich nur zu erteilen, wenn dieser nach dem Äquivalenzprinzip ein zu ermittelndes angemessenes Entgelt entrichtet.[485] Anhand der beispielhaft genannten bayerischen Regelung des § 23 BayHSchLNV gelten für die Bemessung des Entgelts die folgenden Grundsätze:

> (1)¹ Für die Inanspruchnahme von Einrichtungen, Personal oder Material des Dienstherrn hat der Beamte ein angemessenes Entgelt (Kostenerstattung und Vorteilsausgleich) zu entrichten. ² Ein Entgelt entfällt, wenn die Nebentätigkeit für den eigenen Dienstherrn ohne Zahlung einer Vergütung ausgeübt wird. ³ Auf die Entrichtung eines Entgelts kann verzichtet werden,

---

483 Dazu Post, Das Post, Nebentätigkeitsrecht NRWS. 81.
484 BVerfG NVwZ-RR 2007, 185; BVerfGE 52, 303 (344); BVerwG, ZBR 2002, 47.
485 Zur Rechtsnatur des Nutzungsentgelts als öffentlich-rechtliches Entgelt und nicht als Abgabe, da es an der einer Abgabe eigenen Finanzierungsfunktion fehle, OVG Münster DVBl. 1986, 475; Post, Das Post, Nebentätigkeitsrecht NRWS. 89 ff; Störle, Das Nebentätigkeitsrecht der Hochschullehrer in Bayern, 2007, S. 109 m.w.N. A. A. Lecheler, ZBR 1984, 181 f., der von einer Sonderabgabe/-steuer ausgeht. Wahlers, ZBR 1983, 354; BayVGH NJW 1972, 355 (356) qualifiziert das Nutzungsentgelt als Gebühr.

1. wenn die Nebentätigkeit auf Verlangen, Vorschlag oder Veranlassung des Dienstherrn ausgeübt wird oder
2. wenn die Vergütung insgesamt 1.230 € im Kalenderjahr nicht übersteigt oder
3. es sich nur um den Verbrauch geringwertigen Materials handelt.
(2) Die Höhe des Entgelts richtet sich nach den Grundsätzen der Kostendeckung und des Vorteilsausgleichs.

Das Äquivalenzprinzip wird durch das Kostendeckungs- und Vorteilsausgleichungsprinzip näher konkretisiert.[486] Hierbei ist zu beachten, dass sich beide Prinzipien nicht ausschließen, sondern sich ergänzen, Nr. 10.1 KMK-Empfehlung.[487] Dadurch sollen die dem Dienstherrn entstandenen Kosten erstattet und die wirtschaftlichen Vorteile ausgeglichen werden, die der Staatsdiener daraus zieht, dass er die der Behörde zur Verfügung stehenden Hilfsmittel nutzen kann, ohne diese auf eigenes Kostenrisiko anschaffen oder benötigtes Personal entlohnen zu müssen.[488]

Die Angemessenheit des Nutzungsentgelts bestimmt sich dabei nicht nach steuer- oder abgabenrechtlichen, sondern allein nach beamtenrechtlichen Grundsätzen. Nachdem unerwünschte Lenkungswirkungen auftreten könnten, darf es zudem nicht der Gewinnabschöpfung dienen. Eine „hypothetische Entgeltpflicht ohne konkrete Inanspruchnahme" besteht daher nicht. Den Kritikern ist insofern Recht zu geben, als dass die Nachweiserbringung und Kontrolle des tatsächlichen Nutzungsumfangs für den Hochschullehrer und den Dienstherren mit einem nicht unerheblichen Verwaltungsaufwand verbunden ist. Allerdings ist dies erforderlich, um den Hochschullehrer einerseits mit der Entgeltpflicht nicht unangemessen zu belasten und den Dienstherren andererseits ohne die tatsächliche Erbringung einer Gegenleistung ungerechtfertigt zu bereichern.

Das Entgelt für die Inanspruchnahme der Arbeitsmittel des Dienstherrn wird dem Prinzip des Vorteilsausgleichs entsprechend grundsätzlich nach dem Vomhundertsatz der für die Nebentätigkeit bezogenen Bruttovergütung[489]

---

486 Störle, Das Nebentätigkeitsrecht der Hochschullehrer in Bayern, 2007, S. 95.
487 KMK-Empfehlung vom 30.1.1981 i.d. F. vom 4.12.1992.
488 BVerwG NJW 1974, 1440 (1143); BVerfGE 16, 286, 295; Keymer/Kolbe, BayVBl. 1988, 673 (675 f.); Günther, ZBR 1986, 97 (110); Dietrich, Nebentätigkeitsrecht B-W, S. 77; Keymer/Kolbe, BayVBl. 1988, 673 (675 f.); Störle, Das Nebentätigkeitsrecht der Hochschullehrer in Bayern, 2007, S. 95 ff.
489 Zur Vergütung zählt grundsätzlich nicht der Ersatz von Fahrtkosten, die Gewährung von Tagesgeldern bis zur Höhe des Betrages, den die Reisekostenvorschriften in der höchsten Reisekostenstufe für den vollen Kalendertag vorsehen, vgl. § 2 Abs. 4 BayHSchLNV.

pauschalisiert.[490] Danach bemisst sich die Höhe des festzusetzenden Entgelts nach einem Regelsatz zwischen 4 v.H. bis 10 v.h. der bezogenen Bruttovergütung, je nach Bundesland und Art der in Anspruch genommenen Arbeitsmittel des Dienstherrn. In Bayern beträgt gemäß § 24 BayHSchLNV die Höhe der Kostenerstattung im Regelfall vier v.h. für die Inanspruchnahme von Einrichtungen, acht v.h. für die Inanspruchnahme von Personal und vier v.h. für den Verbrauch von Material.

Die höchstrichterliche Rechtsprechung hat eine Pauschalisierung des Nutzugsentgelts von bis zu 20 v. H. der erhaltenen Bruttoeinnahmen als akzeptabel angesehen.[491] Dies gilt zumindest in dem Fall, dass dem Beamten die Möglichkeit eröffnet wird, im Einzelfall die tatsächlich angefallenen Kosten abzurechnen. Dies wird in der Regel erfolgen, wenn die tatsächlichen entstandenen Kosten nicht unerheblich von dem Pauschalsatz abweichen.[492]

c) Befreiung von der Entrichtung eines Nutzungsentgelts

Von der Entrichtung eines Nutzungsentgelts kann jedoch teilweise abgesehen werden.

Dies gilt zum einen für die unentgeltliche Ausübung von Nebentätigkeiten für den eigenen Dienstherrn,[493] wenn die Vergütung gering ausfällt oder es sich um den Verbrauch geringwertigen Materials, wie etwa bei wenigen Mengen von Ölfarbe oder Pinseln, handelt.[494] Die Erhebung eines Nutzungsentgelts wäre in diesen Fällen mit einem unverhältnismäßigen Verwaltungsaufwand verbunden.

---

490 §§ 10 Abs. 1, 11 Abs. 1 HNTVO B-W; §§ 16 Abs. 1, 18 HNtVO Berl; § 11 HNtV Bbg; § 10 Abs. 1 BremNVO; §§ 5 Abs. 1, 6 HmbEntgVO; §§ 81, Abs. 1 S. 3 HBG; § 10 Abs. 2 HNtVO Nds, §§ 16 Abs. 1, 17 HNtV NRW; §§ 12 Abs. 1, 19 NebVO RhPf; § 15 Abs. 1 SaarNtVO; §§ 13, 14 HNtV S-H.
491 BVerwG ZBR 1999, 200; BVerfG NVwZ-RR 2007, 185; BVerwG U. v. 27. 2. 2008 – 2 C 27.06 –, juris. § 24 Abs. 2 BayHSchLNV ermöglicht dies, wenn die pauschal berechneten Kosten um mehr als 25 % von den tatsächlichen Kosten abweichen.
492 Geis, § 52 HRG, in: HRG-Kommentar, RN 105; Blümel/Scheven, HBWissR, S. 485 f.; Störle, Das Nebentätigkeitsrecht der Hochschullehrer in Bayern, 2007, S. 106.
493 Vgl. § 23 Abs. 1 S. 2 BayHSchLNV.
494 Vgl. etwa § 23 Abs. 1 S. 3 BayHSchLNV. Nach Störle ist die Geringfügigkeitsgrenze überschritten, wenn nach allgemeiner Verkehrsauffassung die Inanspruchnahme des Materials für den Beamten nicht mehr als unwesentliche Bereicherung und für den Dienstherrn nicht mehr als unwesentliche Entreicherung angesehen werden kann, vgl. ders., Das Nebentätigkeitsrecht der Hochschullehrer in Bayern, 2007, S. 99 m.w.N.

Zum anderen kann in einigen Landesgesetzen bei förderungswürdigen Nebentätigkeiten auf die Erhebung eines Nutzungsentgelts für die Inanspruchnahme von Einrichtungen, Personal oder Material des Dienstherrn verzichtet werden. Dies gilt im Besonderen für kunsttheoretische Veröffentlichungen und für sonstige künstlerische Nebentätigkeiten. Voraussetzung ist, dass diese im Zusammenhang mit den Dienstaufgaben des Hochschullehrers stehen und der Hochschullehrer die zur Wahrnehmung seiner Dienstaufgaben zugewiesenen Arbeitsräume (Ateliers) benutzt.[495] Im Rahmen der Ermessensausübung ist zu berücksichtigen, dass die Befreiungsmöglichkeit von Entrichtung eines Nutzungsentgelts ein effizientes Instrument darstellt, um die Ausübung von künstlerischen Nebentätigkeiten zu fördern. Auch an dieser Stelle hat die Behörde den Grundgedanken des nebentätigkeitsfreundlichen Hochschullehrerrechts zu berücksichtigen.

Wie festgestellt, werden die Ateliers in einigen Bundesländern, wie etwa in Bayern, bereits gesetzlich vom Begriff der Inanspruchnahme einer „Einrichtung" ausgenommen. Der Vorteil für den Hochschullehrer ist damit erheblich, da er sich weder einer Ermessensausübung der Behörde gegenüber sieht noch mit Nachweispflichten konfrontiert wird.

V. Der Sonderfall der Baukunst

1. Die Begriffsbestimmung anhand des Art. 5 Abs. 3 GG

Zum Fächerangebot an den Kunsthochschulen oder den wissenschaftlichen Hochschulen zählt üblicherweise gleichfalls die Architektur. Diese ist gleichfalls als eine klassische Kunstgattung zu bezeichnen, die seit Jahrhunderten von staatlichen und kirchlichen Auftraggebern gefördert wurde. Vor dem Hintergrund des weiten Kunstbegriffs sind der schöpferische Akt des architektonischen Entwurfs und seine Umsetzung in die Realität grundsätzlich vom Schutzbereich des Art. 5 Abs. 3 GG erfasst.[496] Da die primäre Bedeutung der Architektur aber regelmäßig nicht in der künstlerischen Seite des Bauens liegt, sondern in ihrer Funktionalität, ergeben sich Abgrenzungsprobleme. In ihrer praktischen Zweckrichtung liegt einer der Hauptunterschiede zu den anderen Kunstgattungen.[497]

---

495 Mit Abweichung im Einzelfall, § 12 HNTVO B-W; § 15 Abs. 3 HNtVO Berl; § 10 HNtV Bbg; § 15 Abs. § 10 Abs. 2 HNVO LSA.
496 BVerwG NVwZ 1991, 983 ff; Scholz, in: Maunz/Dürig, GG, Art. 5 Abs. 3, RN 32; v. Arnauld, in: HbdStR, § 167, RN 78. Daneben ist die Baukunst auch über Art. 14 Abs. 1 GG geschützt, vgl. Voßkuhle, BayVBl. 1995, 613 (614 m.w.N.).
497 Hierzu näher Schneider, Die Freiheit der Baukunst, 2002, S. 47, 87, 98 ff; 132.

Wenngleich im weiteren Verlauf dieser Untersuchung nur das Recht des handelnden Hochschullehrers beleuchtet wird, sei angemerkt, dass sich der persönliche Schutz- bzw. Normbereich des Art. 5 Abs. 3 GG nicht nur auf den Hochschullehrer als Architekten, sondern auch auf den Eigentümer des Grundstücks und Bauherren, also auf den Auftraggeber, erstrecken kann. Ihm kommt eine besondere Rolle zu, da er entscheidende Einflussmöglichkeiten hat und als Initiator „wichtigster Agent der Kunst" ist.[498] Der Architekt steht in einem Abhängigkeitsverhältnis zum Bauherrn, da er grundsätzlich darauf angewiesen ist, dass dieser sein Grundstück zur Verfügung stellt.

a) Die Zweckorientierung der Architektur

Aufgrund ihrer Doppelnatur, als Ausdruck künstlerischer Entfaltung einerseits und Zweckorientierung andererseits, erweist sich die Differenzierung zwischen Kunst und Nicht-Kunst in diesem Bereich vereinzelt als schwierig. Mit der Entwicklung neuer Baustoffe haben sich in der jüngeren Vergangenheit zunehmend auch die architektonischen Möglichkeiten erweitert. Massenproduktionen von funktionalen Fertighäusern, Reihenhaussiedlungen und die häufig unkreative Gestaltung öffentlicher Bauten, kombiniert mit der zu häufigen Verwendung des Kunstbegriffs,[499] führten dazu, dass über die Abgrenzung von Kunst am Bau und Nicht-Kunst neu debattiert werden musste.[500]

Nachdem das Eigentum gemäß Art. 14 Abs. 2 GG sozialgebunden ist und dem Wohl der Allgemeinheit dient, sind die einschränkenden Wertungen des Art. 14 GG bezüglich der baulichen Nutzung von Grundeigentum zu berücksichtigen und dürfen nicht durch eine extensive Ausdehnung des schrankenlos gewährleisteten Art. 5 Abs. 3 GG ausgehöhlt werden.[501] Gleichzeitig darf die Sozialgebundenheit des Eigentums aber nicht dazu führen, dass der künstlerische Charakter einem Bauwerk unberechtigterweise abgesprochen wird. Dies wäre ein ungerechtfertigter Eingriff in Art. 5 Abs. 3 GG.

Relevant wird diese Abgrenzungsproblematik im vorliegenden Zusammenhang besonders deshalb, weil bei einer künstlerischen Tätigkeit gleichfalls von einer genehmigungsfreien Nebentätigkeit ausgegangen werden muss, während eine allgemein übliche Architektenleistung genehmigungsbedürftig wäre.

---

498 Schneider, Die Freiheit der Baukunst, 2002, S. 62 f.; 137.
499 Scholz, in: Maunz/Dürig, Grundgesetz, Art. 5 Abs. 3 GG, RN 39.
500 Voßkuhle, BayVBl. 1995, 613 ff; Schneider, Die Freiheit der Baukunst, 2002, S. 87 ff.
501 Schneider, Die Freiheit der Baukunst, 2002, S. 87.

b) Die Beschränkung des Schutzbereichs des Art. 5 Abs. 3 GG

Wie festgestellt, wird der grundrechtliche Normbereich der Kunstfreiheit zum Schutz des nicht abschließend definierbaren Kunstbegriffs zunächst weit verstanden. Dies hat zur Konsequenz, dass es im nächsten Schritt einer aufwendigen Eingriffsrechtfertigung bedarf, um den Schutzgehalt des weit interpretierten Begriffs auf ein den Praxisanforderungen gerecht werdendes Maß zurückzunehmen.[502]

Als Reaktion auf den weiten Schutzbereich kommt aus systematischen und teleologischen Erwägungen auch keine Übertragung der Schranken des Art. 5 Abs. 2 GG bzw. des Art. 2 Abs. 1 GG[503] in Betracht.[504] Die Schranke der Kunstfreiheit ergibt sich ausschließlich aus kollidierendem Verfassungsrecht, welches sich im Bereich der Baukunst insbesondere aus Art. 14 Abs. 1 GG und – für das Nebentätigkeitsrecht – aus Art. 33 Abs. 5 GG ergeben kann. Da eine Schrankenübertragung ausscheidet und die Baukunst grundsätzlich auch nicht aus dem Normbereich der Kunstfreiheit ausgeklammert werden kann, führte die Sorge vor der Aushöhlung des Art. 14 GG zu der Überlegung, den Schutzbereich des Art. 5 Abs. 3 S. 1 GG einzuengen.[505]

Jedoch ist richtigerweise davon auszugehen, dass bestimmte Verhaltensweisen aus dem Schutzbereich des Grundrechts nicht von vorneherein ausgenommen werden können.[506] Vielmehr ist durch die Abwägung der kollidierenden Verfassungsgüter im Rahmen einer Verhältnismäßigkeitsprüfung eine einheitliche Lösung zu finden.[507] Würde man bereits den Schutzbereich der Kunstfreiheitsgarantie als gar nicht eröffnet ansehen, käme es auf eine Abwägung, die im Einzelfall zu befriedigenderen Ergebnissen führen würde, nicht mehr an.[508] Das „Modell der Schutzbereichsbeschränkung" erfordert zur Verhinderung

---

502 Kritisch insbesondere Vesting, NJW 1996, 1111 ff. mit Verweis auf das Sondervotum von Grimm in BVerfGE 80, 137 (164 ff.).
503 Ropertz, Die Freiheit der Kunst nach dem Grundgesetz, 1966, S. 163 ff.
504 BVerfGE 83, 130 (139) = NJW 1991, 1471. Zum Problem der „schrankendivergierenden Grundrechtskonkurrenz", vgl. Voßkuhle, BayVBl. 1995, 613 (616 f.).
505 So etwa Muckel, in: FS Schiedermair, S. 347 ff; Würkner, Das Bundesverfassungsgericht und die Freiheit der Kunst, 1994, S. 118; Schneider, Die Freiheit der Baukunst, 2002, S. 91 m.w.N; Stern, Freiheit der Kunst und Wissenschaft, § 117 VI 3 c), S. 679 m.w.N.
506 Müller-Volbehr, DÖV 1995, 301 (307); Schnapp, JuS 1978, 729 (733); Suerbaum, DVBl. 1999, 1690 (1695 f.); Muckel, in: FS Schiedermair, S. 349 insb. Fn. 10.
507 Sachs, in: Stern, Staatsrecht III/2, S. 525 ff.
508 Muckel, in: FS Schiedermair, S. 353.

von Rechtsunsicherheit im Übrigen eine äußerst präzise Definition des Kunstbegriffs. Vor dem Hintergrund, dass eine abschließende Definitionsfindung unmöglich ist, bestünde die Gefahr, dass die grundrechtliche Freiheit in nicht mehr hinnehmbarer Weise eingeschränkt werden würde. Selbst wenn man dem Modell der Schutzbereichsbegrenzung grundsätzlich folgen wollte, weil sich die Benennung kollidierender Verfassungsgüter, auf deren Schutz etwa bauplanungsrechtliche Vorgaben gestützt werden könnten, als diffizil erweist,[509] fragt sich, ob die Wertungen des Art. 14 GG oder die des Art. 33 Abs. 5 GG ausreichen würden, um eine Eingrenzung des Schutzbereichs zu begründen. Nachdem dies für den Schutzgehalt des schrankenlos gewährleisteten Art. 5 Abs. 3 GG mit einschneidenden Konsequenzen verbunden wäre, ist dies grundsätzlich abzulehnen.[510] Sollte tatsächlich im Einzelfall der Verdacht bestehen, dass die eigentumsrechtlichen Bindungen durch „aufgesetzte Kunst"[511] umgangen werden sollen, ist der Abgrenzungsproblematik ausschließlich auf der Schrankenebene entgegenzutreten. Dort muss ein verhältnismäßiger Ausgleich der gegenläufigen verfassungsrechtlichen Interessen einzelfallbezogen gefunden werden.[512]

c) Die Abgrenzungsmerkmale

Wenngleich die Begrenzung des Schutzbereichs abzulehnen ist, entbindet dies nicht von der Pflicht, die Schutzbereichseröffnung einer genauen Prüfung zu unterziehen, da dies mit weitreichenden Konsequenzen, insbesondere für das Bauordnungsrecht,[513] aber auch für das Nebentätigkeitsrecht, verbunden ist.

---

509 Aus diesem Grund favorisiert Schneider eine Schutzbereichsreduktion, vgl. ders., Die Freiheit der Baukunst, 2002, S. 104 ff. Zur Schrankenproblematik v.. Arnauld, in: HbdStR, § 167, RN 78; Pernice, in: Dreier, GG, Art. 5 Abs. 3 GG, RN 41; Stern, Die Freiheit der Kunst und der Wissenschaft, § 117 VII 4, S. 720 f.; Voßkuhle, BayVBl. 1995, 613 (616 ff); Vesting, NJW 1996, 1111 ff; BVerwG NJW 1995, 2648 (2649) = DVBl. 1995, 1008 ff; BVerwG DÖV 1992, 75 m. Anm. Würkner, DÖV 1992, 150 ff.
510 Zum Beispiel des „Totschlags auf der Theaterbühne", Rüfner, in: Festgabe BVerfG, S. 460; Muckel, in: FS Schiedermair, S. 347.
511 Koenig/Zeiss, Jura 1997, 225.
512 Vgl. BVerfGE 77, 249 (255) = BVerfG NJW 1988, 325; BVerfGE 81, 278 (292 f.) = BVerfG NJW 1990, 1982.
513 Pischel, Kunst – Konkurrenz – Kollision: Baukunst und Bindungen, 2001, S. 159; Schneider, Die Freiheit der Baukunst, 2002, S. 145 ff; S. 169 ff; Würkner, Das BVerfG und die Freiheit der Kunst, 1994, S. 121 f.; Starck, in: Mangold/Klein/Starck, GG I, Art. 5, RN 348 m.w.N.

aa) Die Funktionsorientierung der Architektur

Aufgrund der Zweckverbundenheit der Architektur kann die Gefahr bestehen, dass der Einwand, es handle sich um eine künstlerische Leistung, als Vorwand benutzt wird, um tatsächlich bestehende finanzielle oder praktische Interessen zu verschleiern.

Das künstlerische Selbstverständnis des Architekten oder des Bauherrn kann daher zur Bestimmung des Kunstcharakters eines Bauwerks nur unter erheblichen Einschränkungen Berücksichtigung finden.[514] Auch der klassische zeichentheoretische oder der materielle Kunstbegriff führen zu keinem befriedigenden Ergebnis, weshalb als Abgrenzungsmerkmal die Zweckorientierung eines Bauwerks herangezogen wird.

Handelt es sich um ein Bauwerk, das ersichtlich keinen anderen Zweck verfolgt, als den Betrachter geistig anzuregen, wird man unproblematisch von einer künstlerischen Leistung ausgehen können. Als Beispiel hierfür sei etwa der „Hundertwasserturm" in Abensberg genannt. Ob demgegenüber einem reinen Zweckbau der künstlerische Wert abgesprochen werden kann, kann nur im Einzelfall entschieden werden. Den Tatbestand des Kunstwerks erfüllen künstlerische Gestaltungen unabhängig davon, ob das Werk primär für bestimmte (praktische) Gebrauchszwecke hergestellt worden ist oder nicht.[515] Ein Musterbeispiel für diese Abgrenzungsproblematik stellt etwa der zweckorientierte Charakter der Bauhaus-Architektur dar. Selbst wenn dort die Funktionalität im Vordergrund steht und durch die gerade Formgebung der künstlerische Charakter vermeintlich in den Hintergrund rückt, ist zu berücksichtigen, dass zu Beginn des 20. Jahrhunderts dieser neue Ansatz und der neue Stil einer Revolution in der Architektur gleichkam. Bei der Bauhaus-Architektur lässt sich daher unzweifelhaft von einem enormen künstlerischen Wert, der einen der einflussreichsten deutschen Architekturstile des letzten Jahrhunderts geprägt hat, sprechen.

Dieser Baustil erlebte in den vergangenen Jahren geradezu eine Renaissance. Bürogebäude und ganze Reihenhaussiedlungen werden nun in der kubenförmigen, durch klare Linien gekennzeichneten Bauweise errichtet. Hier würde der objektive Betrachter jener Reihenhaussiedlungen allerdings kaum als revolutionäre Kunstwerke ansehen. Wie dieses Beispiel veranschaulicht, bietet das Merkmal der Zweckorientierung daher keine zuverlässige

---

514 So auch Schneider, Die Freiheit der Baukunst, 2002, S. 133.
515 BGHZ 16, 4 (6); 22, 209 (214); 24, 55 (62).

Beurteilungsgrundlage und ist maximal als ein Indiz[516] heranzuziehen. Die Wahl eines topischen Ansatzes[517] ist zur Konkretisierung des Schutzbereichs daher unumgänglich.

bb) Weitere Indizien

Wenig zweckdienlich zur Abgrenzung ist es zudem, auf das einzelne künstlerische Element, die Kunst *am* Bau, etwa auf die Fenster oder das Dach, abzustellen.[518] Es ist ein gestalterisches Mindestmaß zu fordern[519] und das Bauwerk in seiner Gesamtheit zu betrachten. Eine Differenzierung von künstlerischen und nicht-künstlerischen Teilen kann grundsätzlich nicht erfolgen, ohne dass die Gesamtschau des Bauobjekts künstlich aufgespaltet wird. Ob die gestalterische Mindestdichte erreicht ist, ist eine Einzelfallentscheidung.

Als Beurteilungsgrundlage kommt neben der gestalterischen Qualität des Bauwerks (hinsichtlich seiner Originalität und Kreativität im Hinblick auf die Materialauswahl, die Formwahl oder die Farbgebung) auch die Interaktion mit seiner räumlichen bzw. historischen Umgebung in Betracht.[520] Unter Umständen kann sogar nur ein einzelnes künstlerisches Element das gesamte Gebäude zum Kunstwerk machen, wenn es einen prägenden Einfluss auf die Gesamtgestaltung hat. Dies ist etwa bei einer auffälligen Fassaden- oder Dachgestaltung der Fall, die den Gesamteindruck bestimmt. Liegt ein dominantes künstlerisches Element vor, das dem ganzen Gebäude künstlerischen Ausdruck verleiht, erstreckt sich der Schutzbereich des Art. 5 Abs. 3 GG nicht nur auf das Gesamtobjekt, sondern ebenso auf die planerischen Entwürfe des Architekten, also den Werkbereich. Insoweit kann auch die Teilnahme an Architekturwettbewerben vom Schutzbereich des Art. 5 Abs. 3 GG erfasst sein.

Die Ausführung der Bautätigkeit und die Bauüberwachung können dagegen aber ebenso durch qualifizierte Dritte erfolgen. Sie sind daher nicht mehr Ausdruck der individuellen Gestaltungskraft des Einzelnen und damit nicht mehr als künstlerische Tätigkeit zu verstehen.[521]

---

516 Voßkuhle, BayVBl. 1995, 613 (615).
517 Dafür plädiert insbesondere Voßkuhle, BayVBl. 1995, 613 (615).
518 VGH München, U.v. 11.05.1994 – 3 B 93.1517, S. 10; zur Abgrenzung von „Kunst am Bau" und „gebauter Kunst" vgl. Koenig/Zeiss, Jura 1997, 225 (226 f.).
519 Schneider, Die Freiheit der Baukunst, 2002, S. 53; S. 133.
520 Stern, Die Freiheit der Kunst und der Wissenschaft, § 117 VII 4 e (S. 679); Schneider, Die Freiheit der Baukunst, 2002, S. 134; Voßkuhle, BayVBl. 1995, 613 (615).
521 Anderes gilt bei Großprojekten, die eine über die künstlerisch-planerische Phase hinausgehende künstlerische Betreuung durch den Architekten selbst erforderlich

Ob das Gebäude einen ästhetischen Mindestgehalt aufweisen muss, ist für die Frage der Eröffnung des Schutzbereichs nicht entscheidend, da eine Wertung über den Grad der Ästhetik mit der Verfassung nicht zu vereinbaren ist. Der ästhetische Mindestgehalt kann – wenn überhaupt – nur auf der Schrankenebene, konkretisiert durch das Baurecht, eine Berücksichtigung finden.[522] Da die Baukunst ihrer Natur nach die Allgemeinheit berührt, sind die kollidierenden Interessen besonders zu berücksichtigen und in einen gerechten Ausgleich zu bringen. Einfachgesetzliche Regelungen sind aber stets anhand der Kunstfreiheitsgarantie auszulegen.[523]

cc) Zusammenfassung

Es kann festgehalten werden, dass die Einordnung der Baukunst stellenweise diffizil ist. Dies liegt an ihrer Doppelnatur. Einerseits ist sie zweckorientiert, andererseits hat sie vor allem einen künstlerischen Wert und eine lange Tradition. Damit die Schranken des Art. 14 GG oder die des Art. 33 Abs. 5 GG allerdings nicht ausgehebelt werden, ist im Einzelfall genau zu bestimmen, ob ein Bauwerk tatsächlich als Kunst im verfassungsrechtlichen Sinne qualifiziert werden kann. Eine wertende Einengung des Schutzbereichs, wie auch eine Schrankenübertragung, ist dagegen abzulehnen. Sieht man trotz der Eröffnung des Schutzbereiches eine Einschränkung der Kunstfreiheitsgarantie als geboten an, sind die widerstreitenden Interessen auf der Schrankenebene in einen gerechten Ausgleich zu bringen. Als Indizien können die Zweckorientierung, das Maß an Originalität

---

machen. So auch Sembdner, PersV 1981, 305 (308). Schneider, Die Freiheit der Baukunst, 2002, S. 122, 135. Zum Urheberrecht der Architekten Neuenfeld, BauR 2011, 180 ff; Werner, BauR 2004, 750 ff; Neumeister/v.Gamm, NJW 2008, 2678ff; Wandtke, ZUM 2005, 769ff.

522 Der ästhetische Gehalt eines Werkes muss nach der Rechtsprechung einen solchen Grad erreichen, dass nach Auffassung der für Kunst empfänglichen und mit Kunstanschauungen einigermaßen vertrauten Kreise von einer künstlerischen Leistung gesprochen werden kann, vgl. BGHZ 22, 209 (215); 27, 351 (354); 62, 331; BGH BauR 1981, 298; BGH NJW 1982, 2553 (2555); kritisch Fahse, GRUR 1996, 331 (332); Schneider, NJW 2003, 642 (643 ff). Zum Begriff der „künstlerischen Leistung" Schlecht, BTR 2008, 72 ff. Zum Verunstaltungsgebot vgl. Battis, Öffentliches Baurecht und Raumordnungsrecht, S. 200 f. Kritisch Pischel, Kunst – Konkurrenz – Kollision: Baukunst und Bindungen, 2001, S. 159; Stern, Die Freiheit der Kunst und der Wissenschaft, § 117 VII 4 e (S. 679) m.w.N. Zum ästhetischen Mindestgehalt umfassend bereits unter 4. Kap. IV 1 a).

523 Voßkuhle, BayVBl. 1995, 613 (620 f.).

und Kreativität bei der Farb- und Formwahl sowie das Zusammenspiel des Bauwerks mit seiner Umgebung herangezogen werden.

2. Die dienstlichen Aufgaben

Die Abgrenzung zwischen Hauptamt und Nebentätigkeit fällt besonders im Bereich der Architektur schwer, da die Dienstaufgaben des Hochschullehrers höchst unterschiedlicher Natur sind. Die Vielfalt verdeutlichen beispielsweise die Gegebenheiten an der Fakultät für Architektur der TU München. Dort werden 23 Lehrstühle und drei Fachgebiete vereint. Diese sind als Institut für Entwerfen und Bautechnik, Institut für Entwerfen und Gestalten, Institut für Baugeschichte, Kunstgeschichte und Restaurierung sowie das Institut für Entwerfen Stadt und Landschaft zusammengefasst.[524] Während sich das Institut für Entwerfen von Bautechnik den Anforderungen der Bauklimatik und Haustechnik oder der Baukonstruktion und Baustoffkunde widmet und damit wissenschaftlich ausgerichtet ist, umfasst das Institut für Entwerfen und Gestalten künstlerisch geprägte Lehrstühle. Dazu gehört der Lehrstuhl für bildnerisches Gestalten oder der für Raumkunst und Lichtgestaltung. Auch das Institut für Baugeschichte, Kunstgeschichte und Restaurierung weist deutliche Bezüge zur Kunst auf, wenngleich auch die wissenschaftliche Forschung zu seinem Aufgabenfeld gehört. Während damit einige Lehrstühle auf anwendungsbezogene und technikorientierte Forschung und Lehre ausgerichtet sind, befassen sich andere Lehrstühle verstärkt mit der künstlerischen Seite der Architektur. Die Doppelstellung von Kunst und Wissenschaft ist daher in der Architektur besonders prägend.

Neben diesen sich aus der Zwitterstellung ergebenden Abgrenzungsproblemen zwischen Hauptamt und Nebentätigkeit birgt auch die praktische Umsetzung theoretischer Arbeiten Abgrenzungsschwierigkeiten, da diese meist nur in Kooperation mit Dritten möglich ist. Künstlerische Raumgestaltungen oder Restaurationsarbeiten werden meist an Gebäuden vorgenommen, die bereits im Privateigentum oder im Eigentum öffentlicher Träger stehen. Es wird verbreitet ein Auftragsverhältnis zu Grunde liegen. Häufig kann nur so der Hochschullehrer seine theoretische Arbeit praktisch umsetzen. Dabei ist zu bedenken, dass es für den Architekturprofessor von immenser Bedeutung ist, sich auch außerhalb der Hochschule unter Beweis zu stellen. Wie die Vielzahl von Architekturwettbewerben bezeugen, kommt dieser praktischen Seite eine besondere Bedeutung zu. Die Teilnahme an Wettbewerben und öffentlichen Ausschreibungen wie auch die Annahme von Aufträgen privater oder öffentlicher Auftraggeber

---

524 Vgl. http://www.ar.tum.de/institute/ v. 8.1.2013.

sind unerlässliche Grundvoraussetzungen, um den eigenen Bekanntheitsgrad zu erhalten und zu steigern. Das gesteigerte Ansehen des Hochschullehrers dient ihm nicht nur persönlich, sondern zugleich der Hochschule, da das Renommee der an ihr tätigen Hochschullehrer als entscheidendes Beurteilungskriterium im nationalen und internationalen Wettbewerb gilt. Nachdem die Hochschule dem Architekturprofessor die Möglichkeit zur Umsetzung der Entwürfe in die Praxis nur selten bieten kann, beschränken sich die Dienstaufgaben faktisch auf die Lehre und Forschung, zum Beispiel auf die Erforschung und Erprobung neuer Techniken und Gestaltungsmöglichkeiten. Die aktive Umsetzung der theoretischen Arbeit wird primär in die Privatwirtschaft verlagert. Sie wird zivilrechtlich grundsätzlich als Architektenvertrag und im nebentätigkeitsrechtlichen Sinne als Auftragsverhältnis ausgestaltet sein.

3. Anforderungen an die Ausübung der Nebentätigkeit

Die Ausübung von Nebentätigkeiten durch Architekturprofessoren erfordert gleichfalls die Abgrenzung von genehmigungsfreien und genehmigungspflichtigen Nebentätigkeiten. Diese hat anhand der bereits aufgestellten Grundsätze zu erfolgen.

Nimmt der Architekturprofessor den Auftrag eines Dritten an, wird es ihm in der Regel an der erforderlichen Unabhängigkeit, Entschlussfreiheit und Selbstständigkeit ermangeln. Obwohl die Ablehnung dieser Merkmale grundsätzlich mit Zurückhaltung zu erfolgen hat,[525] wird es bei Architektenleistungen im Auftrag Dritter regelmäßig an ihnen fehlen. Der Auftraggeber hat hier meist einen erheblichen Einfluss auf die Gestaltung, da er die Person des Architekten und den Entwurf auswählen wird, der seinen Vorstellungen und Vorgaben entspricht. Auf einen Entwurf, der die individuelle Persönlichkeit des Architekten widerspiegelt, wird es ihm – anders als etwa in der bildenden Kunst – nicht maßgeblich ankommen. Dies gilt insbesondere für den Fall, dass der Hochschullehrer eine allgemein übliche Architektenleistung ohne einen tiefergehenden künstlerischen Wert erbringen soll. In den weit überwiegenden Fällen wird daher eine genehmigungspflichtige Nebentätigkeit vorliegen.

Darüber hinaus führt die arbeitsintensive Architektentätigkeit zu der Befürchtung, dass dienstliche Interessen vernachlässigt werden könnten. Wird die Tätigkeit zudem freiberuflich in einem Büro ausgeübt, sind zum Schutz der dienstlichen Belange die bereits dargestellten besonderen Genehmigungsvoraussetzungen einzuhalten.[526] Bei der Beurteilung, ob die Genehmigung erteilt werden kann bzw.

---

525 4. Kap. II 3 b).
526 4. Kap. IV 2.

ob eine Beeinträchtigung der dienstlichen Belange vorliegt, sind allerdings die besonderen Umstände einer Architektentätigkeit zu berücksichtigen. Die Behörde muss sich bei ihrer Entscheidung bewusst sein, dass die Tätigkeit im Auftrag Dritter ein notwendiger Bestandteil der erfolgreichen Architektentätigkeit ist. Der Hochschullehrer ist häufig gezwungen, die Aufträge Dritter anzunehmen, wenn er keinen Reputationsverlust in Kauf nehmen und seine theoretischen Kenntnisse praktisch umsetzen möchte. Zudem hat die praktische (freiberufliche) Nebentätigkeit auch positive Auswirkung auf die Lehre. Der der erforderliche Praxisbezug kann indes oftmals nicht anders als durch genehmigte Nebentätigkeiten erfolgen.[527] Sind die geforderten Voraussetzungen, wie etwa ein abgegrenztes Büro am Dienstort, erfüllt, hat vor diesem Hintergrund die Beurteilung der Beeinträchtigung dienstlicher Belange mit erheblicher Sensibilität und Sorgfalt zu erfolgen.

Erfolgt die Nebentätigkeit für den öffentlichen Dienst, ist zudem zu beachten, dass bei der Erbringung einer allgemein üblichen Architektenleistung von dem grundsätzlich geltenden Vergütungsverbot abgesehen wird.[528] Vielmehr hat der Hochschullehrer gemäß § 17 Abs. 4 BayHSchLNV sechs v. H. des erhaltenen Honorars gemäß der Honorarordnung für Architekten und Ingenieure (HOAI) pauschal an den Dienstherrn im Hauptamt abzuführen. Werden die Leistungen im Rahmen einer Gesellschaft erbracht, so tritt der dem Gesellschafteranteil entsprechende Anteil am Honorar an deren Stelle.

Zusammenfassend kann daher festgestellt werden, dass die praktische Architektenleistung grundsätzlich als Nebentätigkeit einzuordnen ist. Nachdem sie häufig im Auftrag eines Dritten erfolgen und dieser meist einen erheblichen Einfluss auf die konkrete Gestaltung nehmen wird, fehlt es dem Professor regelmäßig an der notwendigen Unabhängigkeit, Entschlussfreiheit und Selbstständigkeit. Grundsätzlich kann daher nicht mehr von einer genehmigungsfreien Tätigkeit ausgegangen werden. Sollte es sich sogar „nur" um eine allgemein übliche Architektenleistung handeln, liegt in jedem Fall eine genehmigungspflichtige Nebentätigkeit vor. Zum Schutz der dienstlichen Belange sind an die Genehmigung einer freiberuflichen Beschäftigung in einem Büro erhöhte Anforderungen zu stellen. Bei der Beurteilung, ob eine solche Genehmigung erteilt werden kann, muss die Behörde allerdings berücksichtigen, dass es dem Hochschullehrer ohne die Wahrnehmung der Nebentätigkeit faktisch kaum möglich sein wird, Theorie und Praxis gewinnbringend miteinander zu verknüpfen. Ihre Entscheidung hat daher nebentätigkeitsfreundlich auszufallen.

---

527 Dazu Dietrich, Nebentätigkeitsrecht B-W, S. 65.
528 Vgl. 4. Kap. IV 4 c) bb).

5. Kapitel – Zusammenfassende Bewertung

Insgesamt ist festzustellen, dass das Nebentätigkeitsrecht der Kunsthochschullehrer einerseits stark von dem Spannungsverhältnis der individuellen Sonderstellung des Hochschullehrers als Staatsdiener und Grundrechtsträger und anderseits von den Besonderheiten künstlerischer Handlungsabläufe selbst geprägt ist. Der Hochschullehrer darf nicht nur als ein den engen dienstrechtlichen Bindungen unterworfener Staatsdiener betrachtet werden, sondern ist primär in seiner Funktion als Grundrechtsträger und damit als aktiver Künstler zu sehen. Die Individualität und Pluralität seiner künstlerischen Tätigkeiten spiegeln sich in der Vielfalt der nebentätigkeitsrechtlichen Abgrenzungsprobleme wider. So wenig wie die Kunst selbst abschließend rechtlich fassbar ist, kann auch eine allumfassende Aussage zu den kunstspezifischen Problemen des Hochschullehrernebentätigkeitsrechts erfolgen.

Zur Klärung nebentätigkeitsrechtlicher Fragestellung können und müssen indes allgemeingültige Grundprinzipien festgelegt werden, an denen sich eine Abgrenzung zu orientieren vermag. Sonst besteht die begründete Gefahr, dass die Behandlung nebentätigkeitsrechtlicher Abgrenzungsfragen in eine unüberschaubare Einzelfallkasuistik mündet, was schlussendlich zu erheblicher Rechtsunsicherheit führt.

Eine wesentliche Determinante, die bei der Auslegung der unbestimmten Rechtsbegriffe stets zu berücksichtigen ist und die den rechtlichen Rahmen vorgibt, ist das bereits normierte Nebentätigkeitsrecht der Hochschullehrer selbst. Wenngleich dieses primär auf das Recht der wissenschaftlichen Nebentätigkeit zugeschnitten ist, ergeben sich aus ihm grundlegende Aussagen und Wertentscheidungen des Gesetzgebers, die im Kunsthochschullehrernebentätigkeitsrecht nicht minder zu berücksichtigen sind.

Anders als im sonstigen Beamtenrecht wird die Ausübung einer Nebentätigkeit durch den Hochschullehrer nicht grundsätzlich als negativ angesehen, sondern vielmehr als positiv betrachtet. Nur so können die allseits gewünschte Verknüpfung zwischen Theorie und Praxis hergestellt und Synergieeffekte erzielt werden, von der nicht nur der Hochschullehrer, sondern gleichfalls die Lehre und die Allgemeinheit profitieren. Zudem ist ein liberales Nebentätigkeitsrecht erforderlich, um den Hochschullehrer persönlich und die Hochschulen als Institution national und international wettbewerbsfähig zu machen. Die Ausübung von Nebentätigkeiten und die erfolgreiche Zusammenarbeit mit der Wirtschaft sind wesentliche Kriterien, die die Reputation von Hochschule und Professor zu bestimmen vermögen.

Ein weiterer Eckpfeiler bei der Beantwortung nebentätigkeitsrechtlicher Fragestellungen ist die Berücksichtigung der historischen und praktischen Besonderheiten an den Kunsthochschulen gegenüber den Universitäten. Die erstrebte Verzahnung zwischen Hochschule und privater Kunstszene zeigt sich bereits dadurch, dass Kunsthochschullehrer aus der Praxis für die Hochschule rekrutiert werden. Sie müssen ihre Fähigkeiten bereits vor der Annahme einer Professur unter Beweis gestellt haben. Anders als in der Wissenschaft noch üblich, hat der künstlerische Professorennachwuchs daher bereits eine eigene konkrete Vorstellung von der Tätigkeit in der Privatwirtschaft und hat sich dort erfolgreich behauptet. Die familiären Strukturen der Kunsthochschulen, die weit entfernt von denen einer Massenuniversität sind, das enge Arbeitsverhältnis zwischen Studierenden und Professoren und ihre Rolle als wesentlicher Bestandteil der staatlichen Kulturförderung strahlen zusätzlich auf das Nebentätigkeitsrecht der Hochschullehrer aus.

Die Anforderungen an die Erfüllung der dienstlichen Pflichten variieren je nach dem vertretenen Fach deutlich voneinander. Dies ist auf die Pluralität der angebotenen Fächer und die Ansprüche, die diese an eine erfolgreiche Lehre stellt, zurückzuführen. Während in der bildenden Kunst etwa ein regelmäßiges Üben des Studierenden nicht erforderlich ist, so dass die fachliche Unterweisung auch durch Blockveranstaltungen erfüllt werden kann, ohne dass sich dies auf die studentische Ausbildung nachteilig auswirkt, verlangen die musischen Fächer dem Dozenten verbreitet einen dauerhaften Einsatz am Hochschulort ab. Die Anforderungen des Hauptamts wirken sich daher auf Art und Umfang der möglichen Ausübung von Nebentätigkeiten konkret aus.

Wie gesehen, nehmen die staatlichen Kunsthochschulen zudem eine maßgebliche Rolle im Konzept der staatlichen Kulturförderung ein. An ihnen soll nicht nur der künstlerische Nachwuchs ausgebildet werden. Vielmehr sollen auch die an ihnen tätigen Professoren durch die aktive Kunstausübung ihren Beitrag zur Wahrung und Weiterentwicklung des kulturellen Erbes leisten. Sie dürfen gerade nicht zu reinen Lehr- und Lernanstalten verkommen, sondern müssen besonders für erfolgreiche Künstler attraktiv sein, um sie an die Hochschule zu binden. Dies ist aber nur möglich, wenn die dienstrechtlichen Bindungen der Eigeninitiative der Kunstschaffenden nicht diametral entgegenstehen. Ein hochschullehrerfreundlich ausgestaltetes Nebentätigkeitsrecht stellt dafür eine grundlegende Voraussetzung dar.

Auch der Schutzgehalt des Art. 5 Abs. 3 GG selbst hat auf die Beantwortung nebentätigkeitsrechtlicher Fragestellungen einen maßgeblichen Einfluss. Hier tritt das Spannungsverhältnis der Doppelstellung des Hochschullehrers als Staatsdiener und Grundrechtsträger besonders deutlich hervor. Die Begriffsbestimmung der „künstlerischen Tätigkeit" ist zentraler Aspekt sämtlicher Abgrenzungsfragen im Hochschullehrernebentätigkeitsrecht. Dies gilt etwa nicht nur für die grundlegende Grenzziehung zwischen Dienstaufgabe und Nebentätigkeit, sondern auch für die Differenzierung zwischen förderungswürdigen und sonstigen Nebentätigkeiten. Die Kunstfreiheitsgarantie verbietet allerdings, zwischen besserer und schlechterer Kunst zu unterscheiden. Staatliches Kunstrichtertum ist strengstens verboten.

Die Weite des verfassungsrechtlichen Kunstbegriffs ist auch für das Nebentätigkeitsrecht und die Auslegung des Begriffs der künstlerischen Tätigkeit maßgeblich. Gegenteiliges wäre weder mit der Verfassung noch mit dem Sinn und Zweck des einfachgesetzlichen Hochschullehrernebentätigkeitsrechts vereinbar.

Diese drei Grundpfeiler geben den Rahmen vor, in dem die relevanten nebentätigkeitsrechtlichen Fragestellungen zu beantworten sind. Der Verwaltung muss abverlangt werden, dass sie auf die kunstspezifischen Besonderheiten Rücksicht nimmt und bei ihren Entscheidungen die herausgearbeiteten Wertungen beachtet.

Wendet sie dieses Grundverständnis von der Rolle der Kunsthochschulen als Teil der staatlichen Kulturförderung auf das bereits normierte Hochschullehrernebentätigkeitsrecht an und vernachlässigt sie dabei nicht die individuelle Stellung des Hochschullehrers als Grundrechtsträger, werden die Belange des Dienstherrn und des Hochschullehrers meist in einen gerechten Ausgleich gebracht werden können. Die bereits existierenden Vorschriften des Hochschullehrernebentätigkeitsrechts haben sich insgesamt als verfassungsrechtlich nicht zu beanstanden und als praxistauglich erwiesen. Diese Untersuchung hat ergeben, dass eine weitere Liberalisierung des Nebentätigkeitsrechts in seiner Gesamtheit nicht erforderlich ist. Die meisten Künstler werden vereinzelte Einschränkungen durch das Nebentätigkeitsrecht mit der Berufung in das Professorenverhältnis gerne in Kauf nehmen, ist mit ihrer Berufung in das Beamtenverhältnis nicht nur eine besondere Ehrung für die fachlichen Leistungen, sondern auch ein geregeltes Einkommen verbunden. In den Fällen, in denen sich sehr renommierte Persönlichkeiten durch das Dienstrecht in ihrer grundrechtlichen Freiheit zu sehr eingeschränkt fühlen, können andere Lösungswege beschritten werden.

So wird vertreten, von deren Verbeamtung gänzlich abzusehen und vielmehr großzügige Sonderverträge zu schaffen.[529] Der Reiz dieses Lösungsansatzes ist,

---

529 Dazu bereits Thiele, DÖD 1957, 7. Zum Gebot der Verbeamtung von Hochschullehrern vgl. Loschelder, in: FS Fürst, S. 219 ff.

dass so das „Problem", dass sich ein Beamter mit voller Hingabe seinem Amt zu widmen hat, geschickt umgangen werden kann. In solchen Verträgen können sämtliche Hauptpflichten individuell nach den Bedürfnissen der Beteiligten geregelt werden. Dies könnte so weit gehen, dass die Tätigkeit als Hochschullehrer faktisch nur noch als Nebenbeschäftigung anzusehen ist, während die Arbeit als freischaffender Künstler bzw. Musiker als Hauptberuf einzuordnen wäre. Der nicht zu unterschätzende Vorteil wäre ein hohes Maß an Flexibilität für beide Seiten bezüglich der Festlegung der vertraglichen Pflichten oder einer etwaigen Befristung des Vertrags.

An den Kunsthochschulen ist tatsächlich eine ganze Bandbreite von Beschäftigungsverhältnissen anzufinden. Wie an den Universitäten existiert das Professorenverhältnis auf Lebenszeit. Daneben ist aber auch ein Beamtenverhältnis auf Zeit oder auf Probe denkbar.[530] Die Berufung eines Professors auf Probe bietet sich insbesondere an, um die pädagogische Eignung des Kandidaten zu eruieren. Anders als an den Universitäten haben in vielen Fällen Künstler vor ihrer Berufung an die Hochschule nur wenig Erfahrung in der Lehre sammeln können. Die Landesgesetze sehen daher teilweise vor, dass zur Kontrolle der pädagogischen Eignung Beamtenverhältnisse auf Probe begründet werden dürfen.[531] Gründe für eine Berufung in das Beamtenverhältnis auf Zeit sind insbesondere solche Fälle, die nicht in der Person des Bewerbers liegen, sondern etwa die Deckung vorübergehenden Lehrbedarfs oder die Erprobung einer neu geschaffenen Stelle.[532] Alle diese Beamtenverhältnisse sind aber dem Recht der Nebentätigkeiten unterworfen.[533]

Darüber hinaus können Professoren in einem privatrechtlichen Dienstverhältnis[534] oder als nebenberufliche Professoren beschäftigt werden.[535] Eine nebenberufliche Professur ist nur in einem privatrechtlichen Beschäftigungsverhältnis

---

530 Zu den verfassungsrechtlichen Bedenken bzgl. der Einführung der Professur auf Zeit vgl. Battis/Grigoleit, Leistungsdifferenzierte Besoldung, S. 39 ff; Geis, in: FS Fürst, S. 121 ff; Löwisch/Wertheimer/Zimmermann, WissR 34 (2001), 28 ff.
531 Vgl. § 123 Abs. 2 LBG NRW i.V.m. § 32 Abs. 1 S. 2 KunstHG NRW. Anders § 93 Abs. 2 BerlHG, der die allgemeinen beamtenrechtlichen Vorschriften über die Probezeit für Hochschullehrer für nicht anwendbar erklärt.
532 § 123 Abs. 3 LBG NRW. Kritisch Lynen, Kunsthochschulen, in: HRG-Kommentar, RN 61.
533 Ausdrücklich beispielsweise § 32 Abs. 1 S. 2 KunstHG NRW i.V.m. § 126 LBG NRW.
534 Bspw. § 32 Abs. 1 S. 1 KunstHG NRW. In diesem Fall gilt aber das Nebentätigkeitsrecht entsprechend, vgl. § 32 Abs. 1 S. 2 KunstHG NRW i.V.m. § 126 LBG NRW.
535 So § 32 Abs. 5 KunstHG NRW.

möglich. Dies ist bereits deshalb zwingend, weil die nebenberufliche Tätigkeit an die Grenzen der hergebrachten Grundsätze des Berufsbeamtentums stößt.[536] Die Schaffung derartiger Stellen ist besonders an Kunsthochschulen ein beliebtes Instrument geworden,[537] um Persönlichkeiten mit künstlerischem Sachverstand an die Hochschule zu binden, die aber bereits in einem anderen Beschäftigungsverhältnis stehen und daher sonst nicht für die Hochschule gewonnen werden könnten. Exemplarisch seien bereits eingegangene Arbeitsverhältnisse beim Theater oder in der Musik- und Filmindustrie genannt. Wenngleich das Beamtenverhältnis auf Lebenszeit den Regelfall des Beschäftigungsverhältnisses darstellen wird, sind andere dienstrechtliche Gestaltungsmöglichkeiten aus den genannten Gründen wünschenswert.

Ob auch freie Künstler als nebenberufliche Professoren berufen werden sollten, ist indes fraglich, da diese grundsätzlich nicht in einem Drittverhältnis gebunden sind und die gewünschte Verbindung der Praxis mit der Kunsthochschulprofessur auch über das Nebentätigkeitsrecht erreicht werden kann.[538] In der Tat besteht nur selten die praktische Notwendigkeit, einen freien Künstler als nebenberuflichen Professor einzustellen. Nur wenn dieser überhaupt nicht anders für die Tätigkeit als Hochschullehrer gewonnen werden könnte, soll auf dieses Instrument zurückgegriffen werden. Die beamtenrechtlichen Privilegien sollen nicht unterlaufen werden, indem auf die Verbeamtung selbst verzichtet wird. Immerhin sind mit der Berufung in das Beamtenverhältnis erhebliche Vorteile verbunden. Der verbeamtete Professor nimmt seine Aufgaben selbstständig wahr und genießt dabei einen anderen Schutz als der in einem privatrechtlichen und/oder in einem befristeten Beschäftigungsverhältnis stehende Hochschullehrer.[539] Darüber hinaus darf das Aufgabenfeld des Professors nicht faktisch auf die Lehre beschränkt werden. Ansonsten wäre die erstrebte Gleichstellung der Kunsthochschulen mit den Universitäten, deren Kern die Dualität von Forschung und Lehre ist, kritisch zu beurteilen. Von der Berufung in ein

---

536 Lynen, Kunsthochschulen, in: HRG-Kommentar, RN 61 m.w.N.
537 Einer steigenden Beliebtheit erfreut sich auch die Einführung der Gastprofessur, vgl. § 34 Abs. 4 KunstHG NRW. Im Hinblick auf die gewünschte Internationalisierung des Studiums und dessen Praxisanbindung besteht ein Bedürfnis geeignete Persönlichkeiten auch aus dem Ausland für eine befristete Zeit als Gastprofessoren zu gewinnen. Vgl. zu § 32 KunstHG NRW, LT-Drs. 14/5555, S. 133.
538 Lynen, Kunsthochschulen, in: HRG-Kommentar, RN 62; ders., KunstHG, in: Leuze/ Epping, HG NRW, § 32, RN 6.
539 Zum Bedürfnis der Verbeamtung von Hochschullehrern, vgl. Loschelder, in: FS Fürst, S. 219 ff.

derartiges Beschäftigungsverhältnis sollte daher insgesamt Abstand genommen werden.

Das Bedürfnis des Künstlers nach künstlerischer Entfaltungsfreiheit kann in Grenzen auch auf einem anderen Weg befriedigt werden, ohne dass er auf seinen Beamtenstatus verzichten müsste. Exemplarisch dafür steht die Regelung des § 32 Abs. 1 S. 3 KunstHG NRW. Danach können im Dienstvertrag besondere Regelungen über die Anwendung der allgemeinen Vorschriften über Nebentätigkeiten und Sonderurlaub getroffen werden. Dies zeugt von Flexibilität und Verständnis des Gesetzgebers für die besondere Situation der Kunsthochschulen. Dies ist zu begrüßen, da hier das Verhältnis der persönlichen Interessen des Professors und die dienstlichen Belange berücksichtigt werden können, ohne dass das Nebentätigkeitsrecht im Ganzen oder gar die Beschäftigung als Professor selbst zur Diskussion gestellt werden würde. Soweit das Nebentätigkeitsrecht bindend und nicht abdingbar ist, kann aber auch im Dienstvertrag keine andere Vereinbarung getroffen werden. Daher steht die Frage, ob eine Tätigkeit im Hauptamt oder in Nebentätigkeit ausgeübt wird, genauso wenig zur freien Entscheidung wie die Einordnung als genehmigungsfreie oder genehmigungspflichtige Nebentätigkeit.[540]

Die Vorschrift kann allerdings bei der Auslegung der unbestimmten Rechtsbegriffe oder bei Ermessensentscheidungen durchaus Bedeutung erlangen, da durch die vertragliche Vereinbarung der unbestimmte Rechtsbegriff der dienstlichen Interessen etwa näher konkretisiert werden kann. So kann im Einzelfall nicht nur ein erhöhtes Maß an Rechtssicherheit geschaffen werden, sondern es können gegenläufige Interessen bereits vor dem Eintritt eines Streitfalles ausgeglichen werden.[541] In den vorangegangenen Berufungsverhandlungen kann beispielsweise vereinbart werden, dass der Künstler seine Lehrverpflichtungen durch Blockveranstaltungen erfüllt, wenn das von ihm vertretene Fach dies zulässt. In der übrigen Zeit könnte er dann vermehrt seinen Nebentätigkeiten nachgehen. Da die Verhandlungen einzelfallbezogen sind, kann auf die besonderen Umstände und auf die speziellen Bedürfnisse des Bewerbers vorab Rücksicht genommen werden. Möchte die Kunsthochschule einen besonders renommierten Künstler für eine Professur gewinnen, ist es ihr damit in Grenzen möglich, dem Kandidaten einen zusätzlichen Anreiz zu bieten.

Zusammenfassend kann damit festgehalten werden, dass das Nebentätigkeitsrecht der Kunsthochschullehrer den verfassungsrechtlichen und praktischen

---

540 Lynen, KunstHG, in: Leuze/Epping, HG NRW, § 32, RN 2.
541 Umfassend dazu Lynen, KunstHG, in: Leuze/Epping, HG NRW, § 32, RN 2.

Anforderungen für den Normalfall entspricht. Nur in seltenen Ausnahmefällen wäre die Unterwerfung unter die dienstrechtlichen Bindungen für den Künstler mit einer unverhältnismäßigen Freiheitsbeschränkung verbunden. Dies bedeutet indes nicht, dass das Nebentätigkeitsrecht deswegen grundlegend abzuändern wäre. Vielmehr sind in diesen Extremfällen andere Lösungsmöglichkeiten bei der Ausgestaltung des Dienstverhältnisses zu suchen, die die Bedürfnisse des Künstlers und die des Dienstherrn gleichsam befriedigen.

B. Thesen

1. Das Nebentätigkeitsrecht der Kunsthochschullehrer ist vom Spannungsverhältnis der individuellen Sonderstellung des Hochschullehrers als Staatsdiener und als Grundrechtsträger sowie von den Besonderheiten künstlerischer Handlungsabläufe geprägt. Der Hochschullehrer ist nicht lediglich ein besserer Kunstlehrer, sondern vielmehr weiterhin aktiv als Künstler tätig.
2. Die Gegebenheiten an Kunsthochschulen unterscheiden sich aufgrund deren kleinen und familiären Strukturen deutlich von denen der Universitäten. Aufgrund der wesentlich unterschiedlichen Bedürfnisse und Anforderungen erscheint ein eigenes Kunsthochschulgesetz und eine eigene Kunsthochschullehrernebentätigkeitsverordnung interessengerechter als die analoge Anwendung der auf die Universitäten zugeschnittenen Landes(-hochschul)gesetze. Gleichwohl ermöglichen die derzeitigen, auf die Wissenschaft zugeschnittenen Landeshochschulgesetze aufgrund ihrer grundlegenden Aussagen und Wertentscheidungen eine Übertragung auf das Kunsthochschullehrernebentätigkeitsrecht.
3. Nachdem erfolgreiche Künstler häufig aus der künstlerischen Praxis in das Professorenverhältnis berufen werden, ist die Verzahnung zwischen Privatwirtschaft und Hochschule grundsätzlich enger als an wissenschaftlichen Hochschulen. Diese Verknüpfung hat auch auf das Nebentätigkeitsrecht Einfluss.
4. Die Ausübung von Nebentätigkeiten wirkt sich positiv auf die Kunsthochschulen aus. Es entstehen Synergieeffekte, die insbesondere die studentische Ausbildung verbessern und die Kunsthochschulen im Ringen um die besten Studierenden und Hochschullehrer wettbewerbsfähig machen. Daher muss das Nebentätigkeitsrecht hochschullehrerfreundlich ausgestaltet sein.
5. Die Abgrenzung zwischen Hauptamt und Nebentätigkeit ist fließend und nur im Einzelfall bestimmbar. Auch fachliche Grenzüberschreitungen sind im Einzelfall im Sinne des Art. 5 Abs. 3 GG zuzulassen und ändern an dem Charakter der Tätigkeit als hauptamtliche Aufgabe nichts. Es gilt der Grundsatz: Im Zweifel hauptamtlich.
6. Die Ausübbarkeit von Nebentätigkeiten findet ihre Grenzen in der Beeinträchtigung der dienstlichen Interessen. Ob dienstliche Interessen beeinträchtigt sind, kann je nach Einzelfall und vertretenem Fach erheblich divergieren. Die Interessen der Studierenden an einer angemessenen Ausbildung sind hier besonders zu berücksichtigen. Die Vertretung des

Hochschullehrers durch seine Mitarbeiter ist in der Lehre jedenfalls kein Ersatz für seine persönliche Anwesenheit. Erlaubt die Ausbildung der Studierenden aber die Lehre in Blockveranstaltungen, ist dem Hochschullehrer mehr Freiraum bei der Ausübung seiner Nebentätigkeit zuzugestehen.
7. Die familiären Strukturen an Kunsthochschulen ermöglichen eine individuelle Abstimmung der Bedürfnisse des Hochschullehrers mit denen der Hochschule. Sollten die dienstrechtlichen Bindungen dazu führen, dass ein Künstler aufgrund seiner erfolgreichen Tätigkeit außerhalb der Hochschule nicht für jene gewonnen werden kann, können und sollten auch andere Beschäftigungsmodelle ermöglicht werden. Dazu zählt etwa die nebenamtliche Professur. So kann der künstlerische Sachverstand an die Hochschule gebunden werden.
8. Eine Beeinträchtigung der dienstlichen Interessen durch hohe Honorarzahlungen kann grundsätzlich nicht angenommen werden. Besonders im künstlerischen Bereich werden für Arbeiten bestimmter Künstler horrende Summen gezahlt, die nicht zwingend im Verhältnis zur aufgewendeten Arbeitszeit stehen müssen. Der Rückschluss von der Höhe der erzielten Vergütung auf den Zeitfaktor scheidet daher aus.
9. Der Hochschullehrer ist trotz seiner künstlerischen Freiheit nicht von den Neutralitäts- und Loyalitätspflichten entbunden. Seine dienstrechtliche Stellung, der Schutzgehalt des Art. 5 Abs. 3 GG und das öffentliche Interesse an einer – auch provokativen – Kunstausübung sind bei der Beurteilung, ob durch engagierte Kunst die dienstlichen Belange verletzt werden, aber besonders zu berücksichtigen.
10. Der Begriff der künstlerischen Tätigkeit ist zentrales Abgrenzungsmerkmal. Wie der verfassungsrechtliche Begriff ist er weit auszulegen. Werk- und Wirkbereich werden gleichermaßen geschützt.
11. Künstlerische Tätigkeiten sind grundsätzlich genehmigungsfreie Nebentätigkeiten. Voraussetzung für eine derartige Privilegierung ist aber, dass es dem Künstler nicht an der erforderlichen Entschlussfreiheit, Selbstständigkeit und Unabhängigkeit mangelt. Abgrenzungsprobleme ergeben sich daher insbesondere bei Auftragsarbeiten. Die konkreten Einflussmöglichkeiten auf das finale Kunstwerk sind allerdings beschränkt, da die künstlerische Tätigkeit per se Ausdruck der individuellen Gestaltungskraft und Persönlichkeit des Künstlers ist. Für die Einordnung als künstlerische Tätigkeit ist es daher unschädlich, dass die Initiative von einem Dritten ausgegangen ist, solange der Künstler nicht als bloßes „Werkzeug" des Auftraggebers zu betrachten ist.

12. Nebentätigkeiten für den öffentlichen Dienst sind weit verbreitet. Dies liegt auch daran, dass der Staat durch die Auftragsvergabe Kunstförderung betreibt. Aufgrund der zunehmenden Privatisierung öffentlicher Einrichtungen ist der Begriff des öffentlichen Dienstes weit auszulegen.
13. Künstlerische Nebentätigkeiten sind von der Ablieferungspflicht befreit. Ob es dem Hochschullehrer an der erforderlichen Entschlussfreiheit, Selbstständigkeit und Unabhängigkeit mangelt, ist hier besonders sorgfältig zu prüfen. Die Auftragsvergabe des als „objektiv-neutral" anzusehenden Staats ist nicht von individuellen Interessen gelenkt. Von der Einflussnahme auf das konkrete künstlerische Werk ist daher grundsätzlich nicht auszugehen.
14. In der Architektur verlagern sich viele praktische Arbeiten in den Bereich der Nebentätigkeit. Häufig betreiben Architekturprofessoren auch noch ein eigenes Architekturbüro mit Mitarbeiterstamm. Letzteres unterliegt gesteigerten Genehmigungsvoraussetzungen, da aufgrund des erhöhten Arbeitsaufwands von einer potentiellen Gefährdung dienstlicher Interessen auszugehen ist. Typisch sind zudem Auftragsarbeiten, denen es an Selbstständigkeit, Unabhängigkeit und Entschlussfreiheit mangeln kann. Ob eine Beeinträchtigung dienstlicher Interessen vorliegt, muss aber wohlwollend beurteilt werden, da die praktische Umsetzung der theoretischen Fähigkeiten häufig nur nach einer Beauftragung durch Dritte erfolgen kann.

C. Literaturverzeichnis

Allert, Ellen, Leitung eines Forschungsprojekts: keine vergütungspflichtige Nebentätigkeit, MittHV 1982, S. 41 ff.

Allert, Ellen, Möglichkeiten der Honorierung und Nebentätigkeitsverordnungen, MittHV 1985, S. 157 ff.

Arnauld, Andreas v., Freiheit der Kunst, in: Josef Isensee/Paul Kirchhof (Hrsg.), Handbuch des Staatsrechts der Bundesrepublik Deutschland, Band VII, 3. Auflage, Heidelberg 2009, § 167, S. 1113 ff (zit.: v. Arnauld, in: HdbStR,§ 167, Rn.).

Auerbach, Bettina, Das Beamtenstatusgesetz in der Praxis, ZBR 2009, S. 217 ff.

Bäcker, Carsten, Wissenschaft als Amt, Das verfassungsrechtliche Hochschullehrerbeamtenrecht aus Art. 33 Abs. 5 GG i.V.m. Art. 5 Abs. 3 GG, AöR 135 (2010), S. 78 ff.

Badura, Peter, Der Sozialstaat, DÖV 1989, S. 491 ff.

Badura, Peter, Die Anzeigepflicht für eine schriftstellerische oder wissenschaftliche Nebentätigkeit von Beamten, ZBR 2000, S. 109 ff.

Bahre, Kristin, Rembrandt. Genie auf der Suche, Köln 2006.

Bamberger, Christian, Amtsangemessene Alimentation, ZBR 2008, S. 361 ff.

Bär, Peter, Die kommunale Filmförderung, FuR 1983, S. 366 ff.

Baßlsperger, Maximilian, Die Begrenzung der Nebentätigkeiten der Beamten in Bund und Ländern, München 2002 (zit.: Baßlsperger, Begrenzung der Nebentätigkeiten).

Baßlsperger, Maximilian, Nebentätigkeit von Beamten: Rechtsprobleme – Lösungsansätze, ZBR 2004, S. 369 ff.

Battis, Ulrich, Begrenzung und Kontrolle für Nebentätigkeiten, in: „Öffentlicher Dienstrecht im Wandel", Festschrift für Walther Fürst, Präsident des Bundesverwaltungsgerichts a.D. zum 90. Geburtstag, 10. Februar 2002, (Hrsg. Franke, Ingeborg/Summer, Rudolf/Weiß, Hans-Dietrich, Berlin 2002, S. 45 ff. (zit.: Battis, in: FS Fürst).

Battis, Ulrich, Das Dienstrechtsneuordnungsgesetz, NJW 1997, S. 1033 ff.

Battis, Ulrich, Das Dienstrechtsneuordnungsgesetz, NVwZ 2009, S. 409 ff.

Battis, Ulrich, Die Entwicklung des Beamtenrechts im Jahre 2007, NVwZ 2008, S. 379 ff.

Battis, Ulrich, Kommentar zum Bundesbeamtengesetz, 4. Auflage, München 2010.

Battis, Ulrich, Neue Rechtsprechung des Bundesverfassungsgerichts zum Beamtenrecht, ZBR 1982, S. 166 ff.

Battis, Ulrich, Öffentliches Baurecht und Raumordnungsrecht, 5. Auflage, Stuttgart, Berlin, Köln 2006.

Battis, Ulrich, Zur Reform des Organisationsrecht der Hochschulen, DÖV 2006, S. 498 ff.

Battis, Ulrich, Zur verfassungsrechtlichen Zulässigkeit einer gesetzlichen Regelung der Nebentätigkeit von Beamten durch ein grundsätzliches Verbot mit Erlaubnisvorbehalt, in: Verantwortung und Leistung, Schriftenreihe der Arbeitsgemeinschaft der Verbände des höheren Dienstes, Heft 7, 1982, S. 15 ff. (zit: Battis, Zur verfassungsrechtlichen Zulässigkeit, S.).

Battis, Ulrich/Grigoleit, Klaus Joachim, Möglichkeiten und Grenzen leistungsdifferenzierender Besoldung von Universitätsprofessoren, DHV Heft 66, Bonn 1999 (zit.: Battis/Grigoleit, Leistungsdifferenzierte Besoldung, S.).

Battis, Ulrich/Grigoleit, Klaus Joachim, Zulässigkeit und Grenzen der Ausbringung von Professorenämtern auf Zeit, Rechtsgutachten, DHV Heft 64, Bonn 1996.

Becker, Bernhard, v., Werbung Kunst Wirklichkeit – Bemerkungen zu einem schwierigen Verhältnis, GRUR 2001, S. 1101 ff.

Beisel, Daniel, Die Kunstfreiheitsgarantie des Grundgesetzes und ihre strafrechtlichen Grenzen, Heidelberg 1997 (zit.: Beisel, Kunstfreiheitsgarantie, S.).

Benndorf, Michael, Zulässigkeit der Verhinderung der Aufnahme entgeltlicher Nebenbeschäftigungen durch Teilzeitbeamte, ZBR 1981, S. 84 ff.

Bethge, Herbert, in: Sachs, Michael (Hrsg.), Grundgesetz Kommentar, 5. Auflage, München 2009, Art. 5 GG (zit.: Bethge, in: Sachs, GG-Kommentar, Art. 5 GG, Rn.).

Bettermann, Karl August, Zum Nebentätigkeitsrecht der Hochschullehrer, MittHV 1965, S. 191 ff.

Bieback, Karl-Jürgen/Kutscha, Martin, Politische Rechte der Beamten, Frankfurt a.M. 1984 (zit.: Bieback/Kutscha, Politische Rechte, S.).

Bier, Wolfgang, Eingriff in Berufungszusagen gegenüber Hochschullehrern, jurisPR-BVerwG 19/2009, Anm. 3.

Binswanger, Mathias, Künstliche Inszenierung. Über Wettbewerbe in Forschung und Lehre, Forschung & Lehre 2011, S. 504 ff.

Bischoff, Friedrich, Neuer Stellenwert der Kultur in der Politik des Bundes, ZRP 1999, S. 240 ff.

Biskop, Robert/Kanehl, Jan, Kunst contra Arbeitsmarkt. Viele offene Fragen…, Journal HMT Leipzig, Januar 2005, S. 27, abrufbar unter: http://www.hmt-leipzig.de/ArtikelMTJournal/nr18/J18_S27.pdf.

Blümel, Willi, Vom Hochschullehrer zum Professor, in: Festschrift für Carl Hermann Ule zum 70. Geburtstag, Hrsg. König, Klaus/Wagener, Frido/Laubinger, Hans W., Köln 1977, S. 287 ff. (zit.: Blümel, in: FS Ule, S.).

Blümel, Willi/Scheven, Dieter, Nebentätigkeitsrecht des wissenschaftlichen und künstlerischen Personals, in: Christian Flämig u.a. (Hrsg.): Handbuch des Wissenschaftsrechts, Band 1, 2. Auflage, Berlin, Heidelberg 1996, S. 443 ff (zit: Blümel/Scheven, HbdWissR, S.).

Böhm, Monika, Monetäre Leistungsanreize im Hochschulbereich im internationalen Vergleich, ZBR 2000, S. 154 ff.

Bullinger, Beamtenrechtliche Zusagen und Reformgesetzgebung, Frankfurt a. M., 1972.

Caspari, Volker: Kontrolle und Leistungsprämien: Effizienzsteigerungen oder negative Auslese und Effizienzverlust? Einige institutionenökonomische Anmerkungen zur Dienstrechtsreform an den Hochschulen. (2000), TU Darmstadt Discussion Papers in Economics, Nr. 105.

Cirpka, Olaf/Schilling, Tanja/Hartwig, Susanne, Wie lässt sich wissenschaftliche Leistung messen? Thesen und Antithesen, Forschung & Lehre 2006, S. 516 ff.

Denninger, Erhard, Freiheit der Kunst in: Josef Isensee/Paul Kirchhof (Hrsg.), Handbuch des Staatsrechts der Bundesrepublik Deutschland, Band VI Freiheitsrechte, 1989, § 146, (zit.: Denninger, in: HbdStR, § 146, Rn.).

Derlien, Hans-Ulrich, Leistungsbesoldung ohne Leistungsbeurteilung?, Forschung & Lehre 2000, S. 235 ff.

Detmer, Hubert, Zielvereinbarungen und Leistungsverträge mit Hochschullehrern – oder: Wieviel Vertragsfreiheit verträgt das Amt des Universitätsprofessors?, in: Dieter Dörr, Udo Fink, Christian Hillgruber, Bernhard Kempen, Dietrich Murswiek (Hrsg.), Die Macht des Geistes, Festschrift für Hartmut Schiedermair, Heidelberg 2001, S. 605 ff. (zit: Detmer, in: FS Schiedermair, S.).

Dietrich, Hartwig, Das Nebentätigkeitsrecht des wissenschaftlichen und künstlerischen Hochschulpersonals in Baden-Württemberg, Forum des Hochschulverbandes, Heft 33, Bonn 1984 (zit.: Dietrich, Nebentätigkeitsrecht B-W, S.).

Döring, Paul, Besprechung von Wilhelm, Bernhard, Die freie Meinung im öffentlichen Dienst, ZBR 1968, S. 293 ff.

Dreier, Ulrich/Schulze, Gernot, Urheberrechtswahrnehmungsgesetz. Kunsturheberrecht. Kommentar, 3. Auflage München 2008 (zit.: Bearbeiter, in: Dreier/Schulze, UrhG, §).

Drescher, Alfred, Die Verfassungsmäßigkeit der Ablieferungspflicht nach der Bundesnebentätigkeitsverordnung, ZBR 1973, S. 105 ff.

Ehlers, Dirk, Die Verfassungsmäßigkeit der Neuordnung des Nebentätigkeitsrechts der Beamten in Nordrhein-Westfalen, DVBl. 1985, S. 879 ff.

Engelken, *Klaas*, Anmerkung zum Urteil des BVerwG v. 21.6.2007 – 2 C 3.06, DVBl. 2008, S. 117 ff.

Erbel, Günter, Ein Definitionsverbot für den verfassungsrechtlichen Begriff „Kunst" (Art. 5 Abs. 3 Satz 1 GG)?, DVBl. 1969, S. 863 ff.

Erbel, Günter, Inhalt und Auswirkung der verfassungsrechtlichen Kunstfreiheitsgarantie, Berlin u. a. 1966 (zit.: Kunstfreiheitsgarantie, S.).

Erdmann, Willi, Schutz der Kunst im Urheberrecht, in: Festschrift für Otto-Friedrich Frhf v. Gamm, Willi Erdmann (Hrsg.), München 1990, S. 389 ff. (zit.: Erdmann, in: FS v. Gamm, S.).

Eschenburg, Hans-Peter, Das Nebentätigkeitsrecht der Bundes- und Landesbeamten in der Verfassung der Bundesrepublik Deutschland unter Berücksichtigung des für Richter und Hochschullehrer geltenden Sonderrechts, Hamburg 1970 (zit.: Eschenburg, Nebentätigkeitsrecht, S.).

Fahse, Hermann, Art. 5 GG und das Urheberrecht der Architektur-Professoren, GRUR 1996, S. 331 ff.

Fehling, Michael, Neue Herausforderungen an die Selbstverwaltung in Hochschule und Wissenschaft, Die Verwaltung 35 (2002), S. 399 ff.

Fohrbeck, Karla, Renaissance der Mäzene? Interessenvielfalt in der privaten Kulturfinanzierung, Köln 1989 (zit.: Fohrbeck, Renaissance der Mäzene?, S.).

Frank, Götz/Heinicke, Thomas, Die Auswirkungen der Föderalismusreform auf das öffentliche Dienstrecht — das neue Spannungsfeld von Solidität, Kooperation und Wettbewerb zwischen den Ländern, ZBR 2009, S. 34 ff.

Fürst, Walther, Zum Entwurf einer Nebentätigkeitsverordnung (NtVO) des Landes Schleswig-Holstein (Stand 04.10.1989), ZBR 1990, S. 305 ff.

Gärditz, Klaus Ferdinand, Anmerkung zu BVerfG, Beschluss v. 16.1.2007 – 2 BvR 1188/05, JZ 2007, S. 521 ff.

Gärditz, Klaus Ferdinand, Hochschulorganisation und Systembildung, Tübingen 2009.

Gärditz, Klaus Ferdinand, Wissenschaftliche Nebentätigkeiten im Beamtenrecht. Zugleich eine kritische Bestandsaufnahme der Entwicklungen des Nebentätigkeitsrechts im Lichte der Rechtsprechung, ZBR 2009, S. 145 ff.

Gawel, Erik, Konsumtionsregeln bei der Neuordnung der W-Besoldung: Formen und Auswirkungen, DÖV 2013, S. 285 ff.

Geis, Max-Emanuel, Das Nebentätigkeitsrecht der Hochschullehrerinnen und Hochschullehrer, Erweiterter Sonderdruck der Kommentierung des § 52 HRG, aus: Heilbronner, Kay/Geis, Max-Emanuel, (Hrsg.), Kommentar zum HRG, § 52 (zit.: Geis, § 52 HRG, in: HRG-Kommentar, Rn.).

Geis, Max-Emanuel, Der „Professor auf Zeit" – ein rechtlicher und politischer Problemfall, in: „Öffentliches Dienstrecht im Wandel", Festschrift für Walther Fürst, Präsident des Bundesverwaltungsgerichts a.D. zum 90. Geburtstag, 10. Februar 2002, Hrsg. Franke, Ingeborg/Summer, Rudolf/Weiß, Hans-Dietrich, Berlin 2002, S. 121 ff. (zit.: Geis, in: FS Fürst).

Geis, Max-Emanuel, Kulturstaat und kulturelle Freiheit. Eine Untersuchung des Kulturstaatskonzepts von Ernst Rudolf Huber aus verfassungsrechtlicher Sicht, Baden-Baden 1990 (zit.: Geis, Kulturstaat, S.).

Geis, Max-Emanuel, Nebentätigkeitsrecht in: (ders.) Hochschulrecht im Freistaat Bayern, Handbuch für Wissenschaft und Praxis, Heidelberg/München/Landsberg/Frechen/Hamburg 2009, S. 370 ff. (zit.: Geis, Nebentätigkeitsrecht, in: HSchR-Bayern, 2009, S.).

Geißler, Birgit, Staatliche Kunstförderung nach Grundgesetz und Recht der EG, Berlin 1995 (zit.: Geißler, Staatliche Kunstförderung, S.).

Gerber, Hans, Hochschullehrer als Beamte, MittHV 1965, S. 198 ff.

Gerlach-March, Rita, Kulturfinanzierung, Wiesbaden 2010.

Germelmann, Claas Friedrich, Kultur und staatliches Handeln, Tübingen 2013.

Götz, Frank/Heinicke, Thomas, Die Auswirkungen der Föderalismusreform auf das öffentliche Dienstrecht – das neue Spannungsfeld von Solidarität, Kooperation und Wettbewerb zwischen den Ländern, ZBR 2009, S. 34 ff.

Götz, Volkmar, Eine beamten- und besoldungsrechtliche Reform der Personalstruktur der Hochschulen, ZBR 1973, S. 101 ff.

Graul, Heidemarie, Kunstfreiheit und Gleichheitssatz, DÖV 1972, S. 124 ff.

Graul, Heidemarie, Künstlerische Urteile im Rahmen der staatlichen Förderungstätigkeit, Berlin 1970 (zit.: Graul, Künstlerische Urteile, S.).

Grimm, Dieter, Kulturauftrag im staatlichen Gemeinwesen, VVDStRL 42 (1984), S. 47 ff.

Günther, Hellmuth, Nebentätigkeitsrecht in der Praxis – eine Untersuchung zur Interessenkollision an Hand von Berichten über das Bundesgesundheitsamt, ZBR 1989, S. 164 ff.

Günther, Hellmuth, Unterbinden von Nebenbeschäftigung bei Kollision mit dienstlichen Interessen, DÖD 1988, S. 78 ff.

Häberle, Peter, Die Freiheit der Kunst im Verfassungsstaat, AöR 110 (1985), S. 577 ff.

Häberle, Peter, Öffentliches Interesse als juristisches Problem: Eine Analyse von Gesetzgebung und Rechtsprechung, Bad Homburg 1970 (zit.: Häberle, Öffentliches Interesse, 1970, S.).

Häberle, Peter, Öffentliches Interesse als juristisches Problem: Eine Analyse von Gesetzgebung und Rechtsprechung, 2. Auflage, Bad Homburg 2006 (zit.: Häberle, Öffentliches Interesse, 2006, S.).

Haberstumpf, Helmut Ablieferungspflichten für Nebentätigkeitsvergütungen als Schiedsrichter, ZBR 2007, S. 405 ff.

Hagenah, Astrid, Die Pflicht des Beamten zur Zurückhaltung bei politischer Betätigung, Frankfurt a.M., 2002.

Hailbronner, Kay, Die Freiheit der Forschung und Lehre als Funktionsgrundrecht, Hamburg 1979.

Hampe, Daniel, Hochschulsponsoring und Wissenschaftsfreiheit, Baden-Baden 2009.

Hauser, Arnold, Sozialgeschichte der Kunst und Literatur, Band 2, München 1953.

Heckel, Martin, Staat, Kirche, Kunst. Rechtsfragen kirchlicher Kulturdenkmäler, Tübingen 1968 (zit.: Heckel, Staat, Kirche, Kunst, S.).

Heinrichs, Werner, Einführung in das Kulturmanagement, Darmstadt 1993.

Heinrichs, Werner, Kulturpolitik und Kulturfinanzierung. Strategien und Modelle für eine politische Neuorientierung der Kulturfinanzierung, München 1997 (zit.: Heinrichs, Kulturpolitik, S.).

Heinz, Karl Eckhart, Freiheit der Kunst und Schutz der Ehre, AfP 1999, S. 332 ff.

Hellfeier, Martin, Nebentätigkeitsrecht, in: Leuze, Dieter/Epping, Volker (Hrsg.), Hochschulgesetz Nordrhein-Westfalen – HG NRW, Kommentar, Loseblattsammlung, 5. Ergänzungslieferung, Stand: Februar 2008, Bielefeld (zit: Hellfeier, in: Leuze/Epping, HG NRW, Rn.).

Henschel, Johann Friedrich, Die Kunstfreiheit in der Rechtsprechung des BVerfG, NJW 1990, S. 1937 ff.

Hensel, Albert, Art. 150 der Weimarer Verfass. u. seine Auswirkungen im Preußischen Recht, AöR 14 (1928), S. 321 ff.

Herber, Franz-Rudolf, Das Datum des 1.10.2007 markiert eine Zäsur für die Struktur an den bayerischen Hochschulen, BayVBl. 2007, S. 680 ff.

Hesse, Hans Gerd, Urheberrecht des Architekten, BauR 1971, S. 209 ff.

Heuer, Carl-Heinz, Das Steuerrecht als Instrument der Kunstförderung, NJW 1985, S. 232 ff.

Heuer, Carl-Heinz, Die Besteuerung der Kunst. Eine verfassungsrechtliche und steuerrechtliche Untersuchung zur Definition, Eigenständigkeit und

Förderung der Kunst im Steuerrecht, 2. Auflage, Köln 1983 (zit.: Heuer, Besteuerung der Kunst, S.).

Hewig, Dirk, Künstlerische Regiebetriebe in öffentlicher Hand und die verfassungsrechtliche Kunstfreiheitsgarantie, BayVBl. 1977, S. 37 ff.

Hey, Johanna, Hochschulsponsoring, WissR 34 (2001), S. 1 ff.

Hoffmann, Wolfgang, Kunstfreiheit und Sacheigentum. Bemerkungen zum „Sprayer"-Beschluss des BVerfG, NJW 1985, S. 237 ff.

Höfling, Wolfram, Offene Grundrechtsinterpretation. Grundrechtsauslegung zwischen amtlichem Interpretationsmonopol und privater Konkretisierungskompetenz, Berlin 1987.

Höfling, Wolfram, Zur hoheitlichen Kunstförderung. Grundrechtliche Direktiven für den „neutralen Kulturstaat", DÖV 1985, S. 387 ff.

Höfling, Wolfram/Burkiczak, Christian, Die Garantie der hergebrachten Grundsätze des Berufsbeamtentums unter Fortentwicklungsvorbehalt – Erste Überlegungen zur Änderung von Art. 33 Abs. 5 GG, DÖV 2007, S. 328 ff.

Horst, Thomas, Zur Verfassungsmäßigkeit der Regelungen des Hochschulgesetzes NRW über den Hochschulrat, Hamburg 2010.

Huber, Ernst Rudolf, Deutsche Verfassungsgeschichte seit 1798, Band 1: Reform und Restauration 1789–1830, 2. Auflag 1967.

Hufen, Friedhelm, Das Hauptamt des Professors, MittHV 1985 (33), S. 288 ff.

Hufen, Friedhelm, Die Freiheit der Kunst in staatlichen Institutionen. Dargestellt am Beispiel der Kunsthochschulen, Baden-Baden 1982.

Hufen, Friedhelm, Gegenwartfragen des Kulturföderalismus, Begründungs- und Gefährdungsmuster eines Kernbereichs bundesstaatlicher Ordnung, BayVBl. 1985, S. 1 ff. und S. 37 ff.

Hufen, Friedhelm, Haupt- und Nebentätigkeit von Professoren im Bereich der Drittmittelforschung, WissR 22 (1989), S. 17 ff.

Hufen, Friedhelm, Muss Kunst monokratisch sein? Der Fall documenta, NJW 1997, S. 1112 ff.

Hufen, Friedhelm, Nebentätigkeit von Hochschullehrern, Thesen zu hochschul- und beamtenrechtlichen Interpretationen, MittHV 1990, S. 199 ff.

Hufen, Friedhelm, Rechtsfragen der Lehrevaluation an wissenschaftlichen Hochschulen, Rechtsgutachten, Bonn 1995.

Isensee, Josef, Kunstfreiheit im Streit mit Persönlichkeitsschutz, AfP 1993, S. 619 ff.

Isensee, Josef, Wer definiert die Freiheitsrechte? Heidelberg u.a. 1980.

Jansen, Christoph, Nebentätigkeit im Beamtenrecht, Würzburg 1983.

Jestaedt, Matthias, Länderzuständigkeit bei Besoldung und Versorgung der Beamten?, ZBR 2006, S. 135 ff.

Kadelbach, Stephan, Kommunaler Kulturbetrieb, Freiheit der Kunst und Privatrechtsform, NJW 1997, S. 1114 ff.

Kahl, Wolfgang, Art. 2 Abs. 1 GG im Beamtenrecht, ZBR 2001, S. 225 ff.

Kaluza, Claudia, Zur verfassungs- und dienstrechtlichen Problematik der niedersächsischen Stiftungsuniversitäten am Beispiel der Georg-August-Universität Göttingen, NdsVBl 2007, S. 233 ff.

Karpen, Ulrich, Die neuen Instrumente der Hochschulfinanzierung, HumFoR 2010, S. 120 ff.

Karpen, Ulrich/Hofer, Katrin, Die Kunstfreiheit des Art. 5 Abs. 3 S. 1 GG in der Rechtsprechung seit 1985, JZ 1992, S. 951 ff.

Karpen, Ulrich/Nohe, Bianca, Die Kunstfreiheit in der Rechtsprechung seit 1992, JA 2001, S. 801 ff.

Kastner, Klaus, Literatur und Recht – Eine unendliche Geschichte, NJW 2003, S. 609 ff.

Kathke, Leonhard/Vogl, Susanne, Evolution und Revolution – Die Eckpunkte der Bayerischen Staatsregierung für ein neues Dienstrecht in Bayern, ZBR 2009, S. 9 ff.

Kaufhold, Ann-Kathrin, Die Lehrfreiheit – ein verlorenes Grundrecht?, Zu Eigenständigkeit und Gehalt der Gewährleistung freier Lehre in Art. 5 Abs. 3 GG, Berlin 2006.

Kempen, Bernhard, Die Universität im Zeichen der Ökonomisierung und der Internationalisierung, DVBl. 2005, S. 1082 ff.

Kempen, Bernhard, Die W-Besoldung der Professoren: Vorgeschmack auf den Besoldungspartikularismus, ZBR 2006, S. 145 ff.

Kilian, Michael, Das neue Hochschulgesetz des Landes Sachsen-Anhalt, LKV 2005, S. 195 ff.

Kilian, Wolfgang, Die staatlichen Hochschulen für bildende Künste in der Bundesrepublik Deutschland, Rechtsgeschichte und heutige Stellung, Berlin, Zürich, 1967 (zit.: Kilian, Die staatlichen Hochschulen für bildende Künste, 1967, S.).

Kirchhof, Paul, Die Garantie der Kunstfreiheit im Steuerstaat des Grundgesetzes, NJW 1985, S. 225 ff.

Klein, Armin, Kulturpolitik. Eine Einführung, 3. Auflage, Wiesbaden 2009.

Knies, Wolfgang, Freiheit der Kunst im kunstfördernden Staat, AfP 1978, S. 57 ff.

Knies, Wolfgang, Schranken der Kunstfreiheit als verfassungsrechtliches Problem, München 1967.

Knopp, Lothar, Das Hohelied der Hochschulautonomie und seine falschen Töne, DÖD 2008, S. 1 ff.

Knopp, Lothar, Föderalismusreform – zurück zur Kleinstaaterei? An den Beispielen des Hochschul-, Bildungs- und Beamtenrechts, NVwZ 2006, S. 1216 ff.

Knopp, Lothar/Schröder, Wolfgang, Das neue Brandenburgische Hochschulgesetz im Kontext der aktuellen Hochschulpolitik, LKV 2009, S. 145 ff.

Kobor, Hagen, Grundfälle zu Art. 5 Abs. 3 GG, JuS 2006, S. 593 ff.

Koch, Juliane, Leistungsorientierte Professorenbesoldung. Rechtliche Anforderungen und Gestaltungsmöglichkeiten für die Gewährung von Leistungsbezügen in der W-Besoldung, Frankfurt am Main 2010.

Koenig, Christian/Zeiss, Christopher, Baukunst und Kunst am Bau im Spannungsfeld zwischen Bauplanungsrecht und Kunstfreiheit, Jura 1997, S. 225 ff.

Konow, Karl-Otto, Grenzen der schriftstellerischen Betätigung des Beamten, ZBR 1972, S. 47 ff.

Korinek, Karl, in: Depenheuer, Otto/Grabenwarter, Christoph (Hrsg.), Schönburger Gespräche zu Recht und Staat, Bd. 5, Paderborn 2006 (zit.: Korinek, in: Schönburger Gespräche, S.).

Korte, Matthias, Kampfansage an die Korruption, NJW 1997, S. 2556 ff.

Köttgen, Arnold, Freiheit der Wissenschaft und Selbstverwaltung der Universität, in: Neumann, Franz/Nipperdey, Hans-Carl/Scheuner, Ulrich (Hrsg.), Die Grundrechte, Handbuch der Theorie und der Praxis, Band 2, Berlin 1954, S. 291 ff.

Krüper, Julian, Das neue KunstHG in NRW – Normsetzung im Kraftfeld der Kunstfreiheit, NWVBl. 2009, S. 170 ff.

Künkelmann, Norbert, Filmkunstförderung unter sozialstaatlichen Aspekt. Dargestellt am Modell des Kuratoriums Junger deutscher Film, UFITA, Band 59, 1971, S. 115 ff.

Lecheler, Helmut, „Der Begriff des „öffentlichen Dienstes" im Beamten-Nebentätigkeitsrecht, ZBR 1985, S. 97 f.

Lecheler, Helmut, Der öffentliche Dienst, in: Josef Isensee/Paul Kirchhof (Hrsg.), Handbuch des Staatsrechts der Bundesrepublik Deutschland, Band III, 1988, (zit: Lecheler, in: HdbStR, § 72, Rn.).

Lecheler, Helmut, Die Rechtsnatur des Nutzungsentgelts, ZBR 1984, S. 181 ff.

Lecheler, Helmut, Die Selbstbestimmung der Dienstleistung eines Professors, PersV 1990, S. 299 ff.

Lecheler, Helmut, Glosse. Professorenprotest?, JZ 1987, S. 448 ff.

Lehrich, Uwe, Ökonomisierung in der Wissenschaft – Reformen im Bereich der Professorenbesoldung, Bonn 2006.

Lemhöfer, Bernt, Die Loyalität des Beamten. Bedeutung, Inhalt, Gefährdung, in: „Öffentlicher Dienstrecht im Wandel", Festschrift für Walther Fürst, Präsident des Bundesverwaltungsgerichts a.D. zum 90. Geburtstag, 10. Februar 2002, (Hrsg. Franke, Ingeborg/Summer, Rudolf/Weiß, Hans-Dietrich, Berlin 2002, S. 205 ff. (zit.: Lemhöfer, in: FS Fürst, S.).

Lenk, Andreas, Kunst- und Musikhochschulen im Reformprozess, DÖV 2009, S. 320 ff.

Lerche, Peter, Schranken der Kunstfreiheit. Insbesondere zu offenen Fragen der Mephisto-Entscheidung, BayVBl. 1974, S. 177 ff.

Lindner, Josef Franz, „Drittmittel" im öffentlich-rechtlichen Rundfunk, ZUM 2006, S. 32 ff.

Lindner, Josef Franz, Grundrechtssicherung durch das Berufsbeamtentum, ZBR 2006, S. 1 ff.

Lindner, Josef Franz, Parteipolitische Tätigkeit als Dienstaufgabe des Beamten?, ZBR 2010, S. 325 ff.

Lindner, Josef Franz, Theorie der Grundrechtsdogmatik, Tübingen 2005.

Lindner, Josef Franz/Störle, Johann, Das neue bayerische Hochschulrecht, BayVBl. 2006, S. 584 ff.

Lippert, Hans-Dieter, Das Nebentätigkeitsbegrenzungsgesetz und die Nebentätigkeiten Leitender Ärzte der Krankenhäuser und Hochschulklinika, NJW 1986, S. 2876 ff.

Lippert, Hans-Dieter, Nebentätigkeitsrecht und ScheinSelbstständigkeit, NJW 2001, S. 1188 ff.

Lorse, Jürgen, Die föderale Neuordnung des Dienstrechts in Deutschland: Der bayerische Weg, BayVBl. 2009, S. 449 ff.

Lorse, Jürgen, Dienstrechtsreform in Baden-Württemberg – Generalrevision statt Revolution im „Ländle", ZBR 2011, S. 1 ff.

Lorse, Jürgen, Neues Dienstrecht in Bayern – Die Föderalismusreform entlässt ihre Kinder, ZRP 2010, S. 119 ff.

Lorse, Jürgen, Reföderalisierung des Dienstrechts in Deutschland: Gesamtstaatliche Verantwortung oder Rückkehr zur Kleinstaaterei im deutschen Beamtenrecht, DÖV 2010, S. 829 ff.

Loschelder, Wolfgang, Amt und Status – oder: Warum sollen Professoren Beamte sein? Bemerkungen zur Verflüchtigung des Amtsgedankens, in: „Öffentlicher Dienstrecht im Wandel", Festschrift für Walther Fürst, Präsident des Bundesverwaltungsgerichts a.D. zum 90. Februar 2002, (Hrsg. Franke, Ingeborg/Summer, Rudolf/Weiß, Hans-Dietrich, Berlin 2002, S. 219 ff. (zit. Loschleder, in: FS Fürst, S.).

Löwer, Wolfgang, Rechtspolitische und verfassungsrechtliche Kritik der Professorenbesoldungsreform, Bonn 2003.

Löwer, Wolfgang, Zwei aktuelle Fragen der Hochschulreformdebatte, WissR 33 (2000), S. 302 ff.

Löwer, Wolfgang: in: Hailbronner, Kay/Geis, Max-Emanuel, HRG-Kommentar, 32. Lfg. (September 2004), § 25 Rn. 1ff.

Löwisch, Manfred/Wertheimer, Frank/Zimmermann, Wolfgang, Die Befristung der Dienst- und Arbeitsverhältnisse von Professoren im Fall der Erstberufung, WissR 34 (2001), S. 28 ff.

Ludwig, Klaus A., Die Ablieferungspflicht für Nebentätigkeitseinnahmen der Hochschullehrer aus Tätigkeiten im öffentlichen Dienst, ZBR 1979, S. 225 ff.

Lux, Christina, Rechtsfragen der Kooperation zwischen Hochschulen und Wirtschaft, München 2002.

Lux-Wesener, Christina/Kamp, Manuel, Die Kooperation des Wissenschaftlers mit der Wirtschaft und das Nebentätigkeitsrecht der Professoren, in: Hartmer, Michael/Detmer, Hubert (Hrsg.) Hochschulrecht. Ein Handbuch für die Praxis, 2. Auflage, Heidelberg 2011 (zit.: Lux-Wesener/Kamp, in: Hartmer/Detmer, Rn.).

Lynen, Peter Michael, Das neue Kunsthochschulgesetz NRW und seine Auswirkungen auf das Kunsthochschulmanagement, WissR 41 (2008), S. 124 ff.

Lynen, Peter Michael, Die Verleihung des Dr. art. und Dr. mus., Forschung und Lehre 2011, S. 218 ff.

Lynen, Peter Michael, Kunst im Recht. Erläuterungen von Kunst, Recht und Verwaltung, Düsseldorf 1994.

Lynen, Peter Michael, KunstHG, in: Leuze/Epping, HG NRW, 8. Ergänzungslieferung (November 2009) (zit.: Lynen, KunstHG, in: Leuze/Epping, HG NRW, §).

Lynen, Peter Michael, Kunsthochschulen, in: Hailbronner/Geis, HRG-Kommentar, 18. Lfg. (August 1997) (zit.: Lynen, Kunsthochschulen, in: HRG-Kommentar, Rn.).

Lynen, Peter Michael, Kunstrecht I: Grundlagen des Kunstrechts, Wiesbaden 2013 (zit.: Lynen, Kunstrecht I, 2013, S.).

Lynen, Peter Michael, Stetigkeit und Wandel, Zur Verfassungsgeschichte der Kunstakademie Düsseldorf, in: Jahreshefte der Kunstakademie Düsseldorf, Band 1, Düsseldorf 1988, S. 257 ff.

Lynen, Peter Michael, Typisierung von Hochschulen: Pädagogische Hochschulen, Kunst-und Musikhochschulen, kirchliche Hochschulen, private Hochschulen, in: Hartmer, Michael/Detmer, Hubert (Hrsg.), Hochschulrecht. Ein Handbuch für die Praxis, 2. Auflage, Heidelberg 2011 (zit.: Lynen, Typisierung von Hochschulen, in: Hartmer/Detmer, Rn.).

Mager, Ute, Die Universität im Zeichen von Ökonomisierung und Internationalisierung, in: Kultur und Wissenschaft, VVDStRL 65 (2006), S. 274 ff.

Maihofer, Werner, Kulturelle Aufgaben des modernen Staates, in: ernst Benda, Werner Maihofer, Hans-Jochen Vogel (Hrsg.), in: Handbuch des Verfassungsrechts, S. 953 ff. (Zit.: Maihofer, in: HbdVerfR, S.).

Mallmann, Walter/Strauch, Hans-Joachim: Die Verfassungsgarantie der freien Wissenschaft, Dokumente zur Hochschulreform, 1970.

Matthiessen-Kreuder, Ursula, Zur Finanzierung der Hochschule – Aktuelle Probleme der Drittmittelverwaltung, WissR 24 (1991), S. 211 ff.

Meesen, Karl, Das Grundrecht der Berufsfreiheit, JuS 1982, S. 397 ff.

Mihatsch, Michael, Öffentliche Kunstsubventionierung, Verfassungs- und verwaltungsrechtliche Probleme insbesondere bei Einhaltung nicht-staatlicher Instanzen in das Subventionsverfahren, Berlin 1989 (zit.: Mihatsch, Öffentliche Kunstsubventionierung, 1989, S.).

Morlok, Martin, Selbstverständnis als Rechtskriterium, Tübingen 1993.

Muckel, Stefan, Begrenzung grundrechtlicher Schutzbereiche durch Elemente außerhalb des Grundrechtstatbestandes, in: Die Macht des Geistes: Festschrift für Hartmut Schiedermair, Dieter Dörr, Udo Fink, Christian Hillgruber, Bernhard Kempen, Dietrich Murswiek (Hrsg.), Heidelberg 2001, S. 347 ff. (zitiert: Muckel, in: FS Siedermair).

Müller, Friedrich, Freiheit der Kunst als Problem der Grundrechtsdogmatik, Berlin 1969.

Müller, Klaus, Das Nebentätigkeitsrecht in Nordrhein-Westfalen, Köln, Berlin, Bonn, München 1982.

Müller, Lorenz/Singer, Otto, Rechtliche und institutionelle Rahmenbedingungen der Kultur in Deutschland. Bestandsaufnahme und Einordnung in die kulturpolitische Praxis von Bund und Ländern, Wissenschaftlicher Dienst des Bundestages, 2004, WF X – 106/03. (zit: Müller/Singer, Rahmenbedingungen der Kultur, S.).

Müller-Böling, Detlef, Die entfesselte Hochschule, Gütersloh 2000.

Müller-Volbehr, Jörg, Das Grundrecht der Religionsfreiheit und seine. Schranken, DÖV 1995, S. 301 ff.

Münch, Richard, Sieger und Besiegte. Wie der ökonomische Wettbewerb zunehmend den wissenschaftlichen kolonialisiert, Forschung & Lehre 2011, S. 512 ff.

Naucke, Maria, Der Kulturbegriff in der Rechtsprechung des Bundesverfassungsgerichts, Hamburg 2000.

Neuenfeld, Klaus, Bewegung im Architekten-Urheberrecht, BauR 2011, S. 180 ff.

Neumeister, Achim/Gamm, Eva-Irina v.: Ein Phönix: Das Urheberrecht der Architekten, NJW 2008, S. 2678 ff.

Noftz, Wolfgang, Fragen zum Nebentätigkeitsrecht, ZBR 1974, S. 209 ff.

Oechsler, Walter, A., Ist Leistung objektiv messbar? – Anforderungen an die Leistungsbeurteilung als Voraussetzung für die Einführung von Leistungsanreizen, ZBR 1996, S. 202 ff.

Oppermann, Thomas, Kulturverwaltung. Bildung, Wissenschaft, Kunst, Tübingen 1969.

Oppermann, Thomas, Ordinarienuniversität-Gruppenuniversität-Räteuniversität, WissR 2005, (Beiheft 15), S. 1 ff.

Ossenbühl, Fritz, Mitbestimmung in der Kunst, DÖV 1983, S. 785 ff.

Ossenbühl, Fritz, Wissenschaftsfreiheit und Gesetzgebung, in: Die Macht des Geistes, Festschrift für Hartmut Schiedermair, Dieter Dörr, Udo Fink, Christian Hillgruber, Bernhard Kempen, Dietrich Murswiek (Hrsg.), Heidelberg 2001, S. 506 ff. (zitiert: Ossenbühl, in: FS Schiedermair).

Ossenbühl, Fritz/Cornils, Matthias, Nebentätigkeit und Grundrechtsschutz, Köln, Berlin, Bonn, München 1999.

Ott, Sieghart, Kunst und Staat. Der Künstler zwischen Freiheit und Zensur, München 1986.

Palm, Wolfgang, Öffentliche Kunstförderung zwischen Kunstfreiheitsgarantie und Kulturstaat, Berlin 1998 (zit.: Palm, Öffentliche Kunstförderung, S.).

Papier, Hans-Jürgen, Art. 12 GG – Freiheit des Berufs und Grundrecht der Arbeit, DVBl. 1984, S. 804 ff.

Papier, Hans-Jürgen, Versagung der Nebentätigkeitsgenehmigung aus arbeitsmarktpolitischen Gründen, DÖV 1984, S. 536 ff.

Pernice, Ingolf, in: Dreier, Horst (Hrsg.), Grundgesetz-Kommentar, Band 1, 2. Auflage, Tübingen 2004, (zit.: Pernice, in: Dreier, GG-Kommentar, Art.).

Pevsner, Nikolaus, Die Geschichte der Kunstakademien, München 1986.

Pischel, Gerhard, Kunst – Konkurrenz – Kollision: Baukunst und Bindungen, Sinzheim 2001.

Post, Alfred, Das Nebentätigkeitsrecht der Professoren und des übrigen wissenschaftlichen und künstlerischen Hochschulpersonals in Nordrhein-Westfalen, Forum des deutschen Hochschulverbandes, Heft 51, 1990.

Püttner, Günther/Mittag, Ulrich, Rechtliche Hemmnisse der Kooperation zwischen Hochschulen und Wirtschaft, Baden-Baden, 1989.

Reich, Andreas, Abweichung vom Beamtenstatusgesetz, BayVBl. 2010, S. 684 ff.

Reich, Andreas, Bayerisches Hochschulgesetz, 5. Auflage, Bad Honnef 2007 (zit.: Reich, BayHSchG, Art.).

Reinhard, Christoph, Der Dritte Sektor- Entstehung, Funktion und Problematik der „Nonprofi"-Organisationen aus Verwaltungswissenschaftlicher Sicht, DÖV 1988, S. 363 ff.

Ridder, Helmut, Freiheit der Kunst nach dem Grundgesetz, Berlin 1963.

Robbers, Gerhard, Kulturförderung und Kompetenz. Bundeskompetenzen bei der Kulturförderung im Vertriebenen- und Flüchtlingsrecht, DVBl. 2011, S. 140 ff.

Roellecke, Gerd, Kulturauftrag in staatlichen Gemeinwesen. Zum ersten Beratungsgegenstand der Staatsrechtslehrertagung, DÖV 1983, S. 653 ff.

Roemer-Blum, Dieter-Johannes: Die Abgrenzung zwischen Handwerk und Kunst, GewArch 1986, S. 9 ff.

Rohrmann, Christel, Die Abgrenzung von Hauptamt und Nebentätigkeit, Erlangen 1988.

Ropertz, Hans-Rolf, Die Freiheit der Kunst nach dem Grundgesetz, Berlin 1966.

Rottmann, Frank, Der Beamte als Staatsbürger, Berlin 1981.

Rottmann, Frank, Grundrechte und Rechtsschutz im Beamtenverhältnis, ZBR 1983, S. 77 ff.

Rüfner, Wolfgang, Grundrechtskonflikte, in: Starck, Christian (Hrsg.), Bundesverfassungsgericht und Grundgesetz: Festgabe aus Anlass des 25jährigen Bestehens des Bundesverfassungsgerichts, Band 2, Tübingen 1976, S. 453 ff. (zit.: Rüfner, in: Festgabe BVerfG, S.).

Rüth, Herbert, Kunsthandwerk – Handwerk oder Kunst? GewArch 1995, S. 363 ff.

Sachs, Michael, § 78, Grundrechtseingriff und Grundrechtsbetroffenheit, in: Klaus Stern, Das Staatsrecht der Bundesrepublik Deutschland, Band III/2, Allgemeine Lehren der Grundrechte, München 1994, S. 493 ff. (zit: Sachs, in: Stern, Staatsrecht III/2, S.).

Schack, Haimo, Kunst und Recht. Bildende Kunst, Architektur, Design und Fotografie im deutschen und internationalen Recht, Tübingen 2004.

Schäuble, Frieder, Rechtsprobleme der staatlichen Kunstförderung, Tübingen, 1965.

Schenke, Wolf-Rüdiger, Neue Fragen an die Wissenschaftsfreiheit – Neue Hochschulgesetze im Lichte des Art. 5 Abs. 3 GG, NVwZ 2005, S. 1000 ff.

Scheven, Dieter, Professorenamt und Nebentätigkeit, MittHV 1986, S. 75 ff.

Scheytt, Oliver, Kommunales Kulturrecht. Kultureinrichtungen, Kulturförderung und Kulturveranstaltungen, München 2005 (zit.: Scheytt, Kommunales Kulturrecht, 2005, Rn.).

Schlecht, Katrin, Urheberrecht der Architekten, BTR 2008, S. 72 ff.

Schmidt-Aßmann, Eberhard, Fehlverhalten in der Forschung – Reaktionen des Rechts, NVwZ 1998, S. 1225 ff.

Schmitt-Glaeser, Walter, Die Freiheit der Forschung, WissR 7 (1974), S. 107 ff. und S. 176 ff.

Schmitt-Glaeser, Walter, Rechtspolitik unter dem Grundgesetz. Chancen – Versäumnisse -Forderungen, AöR 1982, S. 337 ff.

Schnapp, Friedrich, Grenzen der Grundrechte, JuS 1978, S. 729 ff.

Schneider, Bernhard, Die Freiheit der Baukunst. Gehalt und Reichweite der Kunstfreiheit des Art. 5 Abs. 3 GG im öffentlichen Baurecht, Berlin 2002.

Schneider, Bernhard, Die Gestalt der Stadt – Bemerkungen zu Architektur und Städtebau aus staatsrechtlicher Sicht, NJW 2003, S. 642 ff.

Schneider, Peter/Schumacher, Manfred, Nebentätigkeit des „Künstlerprofessors", Künstlerische Nebentätigkeit ist genehmigungsfrei, MittHV 1979, S. 48 ff.

Schnelle, Eva Marie/Hopkins, Richard, Ausgewählte Probleme des Nebentätigkeitsrechts, NVwZ 2010, 1333 ff.

Schnellenbach, Helmut, Beamtenrecht in der Praxis, 7. Auflage, München 2011.

Schnellenbach, Helmut, Die Neuregelung des Nebentätigkeitsrechts der Beamten, NVwZ 1985, S. 327 ff.

Scholz, in: Maunz, Theodor/Dürig, Günter, Grundgesetz, Band 1, (Stand: 69. Lfg. Mai 2013), Art. 5 Abs. 3 GG (zit.: Scholz, in Maunz/Dürig, GG, Art. 5 Abs. 3 GG, Rn.).

Schrödter, Wolfgang, Die Wissenschaftsfreiheit des Beamten. Dargestellt am Recht der wissenschaftlichen Nebentätigkeit, Berlin 1974.

Schulze, Gernot, Werturteil und Objektivität im Urheberrecht.

Schütz, Werner, Staat und Kunst. Festschrift zur Verleihung des Großen Kunstpreises des Landes Nordrhein-Westfalen, Krefeld 1962.

Schwandt, Eberhard Ulrich, Maßnahmen zur Begrenzung der Nebentätigkeit von Beamten, ZBR 1985, S. 101 ff. und S. 141 ff.

Sembdner, Friedrich, Die künstlerische Nebentätigkeit des Angehörigen des öffentlichen Dienstes, PersV 1981, 305 ff.

Siburg, Friedrich-Wilhelm, Der Beamte, seine Dienstaufgabe und die Nebentätigkeit. Eine Grundlegung auch für den Professorenstand?, PersV 1989, S. 200 ff.

Sieweke, Simon, Die Anforderungen der Wissenschaftsfreiheit an eine leistungsorientierte Mittelvergabe im Hochschulbereich, WissR 56 (2013), S. 54 ff.

Sieweke, Simon, Die Hochschule als Gefahr für die Wissenschaftsfreiheit. Zum gesetzgeberischen Gestaltungsspielraum im Hochschulbereich im Hinblick auf die Organisationsvorgaben der Wissenschaftsfreiheit, DÖV 2011, S. 472 ff.

Sieweke, Simon, Strukturelle Effekte der W-Besoldung. Zum Erfordernis der Disziplinenunterscheidung bei leistungsorientierter Bezahlung, Wissenschaftsmanagement 2010, Heft 3, S. 40 ff.

Siewke, Simon, Die Beschränkung der politischen Äußerungsrechte der Beamten durch die Mäßigungs- und Zurückhaltungspflicht, ZBR 2010, S. 157 ff.

Smeddinck, Ulrich, Die deregulierte Hochschule – Ein Überblick, DÖV 2007, S. 269 ff.

Steiner, Udo, Kulturauftrag in staatlichen Gemeinwesen, in: VVDStRL 42 (1984), S. 7 ff.

Steiner, Udo, Zur neuen Hochschulverfassung in Bayern, BayVBl. 2006, S. 581 ff.

Sternberg, Hans Karl, Abgrenzung zwischen Handwerk und Kunst, WiVerw 1986, S. 130 ff.

Störle, Johann, Das Nebentätigkeitsrecht der Hochschullehrer in Bayern, 4. Auflage, Bonn 2007.

Stürner, Rolf, Die Gefahr der Perversion. Wettbewerb und Gesellschaftsstruktur, Forschung & Lehre 2011, S. 506 ff.

Suerbaum, Joachim, Berufsfreiheit und Erlaubtheit, DVBl. 1999, S. 1690 ff.

Summer, Rudolf, Rechtes Augenmaß – rechtes Verfassungsmaß – eine Studie zum neuen Nebentätigkeitsrecht, ZBR 1988, S. 1 ff.

Tettinger, Peter, J./Lux-Wesener, Christina, Die Kooperation des Wissenschaftlers mit der Wirtschaft und das Nebentätigkeitsrecht der Professoren, in: Hartmer, Hubert/Detmer, Michael, Hochschulrecht, Heidelberg, 2004, S. 204 ff. (zit.: Tettinger/Lux-Wesener, Kooperation, in: Hartmer/Detmer, S.).

Thiele, Alexander, Die Stiftungsuniversität auf dem verfassungsrechtlichen Prüfstand – Zugleich eine Anmerkung zum Urteil des Bundesverwaltungsgerichts vom 26.11.2009, 2 C 15/08, RdJB 2011, S. 336 ff.

Thiele, Willi, Wann ist eine künstlerische Nebentätigkeit des Beamten nicht genehmigungsbedürftig?, DÖD 1957, S. 7 ff.

Thieme, Werner, Deutsches Hochschulrecht, 3. Auflage, Berlin, München 2004.

Thieme, Werner, Die Doppelalimentation, DVBl. 2001, S. 1025 ff.

Thieme, Werner, Öffentliches Dienstrecht und Arbeitsmarktpolitik, JZ 1985, S. 1024 ff.

Trier, Eduard, Die Düsseldorfer Kunstakademie in der permanenten Reform, in: ders. (Hrsg.), 200 Jahre Kunstakademie Düsseldorf, Düsseldorf 1973, S. 203 ff.

Ule, Carl Hermann, Beamtenrecht, in: Verwaltungsgesetze des Bundes und der Länder, Band X/1. Halbband, Köln 1970 (zit.: Ule, Beamtenrecht, §).

v. Noorden, Wolf Dieter, Die Freiheit der Kunst nach dem Grundgesetz (Art. 5 Abs. 3 GG) und die Strafbarkeit der Verbreitung unzüchtiger Darstellungen (§ 184 Abs. 1 Nr. 1 StGB), Köln 1969.

Vesper, Emil, Zur Kritik des Verhältnisses von Volkshochschulen und ihrem kommunalen Träger, RdjB 1983, S. 126 ff.

Vesting, Thomas, § 35 III BauGB zwischen Umweltschutz und Kunstfreiheit, NJW 1996, S. 1111 ff.

Vinck, Kai, Abwägung zwischen Allgemeinem Persönlichkeitsrecht einerseits sowie Meinungsfreiheit und Kunstfreiheit andererseits, LMK 2004, S. 50 f.

Vogel, Hartmut, Künstlerförderung. Ein Teil der Gesellschaftspolitik. Die berufliche und soziale Lage der Kunstschaffenden, in: Der Bund und die Künste, Bundeszentrale für politische Bildung (Hrsg.), Bonn 1980, S. 24 ff. (zit.: Vogel, Künstlerförderung, bpb 1980, S.).

Vorländer, Hans, Verrechtlichung der Kultur? Oder – Über den rechtlichen Umgang mit der Kunst, NJW 1983, S. 1175 ff.

Voßkuhle, Andreas, Bauordnungsrechtliches Verunstaltungsgebot und Bau-Kunst, BayVBl. 1995, S. 613 ff.

Wagner, Fritjof, Nicht genehmigungsbedürftige Nebentätigkeiten des Beamten, NVwZ 1989, S. 515 ff.

Wahlers, Wilhelm, Das Gesetz zur Reform der Professorenbesoldung und der Grundsatz der amtsangemessenen Alimentation, ZBR 2006, S. 149 ff.

Wahlers, Wilhelm, Geändertes Hochschulnebentätigkeitsrecht in Nordrhein-Westfalen, PersV 1988, S. 153 ff.

Wahlers, Wilhelm, Geändertes Hochschulnebentätigkeitsrecht, ZBR 1988, S. 269 ff.

Waldeyer, Hans-Wolfgang, Verfassungsrechtliche Grenzen der fachlichen Veränderung der dienstlichen Aufgaben eines Professors, NVwZ 2008, S. 266 ff.

Walter, Hannfried, Wissenschaftsfreiheit kraft Amtes oder als Grundrecht, WissR 25 (1992), S. 247 ff.

Wandtke, Artur, Grenzenlose Freiheit der Kunst und Grenzen des Urheberrechts, ZUM 2005, S. 769 ff.

Warnke, Martin, Hofkünstler. Zur Vorgeschichte des modernen Künstlers, 2. Auflage, Köln 1996.

Weber, Werner, Die Rechtsstellung des deutschen Hochschullehrers, 2. Auflage, Göttingen 1965.

Weck, Bernhard, Verfassungsrechtliche Legitimationsprobleme öffentlicher Kunstförderung, Berlin 2001.

Weiß, Hans-Dietrich, Das Alimentationsprinzip in den Grenzen seiner beschränkenden Wirkungen, ZBR 1972, S. 289 ff.

Wendt, Rudolf, Berufsfreiheit als Grundrecht der Arbeit. Zum ersten Beratungsgegenstand der Staatsrechtslehrertagung, DÖV 1984, S. 601 ff.

Werner, Ulrich, Ästhetische Architektur – Eine Voraussetzung für den Urheberrechtsschutz, BauR 2004, S. 750 ff.

Werres, Stefan, Beamtenverfassungsrecht. Systematische Darstellung des Berufsbeamtentums auf Grundlage der verfassungsrechtlichen Vorschriften, Heidelberg/München/Landsberg/Frechen/Hamburg, 2011 (zit.: Werres, Beamtenverfassungsrecht, 2001, S.).

Wiesand, Andreas Johannes, Sozialpolitik statt Kulturpolitik, in: Organisation des Kulturlebens, Mytze, Andreas (Hrsg.), Berlin 1977, S. 67 ff. (zit.: Wiesand, in: Sozialpolitik statt Kulturpolitik, S.).

Wilhelm, Bernhard, Die freie Meinung im öffentlichen Dienst, München, Wien 1968.

Wolf-Csanády, Elisabeth, Kunstsponsoring und Kulturförderung durch Unternehmen in Deutschland und Österreich und ihr kulturpolitischer Kontext, Frankfurt a.M. 1994 (zit.: Wolf-Csanády, Kunstsponsoring, S.).

Wolff, Heinrich Amadeus, Der Kerngehalt des Alimentationsgrundsatzes, als absolute Grenze für den Besoldungsgesetzgeber, DÖV 2007, S. 504 ff.

Wolff, Heinrich Amadeus, Die Reform der Professorenbesoldung – eine Zwischenbilanz, WissR 46 (2013), S. 126 ff.

Wolff, Heinrich Amadeus, Die Reformpolitik der kleinen Schritte. Zum Erlass des Gesetzes zur Neuordnung und Modernisierung des Bundesdienstrechts (Dienstrechtsneuordnungsgesetz, DNeuG), ZBR 2009, S. 73 ff.

Würkner, Joachim, Anmerkung zu BVerfGE 77, 240 = NJW 1988, 325ff, Die Grenzen der Kunstfreiheit bei Werbung für ein Kunstwerk – „Herrnburger Bericht", NJW 1988, S. 325 ff.

Würkner, Joachim, Das Bundesverfassungsgericht und die Freiheit der Kunst, München 1994.

Würkner, Joachim, Die Freiheit der Kunst in der Rechtsprechung von BVerfG und BVerwG – Gedanken anlässlich des vorläufig letzten Leitjudikates „Josefine Mutzenbacher", NVwZ 1992, S. 1 ff.

Würkner, Joachim, Effektivierung des Grundrechtsschutzes durch Grundrechtskumulation?, DÖV 1992, S. 150 ff.

Würtenberger, Thomas, Karikatur und Satire aus strafrechtlicher Sicht, NJW 1982, S. 610 ff.

Würtenberger, Thomas, Satire und Karikatur in der Rechtsprechung, NJW 1983, S. 1114 ff.

Zacher, Hans F., Hochschulrecht und Verfassung. Stellungnahmen zu den beim Bundesverfassungsgericht erhobenen Verfassungsbeschwerden gegen die Hochschulgesetze der Länder Baden-Württemberg, Hamburg, Hessen, Niedersachsen und Nordrhein-Westfalen, Göttingen 1973 (zit.: Zacher, Hochschulrecht und Verfassung, 1973, S.).

Ziekow, Jan, Die Fortentwicklung des Dienstrechts der Bundesbeamten, DÖV 2008, S. 569 ff.

Zöbeley, Günter, Warum lässt sich Kunst nicht definieren?, NJW 1998, S. 1372 ff.

Zöbeley, Günter, Zur Garantie der Kunstfreiheit in der gerichtlichen Praxis, NJW 1985, S. 254 ff.

Erlanger Schriften zum Öffentlichen Recht

Herausgegeben von Max-Emanuel Geis, Heinrich de Wall, Markus Krajewski,
Bernhard W. Wegener, Andreas Funke und Jan-Reinard Sieckmann

Band 1 Ingo Mehner: Privatisierung bayerischer Kreiskrankenhäuser. 2012.

Band 2 Claudius Fischer: Disziplinarrecht und Richteramt. 2012.

Band 3 Jan Schubert: Die Handelskooperation zwischen der Europäischen Union und den AKP-Staaten und deren Vereinbarkeit mit dem GATT. 2012.

Band 4 Michael Link: Open Access im Wissenschaftsbereich. 2013.

Band 5 Adolf Rebler: Die Genehmigung der Durchführung von Großraum- und Schwertransporten. 2014.

Band 6 Heidrun M.-L. Meier: Das Kunsthochschullehrernebentätigkeitsrecht. Der Hochschullehrer im Spannungsverhältnis zwischen Dienstrecht und grundrechtlicher Freiheit. 2015.

www.peterlang.com